edition suhrkamp 2737

Nach dem Erscheinen seines Essays *Soziophobie* schrieb die *taz*, César Rendueles verbinde »eine antikapitalistische Haltung mit einem abgeklärten Wissen um die Komplexität von Gesellschaften«. Wissen darüber, wie die Welt vor der freien Marktwirtschaft aussah und wie die ökonomische Logik nach und nach alle Lebensbereiche durchdrungen hat, entstammt immer auch der Lektüre fiktionaler Literatur. In seinem neuen Buch erkundet Rendueles seine persönliche Lesebiografie. Anhand von Klassikern wie *Robinson Crusoe* und Kultbüchern wie *American Psycho* zeichnet er nach, wie der Kapitalismus sich uns einverleibt hat. Doch zugleich kann in Literatur, das zeigt Rendueles etwa an Kleists *Michael Kohlhaas* und an Science-Fiction-Romanen, auch der Geist der Revolte und solidarischer Utopien stecken.

César Rendueles, geboren 1975 in Girona, lehrt Soziologie an der Universidad Complutense de Madrid. In der edition suhrkamp erschien zuletzt sein Essay *Soziophobie. Politischer Wandel im Zeitalter der digitalen Utopie* (es 2690).

César Rendueles
Kanaillen-Kapitalismus

Eine literarische Reise durch die Geschichte der freien Marktwirtschaft

Aus dem Spanischen von Raul Zelik

Suhrkamp

Die spanische Originalausgabe erschien 2015 unter dem Titel
*Capitalismo canalla. Una historia personal del capitalismo a través
de la literatura* bei Seix Barral (Barcelona). Der Übersetzer
und der Suhrkamp Verlag danken den Verlagen Antje Kunstmann
(München), Assoziation A (Hamburg/Berlin), Folio (Wien),
hochroth (Berlin) und Matthes & Seitz (Berlin).

2. Auflage 2020
edition suhrkamp 2737
Erste Auflage 2018
© der deutschen Übersetzung Suhrkamp Verlag Berlin 2018
© César Rendueles 2015
Alle Rechte vorbehalten, insbesondere das
des öffentlichen Vortrags sowie der Übertragung
durch Rundfunk und Fernsehen, auch einzelner Teile.
Kein Teil des Werks darf in irgendeiner Form
(durch Fotografie, Mikrofilm oder andere Verfahren)
ohne schriftliche Genehmigung des Verlages
reproduziert oder unter Verwendung
elektronischer Systeme verarbeitet,
vervielfältigt oder verbreitet werden.
Satz: Satz-Offizin Hümmer GmbH, Waldbüttelbrunn
Druck: Druckhaus Nomos, Sinzheim
Umschlag gestaltet nach einem Konzept
von Willy Fleckhaus: Rolf Staudt
Printed in Germany
ISBN 978-3-518-12737-7

Inhalt

Prolog
9

1. Robinson Crusoe und der Kanaillen-Kapitalismus
21

2. Überflüssige Menschen und Zeitwucherer
51

3. Im Endkampf
87

4. Fließband und Montage
129

5. Alles zerfällt
173

6. Vom beschädigten Leben zur Konterrevolution
209

7. Fluchtwege aus der Supermarktruine
237

Anmerkungen
257

»An den Strömen von Babel, da saßen wir und weinten,
wenn wir Zions gedachten.« (Psalm 137)

Prolog

Den größten Teil seines Lebens beschäftigte der Philosoph Immanuel Kant den Hausbediensteten Martin Lampe bei sich, den er 1802 entließ, nachdem die beiden sich aus nicht überlieferten Gründen überworfen hatten. Kant war damals 78 Jahre alt, begann unter Altersdemenz zu leiden und bediente sich kleiner Zettel, auf denen er Aufgaben und unerledigte Angelegenheiten notierte. Auf einem vermerkte er: »Der Name Lampe muß nun völlig vergessen werden.«[1] Der Witz an der Angelegenheit besteht natürlich darin, dass es sich dabei um so etwas wie einen performativen Widerspruch handelt. So wie es ein todsicherer Weg in die Schlaflosigkeit ist, sich zum Einschlafen zwingen zu wollen, stellt das Aufschreiben einer Notiz über etwas, das vergessen werden muss, ein hervorragendes Mittel dar, um sich etwas ins Gedächtnis zu brennen.

Die umgekehrte Operation ist hingegen relativ einfach zu verwirklichen. In den neunziger Jahren entwickelte die US-amerikanische Psychologin Elizabeth Loftus ein elegantes Experiment, das die Möglichkeit nachwies, falsche Erinnerungen im Gedächtnis gesunder Erwachsener zu verankern, ohne dabei auf aggressive Techniken der Gehirnwäsche zurückzugreifen.[2] Loftus wählte 24 Personen aus, denen man vier knapp geschilderte Kindheitserinnerungen vorlegte: Drei von ihnen beruhten auf Informationen eines Angehörigen und waren wahr, während die Forscher die vierte frei erfunden hatten (eine Geschichte darüber, wie die Person als kleines Kind in einem Einkaufszentrum verloren gegangen war). Loftus fragte, ob sich die Versuchspersonen an die vier Episoden erinnerten und ob sie diese, im Falle einer bejahenden Antwort, schildern könnten. Das eigentliche Überraschende war nicht, dass ein Viertel der Versuchspersonen der Meinung war, die fälschlicherweise erinnerte Episode habe sich tatsächlich ereignet, sondern dass sie diese mit Details ausschmückten und mit echten Emotionen schilderten. Bei ähnlichen Experimenten gelang es sogar, bei der Hälfte der Teilnehmerinnen falsche Erinnerungen zu induzieren.

Die Arbeit von Loftus fand ein enormes öffentliches Echo, weil sie im Widerspruch zur Theorie der unterdrückten Erinnerung stand, die in den Achtzigern in den USA eine Lawine von Strafprozessen wegen sexuellen Missbrauchs Minderjähriger ausgelöst hatte. In jenen Jahren hatten Tausende Personen Strafanzeige erstattet, nachdem sie sich im Verlauf einer Psychotherapie an vermeintliche, in einem verborgenen Winkel ihrer Psyche begrabene Übergriffe erinnert hatten. Loftus stellte den Wahrheitsgehalt dieser Erinnerungen mit dem ziemlich überzeugenden Argument infrage, dass Menschen, die Opfer traumatischer Erlebnisse geworden sind, diese gewöhnlich nicht vergessen, sondern sich eher obsessiv an sie erinnern.

Loftus wurde zu einer berühmten, aber auch umstrittenen Persönlichkeit. Sie wurde, teilweise durchaus begründet, beschuldigt, sich auf der Seite der Täter und gegen die Opfer zu positionieren, und erntete die Feindschaft ihrer Kolleginnen und Kollegen. Sie wurde sogar bedroht und musste Leibwächter anheuern. Nichtsdestotrotz lassen die Versuche von Loftus, wie der Neurologe Oliver Sacks angemerkt hat, auch eine optimistische Interpretation zu. Vielleicht ist der fragile Charakter unseres Erinnerungssystems, von Begehren gesteuert und dementsprechend unzuverlässig, ein wichtiges Element der Vorstellungskraft und Empathie. Unser Gehirn ist ein gefräßiges und nicht gerade skrupulöses Organ, das fremde Erfahrungen gerne aufgreift und sie in den eigenen Bestand einbaut – unabhängig davon, ob sie real sind oder nicht. »Die Gleichgültigkeit gegenüber den Quellen«, schreibt Sacks, »erlaubt es, dass wir uns das, was wir lesen, was uns erzählt wird, was andere sagen, denken, schreiben und malen, genauso eindrücklich und intensiv aneignen wie unsere eigenen Erfahrungen.«[3]

Ich glaube, dass diese Beobachtung zumindest teilweise auch auf unser Verhältnis zur Geschichte und zu den Sozialwissenschaften zutrifft, bei denen es sich ebenfalls um ausgesprochen fragile Systeme handelt. Eines Sommers traf ich in einem Dorf an der nordspanischen Küste einmal zufällig katalanische Freunde. Ihre beiden Kinder beobachteten jeden Tag fasziniert die Bewegung von Ebbe und Flut, die an der kantabrischen Küste sehr ausgeprägt ist. Mal ließ das Meer nur einen kleinen Sandstreifen frei, andere Male zog es sich mehr als hundert Meter zurück. An einem Morgen fragten die Kinder uns: »Aber wo ist hier das Wasser, wenn das Meer *ganz, ganz normal* ist?« Ähnlich verhält es sich auch in den Sozialwissenschaften. Wie unsere Erinnerung haben auch die Soziologie, die Psychologie, die Historiografie und die Wirtschaftswissenschaften etwas von einem Dämmerzustand, in dem wir, anders als im Traum, die Differenz zwischen Realität und Fantasie, zwischen wahr und falsch, zwar noch erkennen, die Unterscheidungen jedoch graduell, subtil und trügerisch werden. Die historischen Ereignisse kennen kein *ganz, ganz normal*. Sie bilden keinen felsigen Kern, den wir herausarbeiten können, indem wir ihn Schicht für Schicht von Sedimentablagerungen befreien.

Das Gute an dieser Beschränktheit ist, dass wir auch die Sozialwissenschaften in unser Leben eingebaut haben, als handele es sich um Primärerfahrungen, persönliche Erinnerungen und entfesselte Leidenschaften. Begriffe wie »soziale Klasse«, »Trauma« oder »Solidarität« sind Bestandteile unseres intimen Vokabulars, unseres Selbstverständnisses und unserer individuellen und kollektiven Sehnsucht. Das hat damit zu tun, dass wir in opaken Gesellschaften leben, die danach verlangen, erklärt und transformiert zu werden. Bei den großen Katastrophen, die unser Leben erschüttern, handelt es sich nicht nur um Naturkatastrophen – Missernten, Seuchen oder Erdbeben –, sondern vor allem um mysteriöse soziale Prozesse – wie Ungleichheit oder Wirtschaftskrisen –, die wir verstehen müssen.

Dieses Buch untersucht das unsichere Gelände, auf dem sich Geschichte, Alltag und Fiktion miteinander verschränken. Es ist eine persönliche Geschichte des Kapitalismus, die anhand sehr heterogener literarischer Texte erzählt wird. Das Schlüsselwort lautet dabei »persönlich«. Mein Anliegen war nicht, systematisch und mit rigorosen literaturwissenschaftlichen Instrumenten zu analysieren, wie sich die Geschichte der Literatur mit der Evolution der kapitalistischen Gesellschaft verknüpft hat. Ich benütze die literarischen Texte auch nicht als Informationsquelle, um komplexe historische Phänomene zu untersuchen. Vielmehr habe ich mich bemüht, anhand von Romanen, Lyrik und Theaterstücken eine fiktive Chronik der politischen Dilemmata unserer Zeit zu verfassen.

Im Lauf der Geschichte haben sich die herrschenden Klassen immer wieder durch ihre armselige politische Vorstellungskraft ausgezeichnet. Die Angehörigen der Eliten waren völlig davon überzeugt, dass das politische System, an dessen Spitze sie standen – ob nun Sklaverei, Feudalismus oder Tyrannei –, unveränderbar war und die einzige Alternative zum Chaos darstellte. Es heißt, dass Ludwig XVI. von seiner Jugend an ein Tagebuch mit sich trug, in dem er über seine alltäglichen Sorgen nachdachte. Da die Jagd seine Lieblingsbeschäftigung war, sind die von ihm erlegten Tiere (189 251 Stück in 13 Jahren) in seinem Heft minutiös registriert. Auch den von ihm gewährten Audienzen sowie Krankheiten wie Verdauungsstörungen, Erkältungen und Hämorrhoiden wird viel Aufmerksamkeit gewidmet. Wenn er weder jagte noch Audienzen gewährte oder krank war, beschränkte sich Ludwig XVI. auf den Tagebucheintrag »nichts«. Kurioserweise taucht das Wort auch an den berühmten Tagen der Französischen Revolution auf. Das Einzige, was der Monarch zu einem der folgenreichsten politischen Ereignisse der Menschheitsgeschichte zu sagen hatte, war »nichts«.[4]

Viele Jahre lang haben wir zugelassen, dass die Mächtigen »nichts« in unsere Tagebücher notierten. Bis zu dem Punkt, dass wir die Bemerkung am Ende schließlich selbst übernommen haben. Wir alle sind wie Ludwig XVI. geworden: kurzsichtig und, was noch schlimmer ist, skeptisch hinsichtlich der für möglich gehaltenen gesellschaftlichen Transformationsprozesse. Wir tun so, als würden Kasinokapitalismus, Zeitarbeitsfirmen und transnationale Unternehmen auch in 1000 Jahren noch existieren. Das liegt selbstverständlich nicht an einem Übermaß an Realismus. Die hegemonialen sozialen Diskurse – jene, die in den Meinungskolumnen der Tageszeitungen als »gesunder Menschenverstand« bezeichnet werden – ähneln den Fantasien eines Drogentrips. Wir haben den Fanatikern des freien Marktes, die eine wahnhafte Vision der gesellschaftlichen Realität besitzen und uns erzählen, die Bereicherung der Reichsten sei die einzig mögliche Form des Zusammenlebens, die Kontrolle über unser gesellschaftliches Leben übertragen. Wir können weder die Demokratie vertiefen noch die Gleichheit vergrößern, weder die Entfremdung der Arbeit beschränken noch die Gemeingüter schützen.

Eine ausgefeilte theoretische Kritik, die uns die realen, der Kasinowirtschaft und der Kleptokratie zugrunde liegenden Gesellschaftsstrukturen präzise erklärt, ist unverzichtbar. Aber sie ist nutzlos, wenn wir uns außerdem nicht auch von der uns lähmenden Unterwürfigkeit befreien, wenn sich die Möglichkeit der politischen Emanzipation nicht zugleich in alltäglichen Gesten niederschlägt – so wie uns eine als Kind gelernte Gedichtzeile beim Zähneputzen plötzlich wieder auf den Lippen liegt.

Das ist es, was ich in diesem Buch versucht habe. In gewisser Weise ist es das Gegenstück zu Loftus' Experiment. Orthodoxe Ökonomen verwenden Teile der Realität zur Konstruktion ihrer mathematisch geformten Fantasien. Ich habe versucht, mit Fragmenten der Fiktion die Spuren realer Prozesse zu rekonstruieren, die sich im LSD-Rausch des zeitgenössischen Kapitalismus verflüchtigt haben. Und in diesem Sinne kann ich doch zumindest versichern, dass die im Essay kommentierten literarischen Texte und historischen Fakten mit einem sehr kohärenten hermeneutischen Verfahren ausgewählt wurden: Ihre Interpretation ist rein subjektiv (und bisweilen auch nichts anderes). Die in diesem Buch versammelten autobiografischen Fakten ihrerseits spiegeln getreu, aber ausschließlich das wider, was sich in meinem Kopf (und oft nur dort) zugetragen hat.

Als ich anfing, diesen Text zu verfassen, setzte ich mir zwei Regeln: Die erste war, dass ich nichts Neues lesen und nur die Bücher benutzen würde, die ich bereits kannte; die zweite, dass ich die Texte nicht nach literarischer Qualität, historischer Bedeutung oder politischer Intentionalität auswählen, sondern nur als Werkzeuge zur Entwicklung einer Argumentation verwenden würde. Ich wollte sichergehen, dass ich nicht der Versuchung verfalle, einen ästhetischen oder politischen Kanon zu erarbeiten. Aus diesem Grund fehlen in diesem Essay Bücher und Autoren, die sehr wichtig für mich waren und mich seit Jahrzehnten begleiten – von Homer und Virgil bis zu Austen, Proust oder Hikmet. Lyrik und Theater spielen kaum eine Rolle, und männliche angelsächsische Romanautoren sind überproportional vertreten. Selbstverständlich ist die von mir dargelegte Geschichte des Kapitalismus weit davon entfernt, die einzig mögliche zu sein. Alle Entwicklungen oder Ereignisse, über die ich anhand literarischer Texte spreche, sind Gegenstand erbitterter und bis heute unabgeschlossener wissenschaftlicher Debatten.

Das erste Kapitel ist ein Versuch, den historischen Ausnahmecharakter der allgemeinen Marktherrschaft aufzuzeigen. In den meisten traditionellen Gesellschaften hat die Handelskonkurrenz nur eine sehr begrenzte Rolle gespielt. Die Kolonisierung aller unserer Lebensbereiche durch den Markt ist sehr jungen Ursprungs, und möglicherweise steht sie auch unmittelbar vor ihrem Ende. Das zweite Kapitel analysiert das Entstehen einer sehr eigentümlichen Form des Handels: des Arbeitsmarktes. Nicht alle Ungleichheiten unserer Gesellschaften lassen sich mit der Stellung erklären, die wir auf dem Arbeitsmarkt einnehmen, aber doch einige der wichtigsten und hartnäckigsten. Zugleich sind im Verlauf der Menschheitsgeschichte nur sehr wenige Generationen gezwungen gewesen, ihre Arbeitskraft gegen einen existenzsichernden Lohn zu verkaufen. Und als wir anfingen, dies massenhaft zu tun, lag das nicht daran, dass wir es für eine besonders gute Idee hielten, sondern dass man uns schlichtweg keine andere Möglichkeit ließ.

Das dritte Kapitel verhandelt die – für die Anfänge des Kapitalismus charakteristische und in vielerlei Hinsicht bis heute fortbestehende – Struktur der politischen Konflikte. Das Ziel der Revolutionäre des 19. Jahrhunderts war es, die vom Markt usurpierte kollektive Souveränität wiederzuerlangen und mithilfe demokratischer Deliberation ein gerechteres und freieres Gesellschaftssystem zu errichten. In diesem Sinne bekämpften sie die Unfreiheit und den Aberglauben traditioneller Gesellschaften, ohne sich jedoch mit dem egoistischen Individualismus der Moderne abzufinden. Sie strebten nach einer gleichzeitig freien und solidarischen Gesellschaft, nach engen, aber nicht repressiven Sozialbeziehungen. Zugegebenermaßen eine schwierige, vielleicht sogar unmögliche Mischung.

Kapitel 4 geht den Ursprüngen der für die Industriegesellschaft charakteristischen Arbeitsorganisation nach. Es bleibt irritierend, dass wir am Arbeitsplatz, wo wir einen großen Teil unserer Zeit verbringen, Formen der Unterordnung akzeptieren, die wir in jedem anderen Bereich unseres Lebens als abstoßend empfinden würden. Tatsächlich ist die Durchsetzung der für den Kapitalismus charakteristischen Arbeitsregime eng mit der Geschichte der Sklaverei und des Kolonialismus verwoben.

Das fünfte Kapitel untersucht die große ökonomische, soziale und politische Krise des frühen 20. Jahrhunderts, als sich die Spannungen entluden, die sich im Verlauf des kapitalistischen Entwicklungsprozesses akkumuliert hatten. Die Folgen waren fürchterlich. Innerhalb weniger Jahre kam es zu zwei Weltkriegen, einer der schlimmsten Wirtschaftskrisen der Geschichte und dem rasanten Aufstieg des Totalitarismus. Aber dies war auch die Grundlage für verschiedene Versuche während der Nachkriegszeit, den Markt einzuhegen und die Gesellschaften zu demokratisieren. Wir haben es hier mit einem Erbe zu tun, um das heute, auf dem historischen Zenit der Marktherrschaft, besonders heftig gestritten wird. In diesem Sinne versucht Kapitel 6, einige Sackgassen des Wohlfahrtsstaates zu beleuchten, der einen gewissen Verzicht auf Freiheitsbestrebungen der revolutionären Tradition implizierte und sich mit einem von Konsum und Lohnarbeit beschädigten Leben arrangierte. Diese Begrenztheit des Wohlfahrtsstaates erklärt zumindest teilweise, warum die neoliberale Gegenreform, die die Welt seit den siebziger Jahren transformiert hat, so erfolgreich sein konnte.

Das letzte Kapitel schließlich beschäftigt sich mit dem Legitimationsverlust der politischen und ökonomischen Institutionen der Gegenwart. Antonio Gramsci beschrieb Krisen als jene Phasen, in denen das Alte stirbt, das Neue aber noch nicht geboren werden kann. Das gesellschaftliche Panorama heute gleicht eher einer Zombie-Apokalypse. Die orthodoxen Wirtschaftswissenschaften und die hegemoniale Politik sind lebende Tote, die sich noch bewegen, Leiden aller Art verursachen und unverständliche Geräusche von sich geben. Zugleich sind Probleme wie der Klassenkampf, die wir für friedlich überwunden hielten, mit voller Wucht zurückgekehrt. Die gute Nachricht lautet, dass wir zum ersten Mal seit Jahrzehnten ahnen, dass es einen – wenn auch schwierigen und teilweise verschütteten – Notausstieg in Richtung einer radikalen Demokratie geben könnte.

1. Robinson Crusoe und der Kanaillen-Kapitalismus

Es heißt, W sei eine kleine Insel im westlichsten Teil Feuerlands, tief im Süden Chiles. Wahrscheinlich liegt sie irgendwo zwischen O'Brien und Londonderry Island, in der Nähe der Cordillera Darwin. Die Insel ist nur knapp fünfzehn Kilometer lang und völlig von der Außenwelt abgeschnitten. Sie hat, von Riffs und Klippen umgeben, keine natürlichen Landungsplätze und blieb bis zu ihrer Besiedlung im späten 19. Jahrhundert unbewohnt.

Georges Perec führt die Besiedlung der Insel auf einen Mann namens Wilson zurück, was allerdings nicht gesichert ist. Möglicherweise wurde W von Piraten oder Anhängern des olympischen Ideals gegründet. Tatsache ist, dass W heute ein Ort ist, dessen gesellschaftliches Leben vom Sport geprägt ist. Dort lebt eine Nation der Athleten, bei der die Grenzen zwischen Sport und Alltag verschwimmen:

> Der stolze Wahlspruch FORTIUS ALTIUS CITIUS, der die gewaltigen Säulenhallen am Eingang der Dörfer schmückt, die herrlichen Stadien mit ihren gepflegten Aschenbahnen, die riesigen Anschlagetafeln, die täglichen Siegesfeiern, die Bekleidung der Männer: ein grauer Trainingsanzug, dem ein unübersehbares weißes W auf den Rücken geheftet ist – das sind die ersten Eindrücke, die der Neuankömmling empfängt.[1]

Auf W ist ein subtiles Institutionengeflecht entstanden, das Wettbewerb und Siegesbereitschaft fördern soll. So werden beispielsweise die Gewinner von Sportveranstaltungen mit Ehrungen und Banketten bedacht, während man die Verlierer vom Abendessen ausschließt. Dabei handelt es sich nicht um ein typisches Beispiel für den ungleichen Zugang zu Luxusgütern, sondern um einen Mechanismus zur Förderung des Wettbewerbs. Das nächtliche Fasten stellt weder eine Gefahr für das Leben der Athleten dar, noch führt es zu Unterernährung. Die Athleten nehmen drei Mahlzeiten täglich zu sich, die allerdings so zusammengestellt werden, dass sie sportliche Bestleistungen nicht zulassen, denn es fehlt ihnen an Zucker und Vitamin B1. Es handelt sich letztlich um eine Methode, die die Konkurrenten mithilfe der Angst dazu antreiben soll, ihre Grenzen zu überschreiten. Jene Athleten, die nie gewinnen, haben auch immer weniger Chancen, dies in der Zukunft zu tun.

Für die Verlierer sind die Gesetze des Sportes grausam. Im besten Fall werden die Besiegten Opfer von Demütigungen. Doch je bedeutsamer ein Wettkampf ist und je wichtiger die Ehrungen, die den Sieger erwarten, desto heftiger fällt auch die Bestrafung der Verlierer aus. Beim Hauptwettbewerb der Olympischen Spiele, dem Hundertmeterlauf, müssen die Besiegten nackt zwischen zwei Reihen von Peinigern hindurchlaufen, die sie auspeitschen; danach werden sie einige Tage in Holzfesseln gelegt und zur Schau gestellt. Manchmal wird der Läufer, der die Ziellinie als Letzter überquert, von den Zuschauern noch im Stadion zum Tode verurteilt und gesteinigt. Sein Leichnam wird zerstückelt, und seine Überreste werden mit Fleischerhaken an den olympischen Ringen aufgehängt. Am Ende werden sie den Hunden zum Fraß vorgeworfen.

Ja. Die athletischen Ideale, muskulösen Körper und Lorbeerkränze stehen für eine extrem hierarchische, misogyne, blutrünstige und brutale Dystopie:

> Die aus den Mannschaften fortgejagten Veteranen, die keinen Posten erlangt haben und die man Maultiere nennt, haben keinerlei Rechte, genießen keinerlei Schutz. Ihnen ist der Zutritt zu den Schlafsälen, den Speisesälen, den Duschen, den Umkleideräumen untersagt. Sie dürfen nicht sprechen, sie dürfen sich nicht setzen. Oft nimmt man ihnen ihre Trainingsanzüge und ihre Schuhe weg. Sie finden sich bei den Abfalltonnen zusammen, sie schleichen nachts um die Galgen herum und versuchen, den Wachen zum Trotz, die sie ohne Warnung niederschießen, Fleischstücke aus den Kadavern der gesteinigten und gehängten Verlierer zu reißen.[2]

Der Roman *W* malt sich aus, wie eine Gesellschaft aussähe, die ausschließlich und rücksichtslos auf Wettbewerb beruht. Perec versuchte, den Albtraum seiner eigenen Kindheit im KZ-Universum literarisch zu verarbeiten – seine Mutter wurde im NS-Vernichtungslager in Auschwitz ermordet: Es handelt sich um ein dämonisches bürokratisches System, das darauf abzielt, die menschliche Existenz auf einen grausamen und sinnlosen Überlebenskampf zu reduzieren. Aber *W* ist auch eine Parabel auf die exotische Natur der Marktgesellschaft.

Viele Politiker und Sozialwissenschaftler versuchen, uns davon zu überzeugen, dass die Marktgesellschaft nur die Umsetzung eines universellen menschlichen Strebens ist: Kinder tauschen Murmeln, die Bewohner mancher Südseeinseln Muscheln, und heute werden eben Finanzderivate und Emissionsrechte für Treibhausgase gehandelt. Man kann gar nicht oft genug betonen, wie falsch und irreführend diese Gleichsetzung ist. Es stimmt zwar, dass fast alle Gesellschaften den Handel kannten, aber die meisten von ihnen nur als Randerscheinung mit einer beschränkten Bedeutung für das gemeinschaftliche Dasein. Der Markt war ein konkreter Ort – der Marktplatz –, den man an bestimmten Tagen – den Markttagen – aufsuchte, um einige wenige Waren zu tauschen.

Tatsächlich leben wir in einer Zivilisation, die in der Geschichte der Menschheit einzigartig ist. Zum ersten Mal beruht die materielle Versorgung und gesellschaftliche Organisation einer gewaltigen Zahl von Menschen darauf, dass wir uns gegenseitig übervorteilen. Nicht in Kampfarenen, sondern auf Arbeits-, Immobilien-, Nahrungsmittel-, Verkehrs-, Kultur- und Energiemärkten … Jeden Morgen, wenn wir das Haus verlassen, begegnen wir Menschen, die wir in einer endlosen Kette merkantiler Tauschakte zu besiegen versuchen: billig erwerben, teuer verkaufen. Die Geschichte der Moderne ist in erster Linie eine Chronik der Unterwerfung des gesellschaftlichen Lebens unter Marktbeziehungen. Dies war kein automatischer oder zufälliger Prozess, sondern das Ergebnis erbitterter und bis heute andauernder politischer Kämpfe.

Perec schrieb *W* zwischen 1970 und 1974, also in der heroischen Phase der neoliberalen Konterrevolution. Am 11. September 1973 wurde in Santiago de Chile, unweit von *W*, die demokratisch gewählte Regierung des Sozialisten Salvador Allende durch einen von den USA initiierten Putsch gestürzt. Perec selbst formulierte es folgendermaßen: »Ich habe vergessen, warum ich als Zwölfjähriger *W* in Feuerland ansiedelte; Pinochets Faschisten haben es auf sich genommen, die Ausgeburt meiner Fantasie zur Wirklichkeit zu steigern: Mehrere feuerländische Inseln sind heute Konzentrationslager geworden.«[3] Pinochets Staatsstreich setzte einer demokratischen Alternative zum Kapitalismus in Südamerika ein Ende und war Auftakt eines Terrorregimes, das Millionen Menschen ins Elend stürzte und den Kontinent für transnationale Konzerne politisch erschloss. Der kanadische Ökonom Michel Chossudovsky, Berater der Allende-Regierung, erinnerte sich in diesen Worten an die Ereignisse:

Nur wenige Wochen nach dem blutigen Militärputsch in Chile am 11. September 1973 [...] ordnete die Militärjunta unter General Augusto Pinochet die Anhebung des Brotpreises von elf auf vierzig Escudos an. Diese enorme Steigerung von 264 Prozent von einem auf den anderen Tag war Teil einer wirtschaftlichen Schocktherapie, das Werk einer Gruppe von Ökonomen, die man die »Chicago Boys« nannte. Während die Lebensmittelpreise in den Himmel schossen, wurden die Löhne eingefroren, um »wirtschaftliche Stabilität« zu sichern und den »Inflationsdruck« abzuwehren. Über Nacht wurde das gesamte Land in elendigste Armut gestürzt. In weniger als einem Jahr stieg der Brotpreis in Chile um das 36fache. 85 Prozent der chilenischen Bevölkerung wurden unter die Armutsschwelle getrieben.[4]

Der freie Markt ist keineswegs der spontane Ausdruck eines in der menschlichen Natur begründeten Unternehmergeistes. Bis zur Moderne war keine Zivilisation so dumm, ihr materielles Überleben dem kommerziellen Glücksspiel anzuvertrauen. Der auf Wettbewerb beruhende Handel wurde vielmehr oft als eine Form des Betrugs oder Selbstbetrugs betrachtet, dessen Verallgemeinerung nicht mit dem gemeinschaftlichen Leben kompatibel sei.

Isaac Bashevis Singers Schlemihl ist ein polnischer Bauer, der ein Fass Branntwein in Chelm erwirbt, um ihn, in Gläsern abgefüllt, weiterzuverkaufen und damit einen hohen Gewinn zu erzielen. Eines Morgens stellt er das Fass auf dem Markt neben seiner Frau auf:

> Aber drei Groschen für ein Glas, das war weiß Gott zu viel. Nur ein Kunde kaufte ein Glas. Er kaufte mit einer Dreigroschenmünze und das war am frühen Morgen. Als sich nach einer Stunde immer noch kein weiterer Käufer fand, ließ Schlemihl allen Mut sinken. Er hatte sich so sehr aufgeregt, dass ihm ein Schluck Branntwein gut sein mochte. Schlemihl hielt seiner Frau die Dreigroschenmünze hin und sagte: »Mein Geld ist so viel wert wie anderer Leute Geld, oder etwa nicht? Hier hast du drei Groschen, verkauf mir ein Glas.« [...] Nach einer Weile wurde auch Frau Schlemihl durstig und sie sagte zu ihrem Mann: »Mein Dreigroschenstück ist auch drei Groschen wert, oder?«[5]

So wird ein Glas nach dem anderen gebechert, und am Ende des Tages wundert sich das Ehepaar, weil es nur drei Münzen und ein leeres Fass vor sich stehen hat.

In einem kleinen Dorf in Asturien gab es eine Kneipe, deren Wirt sich mit aller Kraft bemühte, sein Geschäft »nicht zu gut« laufen zu lassen. Er wollte, dass die Kneipe genug abwarf, um ein ruhiges und bescheidenes Leben führen zu können. Einmal konnte man ihn in Richtung seines Geschäfts laufen sehen und hören, wie er seiner Frau zurief: »Schnell, mach die Kneipe zu, es kommt ein Bus mit Touristen!« An einem anderen Nachmittag, als er gerade mit einigen Nachbarn Domino spielte, kam ein Kunde auf die Idee, einen Kaffee zu bestellen: »Geh lieber in die Kneipe gegenüber. Ich lade dich ein«, sagte er und drückte ihm hundert Peseten in die Hand.

Montesquieu machte sich in den »Persischen Briefen« über seine Epoche lustig: »Dieser Drang nach Arbeit, diese Leidenschaft, sich zu bereichern, geht von Beruf zu Beruf, vom Handwerker bis zum Höchstangestellten. Niemand mag ärmer sein als der, den er eben unmittelbar unter sich sieht.«[6]

Die meisten vormodernen Gesellschaften kannten Mechanismen zur Begrenzung des sozialen Gefälles. Der wichtigste war zweifellos die Verhöhnung der Prahlerei, aber viele Kulturen haben darüber hinaus nicht gezögert, diejenigen aus der Gemeinschaft auszuschließen oder sogar umzubringen, die sich über die anderen erhoben. Der Gedanke, dass der Wettbewerb eine starke selbstzerstörerische Komponente besitzt und deshalb eingeschränkt werden muss, war ein grundlegender Bestandteil traditioneller gesellschaftlicher Organisationen. Deshalb erlauben wir heute auch nicht, dass sportliche

Konkurrenz über unser Zusammenleben entscheidet. Und aus demselben Grund waren bis zum Beginn der Moderne einige für die Subsistenz grundlegende Güter vom Handel ausgeschlossen. Über Zehntausende von Jahren waren die Menschen der Ansicht, dass wäre es den Menschen genauso absurd erschienen, um Essen oder ein Dach über dem Kopf zu feilschen, wie Schere, Stein, Papier darum zu spielen. Selbst traditionelle Handelskulturen waren sich dieser Situation bewusst und entwickelten sehr strikte Regeln, so etwa ein System fester Preise oder institutioneller Aufträge ohne offenen Markt.

Der Aufstieg des Kapitalismus machte die Zertrümmerung dieses menschlichen Trägheitsmomentes notwendig. Das war kein einfaches Unterfangen. Es gibt eine *Simpsons*-Folge, die in Australien spielt. In einer Szene landet die Familie in der US-Botschaft, wo Homer aufs Klo geht. Dort stellt er fest, dass die Kloschüssel von einer hoch komplizierten, riesigen Maschine umgeben ist. Als er den Botschafter fragt, wozu das Gerät gut ist, antwortet dieser, es diene dazu, den Coriolis-Effekt – der Strudel auf der Nord- und Südhalbkugel der Erde in unterschiedlicher Richtung rotieren lässt – aufzuheben, damit sich richtige Nordamerikaner zu Hause fühlen, wenn sie die Spülung betätigen. Die Geschichte des Kapitalismus ist ähnlich verlaufen. Die Unterwerfung aller sozialen Institutionen durch den Markt machte eine umfangreiche und hochkomplexe Sozialarchitektur notwendig, die über einen sehr langen

Zeitraum perfektioniert werden musste. Wahrscheinlich ist das der Grund, warum den Ökonomen der sportlich-militärische Wortschatz so gut gefällt und warum sie unablässig von Härten und Disziplin sprechen. Wir haben drei oder vier Jahrhunderte Training gebraucht, bis wir Arbeit, Boden, Grundnahrungsmittel und sogar das Wasser als Waren akzeptierten, die man kaufen und verkaufen kann, während wir gleichzeitig die Daumen drücken, dass die störungsfreien Märkte den erhofften Gleichgewichtszustand herstellen.

Wie in W bleibt immer noch das Mittel offener Gewalt, falls die subtilen Anreize nicht ausreichen. Wenn sich unsere Dressur für den Markt als ungenügend erweist, wenn die Angst vor dem Hunger und die Lohnanreize die Marktathleten nicht entsprechend motivieren, dann wird den Tauschbeziehungen eben durch den Einsatz von Maschinengewehren und Folterzentren nachgeholfen. Chile ist alles andere als ein Einzelfall. In den siebziger und achtziger Jahren ermordeten die lateinamerikanischen Diktaturen 30 000 Menschen in Argentinien, 75 000 in El Salvador, 11 000 in Paraguay, 70 000 in Peru, mehr als 200 000 in Guatemala, Haiti oder Kolumbien und fast 100 000 in Nicaragua. Das Gegenstück zur Finanzorthodoxie war der militärische und politische Terror. Es ist inhaltlich völlig falsch, Staat und freien Markt als Widerspruch zu betrachten. Kein absoluter Herrscher konnte jemals auf eine so perfekte Bürokratie zählen wie jene, die notwendig war, um die Herrschaft des Marktes durchzusetzen. Deshalb sprach sich auch der Philosoph Carl Schmitt, hochrangiger Apologet des NS-Regimes, für eine Verbindung von »starkem Staat und gesunder Wirtschaft« aus.

In der Antike wurden die Kriege während der Olympischen Spiele ausgesetzt, um die Götter mit Sportwettkämpfen zu ehren. Die Götter des Handels ziehen blutige Opfergaben vor. Heute führen wir Kriege, um Wettbewerb und freien Handel zu fördern. Als hätte man die griechischen Athleten mit Machetenhieben dazu gezwungen, an den Pythischen Spielen teilzunehmen. Das Blut der Menschenopfer wird das Spielfeld bewässern, bis wir das einfache Prinzip erkennen, das Pinochet, dieser Coach des globalen Kapitalismus, am Vorabend der chilenischen Wahlen 1989 verkündete: »Ich bin bereit, das Wahlergebnis zu akzeptieren, solange keine linke Partei gewinnt.« Es ist das, was Santiago Alba Rico die »Erziehung durch eine Million Tote« nannte: Alle dreißig Jahre werden massenhaft Menschen umgebracht, und danach lässt man die Überlebenden wählen, denen selbstverständlich klar ist, wen sie zu wählen haben, wenn sie ein erneutes Blutbad vermeiden wollen.

In ihrem 1953 veröffentlichten Roman *Eine Handvoll Venus und ehrbare Kaufleute* stellen sich Frederik Pohl und Cyril Kornbluth eine ultrawarenförmige Gesellschaft vor, in der die großen Konzerne über extreme Zwangsgewalt verfügen und das gesellschaftliche Leben völlig dominieren. Die »Produzenten«, die niedere soziale Schicht, leben in Knechtschaftsverträgen unter sklavereiähnlichen Bedingungen. Eine Handvoll Mega-Werbeagenturen hat gewaltige Macht angehäuft. Die Unternehmen nutzen ihre Manipulationstechniken, um den »Konsumenten« – Bürger existieren nicht mehr – einen überteuerten, ungesunden und abhängig machenden Fraß anzudrehen, denn der Kapitalismus hat jede ökologische und menschliche Grenze überschritten. Die tierischen Proteine stammen aus einem Fleischbrei, der *Chicken Little* genannt wird und seit mehreren Jahrzehnten auf der Grundlage eines Klumpen Herzgewebes in einem unterirdischen Gewölbe gezüchtet wird.[7]

Etwas Vergleichbares ist auch mit dem Parlament geschehen, das sich in eine Handelskammer verwandelt hat, deren Abgeordnete im eigentlichen Wortsinne Unternehmensvertreter sind. In dieser Welt muss das Kapital keine Staatsstreiche mehr durchführen, weil der merkantile Ausnahmezustand zur Regel geworden ist. Der Wettbewerb hat alle Schranken hinter sich gelassen, und Handelskonflikte werden mit Waffen ausgetragen. Mitchell Courtenay, der Protagonist des Romans, erklärt:

Glauben Sie mir, ich bin ein loyaler Schocken-Angestellter. Seit meiner Ausbildung habe ich versucht, »für die Firma und für den Verkauf« zu leben. Industriefehden jedoch können selbst in unserer Branche ziemlich heikel werden. Erst vor wenigen Jahrzehnten entfachte eine kleine, aber tatkräftige Agentur in London eine Fehde gegen die englische Filiale von B. B. D & Co und tötete alle Angestellten bis auf zwei Bartons und einen einzigen minderjährigen Osborn.

Und es heißt, noch heute könne man Blutflecken auf den Stufen der Hauptpost sehen, wo die Western Union und der American Railway Express um den Postkontrakt kämpften.[8]

Ja, die Geschichte des Kapitalismus ist außergewöhnlich blutig. Aber *Eine Handvoll Venus und ehrbare Kaufleute* erinnert uns daran, wie bemerkenswert es ist, dass sie nicht noch viel brutaler verläuft. Sobald eine Gesellschaft den Wettbewerb entfesselt, ist es schwierig, Grenzen zu setzen. Der Kapitalismus ist extrem expansiv und reißt bei seinem Vormarsch jede Schranke nieder. Tatsächlich waren Sklaverei und Leibeigenschaft bis weit ins 18. Jahrhundert hinein verbreitete Formen unqualifizierter Lohnarbeit. Und selbstverständlich hat extreme Grausamkeit am Arbeitsplatz eine lange Geschichte. Wie haben wir es dann aber zumindest in Teilen der Welt geschafft, die Radikalisierung des Wettbewerbs zu stoppen? Warum bezahlt die BBVA-Großbank keine Berufskiller dafür, Filialen des Banco Santander in Brand zu setzen? Warum tragen die Vertreter von Movistar keine Nunchakus, um ihre Konkurrenten von Orange Telecom zu überfallen?

Viele Aktivisten kritisieren völlig zu Recht, dass wir in unseren Demokratien jeden Tag beim Betreten des Arbeitsplatzes unsere Selbstbestimmung als Bürger preisgeben, um uns dem Diktat despotischer und willkürlicher Regeln zu unterwerfen. Im Unternehmen akzeptieren wir ein Ausmaß an Unterordnung, das uns an jedem anderen Ort einschließlich unserer Familien abstoßend erscheinen würde. Ein befreundeter Psychologe erzählte mir, dass er mehrere Kassiererinnen, die in derselben Filiale einer bekannten Supermarktkette arbeiteten, wegen Angstattacken behandelte. Ihr Vorgesetzter erlaubte ihnen nicht, mehr als einmal pro Schicht auf die Toilette zu gehen. Die Furcht, nicht durchhalten zu können und sich in die Hose zu machen, verstärkte ihr Gefühl der Inkontinenz, so dass alle Kassiererinnen Windeln trugen.

Es stimmt allerdings auch, dass es in den meisten westlichen Unternehmen keine systematischen körperlichen Übergriffe gibt. Zumindest bislang wecken Fälle, wie sie Barbara Ehrenreich in *Smile or Die. Wie die Ideologie des positiven Denkens die Welt verdummt* beschreibt, unsere Empörung. 2006 reichte eine Frau gegen eine kalifornische Sicherheitstechnikfirma Klage ein, weil das Unternehmen sie einer Prozedur unterzog, die als »Motivationsprügel« bezeichnet wurde. Die Verkäufer mit den niedrigsten Umsätzen wurden mit den metallenen Werbeschildchen konkurrierender Unternehmen geschlagen. Noch unglaublicher ist der Fall eines Unternehmens namens Prosper aus Utah, bei dem im Mai 2007 ein Vorgesetzter einen Mitarbeiter während eines Motivationstrainings einer Variante des Waterboardings unterzog: Der Verkäufer, der sich freiwillig gemeldet hatte, ohne zu wissen, was ihm bevorstand, musste hinausgehen und sich mit dem Kopf nach unten hangabwärts legen. Dann hielten mehrere seiner Kollegen ihn an den Beinen fest, während der Vorgesetzte ihm Wasser in Nase und Mund goss. Am Ende sagte der Chef zu ihnen: »Sie haben gesehen, wie schwer Chad hier nach Luft gerungen hat. Ich möchte, dass Sie wieder hineingehen und genauso hart darum kämpfen, Ihre Produkte an den Mann zu bringen.«[9]

Die meisten von uns werden am Arbeitsplatz nicht körperlich gezüchtigt. Das ist auch nicht nötig. Der Arbeitstag durchdringt unsere Seelen. Vor einigen Jahren war ich in einem Unternehmen beschäftigt, bei dem man eine Null vorwählen musste, bevor man ein externes Gespräch führen konnte. Ich verbrachte den ganzen Tag am Telefon, so dass ich, wenn ich abends versuchte, einen Freund anzurufen, automatisch immer die Null hinzufügte und dann, da alle Madrider Festnetzanschlüsse mit 91 beginnen, fast immer die Polizei am Apparat hatte, die in Spanien unter der Nummer 091 zu erreichen ist. Die Arbeit dringt in unseren Bewegungsapparat ein, sie lenkt unsere Finger. Und der Markt macht das Gleiche. Irgendwann kolonisierten die Lohnanreize, die Arbeitsethik und die Angst vor dem Hunger unsere Seele. Wie in W:

> So ist es, und damit gut. Jeden Tag finden die Wettkämpfe statt, die Siege und Niederlagen. Man muss kämpfen, um zu leben. Es gibt keine Wahl. Es gibt kein Entweder-Oder. Es ist unmöglich, die Augen davor zu verschließen, unmöglich, nicht mitzutun. Da ist keine Hilfe, kein Mitleid, kein Heil zu erwarten, von niemandem. […] Doch selbst die ältesten Athleten, selbst die altersschwachen Veteranen, die zwischen zwei Wettkämpfen auf den Aschenbahnen erscheinen und den Hanswurst machen, um die verfaulten Apfelgriebse einzuheimsen, mit denen die ausgelassene Menge sie bewirft, selbst jene glauben noch, dass es etwas anderes gibt, dass der Himmel von schönerem Blau sein kann, die Suppe schmackhafter, das Gesetz milder,

sie glauben, Verdienst werde einmal belohnt, einmal werde ihnen der Sieg lächeln und die Schönheit des Daseins.[10]

Wann änderten sich die Dinge? Wie machten wir uns die Geschäftsutopie zu eigen? Wann begann der Wettbewerb des Marktes, unser Innerstes zu regieren? Wann fingen wir an, einen blaueren Himmel zu suchen, während wir gleichzeitig die Neuheiten der Haushaltswarenabteilung studierten?

Die Ursprünge der Marktgesellschaft sind identisch mit denen der modernen urbanen Kultur. Die Klasse der Händler entstand nicht allmählich im Inneren der mittelalterlichen Agrargesellschaften, denen das Profitstreben oder die Idee, dass man Land gegen Geld verkaufen könnte, fremd war. Der Markt war ein gesellschaftlicher Skandal. Die Kirche betrachtete den Handel als eine Form des Wuchers, und Gewinnstreben galt als Ausdruck der Habgier.

Dem Historiker Henri Pirenne zufolge setzte sich der Markt in Europa ab dem 10. Jahrhundert durch. Der Grund dafür war das Bevölkerungswachstum, das eine immer größere Zahl von Menschen freisetzte und sie

> zu der umherschweifenden und unsicheren Lebensweise zwang, zu denen in Agrargesellschaften jene verdammt sind, die nicht länger das Land bestellen können. Das ließ die Masse der durch die Gesellschaft umhertreibenden Vagabunden stark anwachsen, die sich mit den Almosen der Klöster von einem Tag zum nächsten retteten, sich zur Erntezeit kurzfristig verdingten, in Kriegszeiten Heeren anschlossen und vor Raub und Plünderung nicht zurückschreckten,

wenn sich die Gelegenheit dazu bot. In dieser Masse der Entwurzelten und Abenteurer sind zweifelsohne die ersten Anhänger des Handels zu suchen.[11]

Zu Beginn der Moderne waren die Händler Schurken, Gauner und Überlebenskünstler, die sich befreiten, ihre Wurzeln in lokalen Gemeinschaften kappten und in bewaffneten Gruppen zusammenschlossen, um sich vor Banditen zu schützen. St. Godric of Finchale wurde Ende des 11. Jahrhunderts in Lincolnshire in eine Familie armer Bauern geboren. Er musste schon als Kind erfinderisch sein, um überleben zu können, und suchte an den Stränden nach verwertbaren Gegenständen, die nach Schiffbrüchen angespült worden waren. Nach einem glücklichen Fund wurde er Straßenhändler, konnte ein wenig Geld sparen, schloss sich einer Gruppe von Markt zu Markt ziehender Handelsreisender an, nahm schließlich mit einigen Partnern ein Schiff unter Vertrag und wurde reich.

Der allgegenwärtige Markt wurde von Kanaillen durchgesetzt. Noch zu einem so späten Zeitpunkt wie 1718 beschrieb ein englischer Essayist die Händler, die mit Grundgütern spekulierten, mit den Worten:

»Sie sind eine Art Vagabunden […]. Alles, was sie besitzen, tragen sie mit sich herum […], ihr ganzes Kapital sind einfache Reitkleider, ein gutes Pferd, eine Liste der Jahr- und Wochenmärkte sowie eine erstaunliche Portion Unverschämtheit. Sie tragen das Kainsmal, wandern wie er von Ort zu Ort und machen es zu ihrem Gewerbe, sich wie ein Eindringling zwischen den anständigen Händler und den ehrlichen Konsumenten zu zwängen.«[12]

2010 wählte die Harvard Business School – eine Elite-Graduiertenschule, an der unter anderem George W. Bush und Felipe Calderón studierten – die somalische Piraterie zum besten Geschäftsmodell des Jahres.[13] Auch historisch entwickelte sich der Seehandel im Mittelmeerraum Hand in Hand mit der Piraterie. Im Allgemeinen machte es für Griechen und Phönizier nur einen kleinen Unterschied, ob man ein Dorf plünderte, seine Bewohner zum Verkauf ihrer Produkte zu Festpreisen zwang oder zum gegenseitigen Vorteil miteinander tauschte. Die im 4. Jahrhundert vor unserer Zeitrechnung geschriebene *Anabasis* von Xenophon ist als Bericht einer heroischen Gesellschaft aufgeklärter Athener in die Geschichte eingegangen, die in Gestalt einer Toga-Party barbarische Länder bereisten. In Wirklichkeit jedoch ist es die Geschichte einer Horde attischer Hooligans, die Kleinasien verwüstete. Im 5. Buch erläutert Hekaton, Gesandter des heute in der Türkei liegenden Sinop, der Armee der Zehntausend, dass er nichts dagegen einzuwenden hätte, wenn die Truppen Xenophons Barbaren ausplünderten, aber dass sie, da ja alle Beteiligten Griechen seien, doch vielleicht so etwas wie nationale Rücksicht walten lassen könnten. Xenophon antwortet mit einer kosmopolitischeren Haltung: »Wohin wir aber kommen und keine Kaufgelegenheit vorfinden, ob es nun im barbarischen oder griechischen Land ist, müssen wir die Lebensmittel nehmen, nicht aus Übermut, sondern aus Not.«[14] Die Etikette besagt in etwa, dass man kauft, wenn das möglich ist, und ansonsten eben raubt. Oder umgekehrt – das ist nicht ganz eindeutig.

Fairerweise muss man hinzufügen, dass es sich dabei um eine gängige Praxis handelte. Obwohl das klassische Athen für seinen Handel berühmt war, waren die Gewohnheiten des Marktes doch noch wenig verinnerlicht. Es war vor allem die Armee (insbesondere seit Söldner zum Einsatz kamen), die zur Verbreitung des Marktes im antiken Griechenland beitrug. Die militärischen Führer verließen sich nicht auf die spontane Handelsneigung der Menschen, wenn sie mit ihren Truppen durch Gegenden zogen, sondern kümmerten sich mit Blick auf die Versorgung ihrer Glücksritter darum, dass befreundete Städte ihnen einen Markt »anboten«. Die Versorgung war Teil einer Reihe wirtschaftlicher Aktivitäten, zu denen auch der Verkauf der Beute, der Sklaven und des Viehs sowie der militärische Überfall selbst zählte, der als Quelle räuberischen Profits begriffen wurde. Karl Polanyi hat dazu notiert: »Die Regierung Spartas sandte eine zivile Kommission von ›Beuteverkäufern‹ zusammen mit dem König aus, der die Armee auf dem Schlachtfeld führte. Ihre Aufgabe bestand darin, gefangene Sklaven und Vieh umgehend zu versteigern.«[15]

2500 Jahre später erklärte Paul Bremer, der nach der Eroberung des Irak 2003 als eine Art Prokonsul die provisorische Koalitions-Übergangsverwaltung leitete, nur wenige Monate nach der Invasion auf einer Tagung des Weltwirtschaftsforums in Jordanien:

> In den vergangenen vierzehn Jahren war ich Unternehmer. Ich weiß, dass hier im Publikum viele Geschäftsleute sitzen. Ich möchte Ihnen sagen, dass ich optimistisch und überzeugt bin, dass die Koalition es schaffen wird, die irakische Wirtschaft von einem geschlossenen, toten System in einen offenen und lebendigen Raum zu verwandeln, in dem man Geschäfte machen kann. Möglichkeiten für produktive Investitionen sind reichlich vorhanden, und wir wollen sicherstellen, dass sie auch getätigt werden […]. Unser strategisches Ziel in den kommenden Monaten besteht darin, eine Politik in Gang zu setzen, die es erlaubt, Personal und Ressourcen der Staatsunternehmen in hochproduktive Privatunternehmen zu überführen.[16]

Bremer setzte bei dieser Marktöffnung massiv auf Söldner: auf Paramilitärs, die im Dienst privater Sicherheitsfirmen wie Blackwater standen.

Es ist wahr, dass sich der Beruf des Kaufmanns in den vergangenen 2000 Jahren normalisiert hat – und zwar so sehr, dass man schließlich, um das 18. Jahrhundert herum, anfing, den Handel als eine Alternative zum Krieg zu betrachten. Eine Art Wettbewerb geringer Intensität, der die Konflikte auf ein akzeptables Niveau absenkt, unterhalb verstümmelter Glieder und ritualisierter Folter. Wie Albert Hirschman anmerkt, begannen einige Gelehrte damals, den Handel als eine Form der sozialen Beziehung zu verteidigen, die zwar nicht besonders tugendhaft sei, aber doch sehr vorteilhafte kollektive und individuelle Wirkungen entfalte.[17] Sie meinten, der Markt beschränke die politischen oder religiösen Leidenschaften, die Europa in den Jahrhunderten zuvor in ein Schlachtfeld verwandelt hatten, und sorge für allgemeine Freundlichkeit.

Begründet wurde diese Wirkung des Marktes von den Gelehrten damit, dass der für den Handel charakteristische Eigennutz das gesellschaftliche Verhalten friedlicher und zivilisierter gestalte. Er beseitige die anthropologischen Ablagerungen, die die familiären, gemeinschaftlichen und religiösen Beziehungen so klebrig und unverständlich machen, und verleihe ihnen Vernunft, Verständlichkeit und Transparenz. Ihrer Meinung nach zieht der kaufmännische Wettbewerb eine verringerte gemeinschaftliche Bindung sowie ein allgemeines Interesse daran nach sich, dass wenigstens bestimmte Mindeststandards des Zusammenlebens eingehalten werden. Er sorgt dafür, dass sich die Menschen mit einem vernünftigen Wohlstand begnügen, und reduziert den sozialen Ehrgeiz auf tugendhaftes Mittelmaß. Politische und militärische Helden wie Cato machen in Museen und Geschichtsbüchern eine sehr gute Figur, aber das Leben an ihrer Seite ist blutig und riskant. Der Paläoökonom Simon Clicquot-Blervache schreibt in einem Text aus dem Jahre 1758:

> Wenn es stimmt, dass alle Bemühungen des Fabrikanten oder Kaufmanns darauf gerichtet sind, das Kapital zu vermehren, dann ist es nicht weniger wahr, dass sie ein solides und bleibendes Vermögen nicht durch unrechtmäßigen und schnellen Gewinn erwerben, sondern durch eine Vielzahl bescheidener und begrenzter Gewinne, die gerade an der Grenze der Ehrbarkeit erwirtschaftet wurden. Da es für den Händler nützlich ist, das Vertrauen seiner Geschäftspartner zu wahren, und er dieses nur durch Redlichkeit und guten Glauben sichern kann, verpflichtet und zwingt ihn das Gewinnstreben selbst, nicht zu täuschen. Dieses Band ist umso mächtiger, als es in die Natur des persönlichen Interesses eingeschrieben ist.[18]

Die Kriege zwischen den !Kung, einer Jäger- und Sammlergemeinschaft in der Kalahari-Wüste, verschwanden fast völlig, als im 19. Jahrhundert die Tswana-Hirten begannen, Handelsreisen zu unternehmen. Eine ähnliche Argumentation liegt auch unserer Europäischen Union zugrunde: Der Zweite Weltkrieg stellte unter anderem einen schweren Schlag für die Diplomatie dar. Trotz aller Verhandlungen und internationalen Verträge war der Konflikt zwischen Deutschland und Frankreich zum zweiten Mal innerhalb weniger Jahre eskaliert. Politiker wie Robert Schuman hielten es daher für sinnvoll, eine neue Strategie zu entwickeln. Möglicherweise, so ihre Hoffnung, würden Handelsbeziehungen zum gegenseitigen Vorteil dort Frieden und Eintracht säen können, wo die Diplomatie versagt hatte. So entstand 1952 die Europäische Gemeinschaft für Kohle und Stahl, aus der später die Europäische Wirtschaftsgemeinschaft und schließlich die Europäische Union hervorgehen sollten. Der Glaube an die vergesellschaftende Kraft des Handels ist der Architektur der europäischen Institutionen eingeschrieben. Deshalb ist die demokratische politische Integration der EU im Vergleich zu den monströs wuchernden Marktstrukturen so unterentwickelt. Die Folgen hiervon waren dramatisch, vor allem für die Länder Südeuropas. Sie haben uns – ohne dieses Argument an dieser Stelle weiter vertiefen zu wollen – dazu gebracht, ein ökonomisches Kamikaze-Vorhaben begeistert zu begrüßen, das die Einführung einer europäischen Einheitswährung ohne gleichzeitige Schaffung einer gemeinsamen Haushaltspolitik vorsah. Möglicherweise hat der Handel bewaffnete Konflikte zwischen Ländern in einigen Fällen verhindert, aber das bedeutet nicht, dass die allgemeine Merkantilisierung sozialer Beziehungen eine gute Idee wäre.

In *Das Babel-Syndrom*, einem Science-Fiction-Roman von Ian Watson, nimmt die Befriedungskraft des Handels wahrlich intergalaktische Ausmaße an, als einige mysteriöse außerirdische »Signalhändler« auf unseren Planeten kommen und im Austausch gegen sechs menschliche Gehirne, die Sprachen unterschiedlicher linguistischer Familien beherrschen, atemberaubende technologische Innovationen anbieten.[19] Warum entführen, wenn man handeln kann?

Allerdings ist auch wahr, dass in der Regel eher Zweideutigkeit vorherrschte. Dieselben Länder, die behaupten, dass Freihandel Frieden und Wohlstand sät, zögern nicht, Gewalt anzuwenden, um die Interessen ihrer Unternehmen zu schützen. Der durchschnittliche Lebensmittelhändler an der Ecke ist immer nur einen Schritt davon entfernt, einen Pferdekopf auf dem Bett seines Konkurrenten aus der Nebenstraße zu platzieren. Das ist sicherlich auch die Erklärung dafür, warum sich die Geschichte eines amoralischen Sklavenhändlers, der im 18. Jahrhundert auf einer verlassenen Insel Schiffbruch erleidet und dort eine Einpersonengesellschaft errichtet, so großer Popularität erfreut.

Terry Eagleton schreibt, Robinson Crusoe fasziniere

uns deshalb so sehr, weil es sich um eine Schwellenfigur handele, die sich zwischen dem kanaillenhaften Geschäft der Abenteurer und Söldner auf der einen Seite und dem langweiligen Leben des Bürgertums auf der anderen bewegt.[20] Auf der Suche nach exotischen Abenteuern bricht Robinson Crusoe von zu Hause auf, errichtet am Ende aber eine tropische Version von protestantischer Ethik und kapitalistischem Geist. Lass uns Ultima Thule suchen gehen, vermittelt uns Robinson, eine neue Welt aus Gurkensandwich, Teegebäck und Beistelltischchen erwartet uns da draußen. *Rambo meets Martha Stewart.*

Tatsächlich findet der entscheidende Teil von Robinson Crusoe *vor* dem Schiffbruch statt. Der ganze Roman hat einen moralisierenden Zweck, der mit der Domestizierung der Gesellschaft durch den Markt im 18. Jahrhundert zu tun hat. Robinson begeht eine Sünde, die die Griechen als *hybris* bezeichneten, was oft mit »Hochmut« oder »Maßlosigkeit« übersetzt wird. Seine Familie ermahnt ihn zur *aurea mediocritas*, er soll ein arbeitsames Leben mit ruhigem und geduldigem Profit führen. Aber Robinson gehorcht nicht, er will das Familienunternehmen nicht führen und stürzt sich in Abenteuer, als wäre er ein antiker Händler und nicht einer der neuen – maßvollen und besonnenen – Geschäftsleute.

Im Verlauf seines Lebens wiederholt sich dieses Muster immer wieder von Neuem. Er hat außerordentliches Glück bei den alltäglichen Geschäften, aber enormes

Pech auf Reisen und bei Abenteuern. Vom ersten Augenblick an deutet alles darauf hin, dass er zu Hause bleiben und sich mit dem Bestehenden zufriedengeben sollte. Nachdem er schon bei der ersten Seereise Schiffbruch erleidet, in Marokko versklavt wird und in Brasilien als Lastenträger arbeiten muss etc., erreicht er bescheidenen wirtschaftlichen Wohlstand, der in jeder Hinsicht dem gleicht, was er auch in England erreicht hätte, wenn er seinem gesunden Menschenverstand gehorcht und zu Hause den Familienbetrieb geführt hätte. Aber nicht einmal die Verkettung von Unglücksfällen kann das kanaillenkapitalische Feuer löschen, das in Robinsons Herz brennt. In Brasilien lässt er sich von anderen Großgrundbesitzern verführen und chartert mit ihnen ein illegales Sklavenschiff, das in Guinea Zwangsarbeiter für ihre Plantagen kaufen und dabei den *Asiento de Negros*, also das Monopol für den Sklavenhandel in Spanisch-Amerika, umgehen soll:

> Mein Benehmen kann allen Denjenigen, welche mit der am weitesten verbreiteten Menschenplage behaftet sind, aus der meines Bedünkens die Hälfte alles irdischen Elends besteht, zur Warnung dienen. Ich meine die Unzufriedenheit mit der Lebenslage, in die Gott und die Natur uns versetzt haben. Denn um hier nicht auf meine erste Torheit und die Ratschläge meines Vaters, deren Nichtbefolgung sozusagen meine Ursünde war, zurückzukommen, so hatte mich doch der Fehler gleicher Art in der Folgezeit allein in meine traurige Lage geraten lassen. Hätte mir die Vorsehung, die mich in Brasilien mit so glücklichem Erfolg meine Pflanzung betreiben ließ, mit eingeschränkten Wünschen begnadigt, wäre ich zufrieden gewesen, nach und nach vorwärts zu kommen, so würde ich gewiss inzwischen zu einem der angesehensten Pflanzer in jenem Land gediehen sein.[21]

Die traurigen Gedanken Robinsons erscheinen wie eine Parodie der protestantischen Ethik, die Max Weber als entscheidende symbolische Dimension der kapitalistischen Kultur ausmachte. Weber zufolge glaubten die Calvinisten, dass nur wenige Menschen von Gott auserwählt seien, sich zu retten, und nichts von dem, was man tat, etwas an dieser Bestimmung ändern könne. Um diese Ungewissheit zu mindern, entwickelten sie eine Doktrin, die davon ausging, dass es Zeichen göttlicher Gnade gebe, zu denen insbesondere der wirtschaftliche Erfolg zählte. Und so unternahmen sie große Anstrengungen, um kaufmännisch zu reüssieren. Es ging ihnen nicht um Luxus und sündige Freuden, sondern um den Selbstzweck. Deshalb reinvestierten sie sämtliche Gewinne und setzten damit jene Logik in Gang, die Karl Marx später als »erweiterte Reproduktion des Kapitals« bezeichnen sollte. Der religiöse Eifer nutzte sich ab, aber die damit verbundene Ethik überdauerte. So kann *Robinson Crusoe* als Bildungsroman gelesen werden. Es ist die Geschichte eines Mannes, der am Ende die neue Moral akzeptiert, die mit der allgemeinen Durchsetzung des Handels und einer nicht auf Empathie, Tradition oder Gemeinschaftsgefühl, sondern auf egoistischem Interesse beruhenden Freundlichkeit verbunden ist.

Robinson Crusoe ist Hunderte, vielleicht sogar Tausende Male neu erzählt worden. Aber die Fassung, die das geschichtliche Element am besten trifft, ist zweifelsohne Michel Tourniers *Freitag oder Im Schoß des*

Pazifik. In ihr hebt Robinson die zivilisierende und befriedende Wirkung des allgemeinen Handels gegenüber den politischen, militärischen oder religiösen Impulsen hervor, die zum Bürgerkrieg führen:

> Leider sind es fast immer Männer, die am Geld nicht interessiert sind, welche Geschichte machen, und dann wird alles vom Feuer zerstört, das Blut fließt in Strömen. Die fetten Kaufleute von Venedig geben uns ein Beispiel für das prunkvolle Glück, das ein Staat kennt, der einzig und allein vom Gesetz des Profits regiert wird, während die ausgemergelten Wölfe der spanischen Inquisition uns zeigen, welcher Schändlichkeit Menschen fähig sind, die den Geschmack an materiellen Gütern verloren haben.[22]

In der Einsamkeit seiner Insel gerät Tourniers Robinson in eine offenkundig irrationale Spirale aus Produktion und Bürokratismus. Wie ein Kleinkind erfindet er lächerlich aufwendige Arbeiten, die keinem praktischen Ziel dienen. Er verzichtet darauf, den geernteten Weizen zu konsumieren, um noch größere Ernten zu erwirtschaften, die er nicht verzehren kann. Er erfindet Gesetze und Strafen, die er auf sich selbst anwendet. Ein typischer Tag dieses Robinsons sieht folgendermaßen aus:

> Zunächst würde er sich anziehen, dann vor dem Pult in der Bibel lesen, danach wurde die Fahne gehißt und die Festung geöffnet. Er würde die Laufbrücke über den Graben schwenken und die durch die Felsbrocken versperrten Ausgänge frei machen. Den Vormittag würde er dem Zuchtvieh widmen. Die mit B13, L24, G2 und Z17 gekennzeichneten Geißen mußten zum Bock gebracht werden. [...] Alsdann würde er rasch eine Kleinigkeit essen und seine große Generalsuniform anlegen, denn es erwartete ihn ein mit offiziellen Verpflichtungen angefüllter Nachmittag: Zählung der Wasserschildkröten, Vorsitz des Legislativausschusses der Verfassung und des Straf-

gesetzbuches, schließlich Einweihung einer Lianenbrücke, die kühn über einen hundert Fuß tiefen Hohlweg mitten im Tropenwald führte.[23]

Robinson verhält sich wie der Herrscher einer Entwicklungsdiktatur, obwohl er in Wirklichkeit allein auf einer verlassenen Insel lebt. Wir hingegen tun so, als befänden wir uns in einer Welt der Knappheit – mit der Folge, dass in Ländern, in denen es Hunderttausende leerstehende Häuser gibt und Tausende Tonnen Lebensmittel weggeworfen werden, Menschen kein Dach über dem Kopf haben oder verhungern. Das Projekt, die gesellschaftliche Welt zu entzaubern, indem man sie auf transparente Marktbeziehungen und eine bürokratische Rationalität reduziert, ist eine Utopie, ein phantasmagorischer Nebel, der mit einigen grundlegenden Eigenschaften des Menschen unvereinbar ist. Deshalb ist es in Tourniers Roman Freitag, ein Jäger und Sammler mit an seine Umwelt angepassten Produktionsstrategien und einer überschäumenden Symbolik, der Robinson vor sich selbst rettet und ihn mit der Insel versöhnt, so dass Letzterer schließlich auf eine Flucht von dort verzichtet.

In *Betoninsel* adaptierte J. G. Ballard die Robinson-Erzählung auf ähnliche Weise, allerdings an die Welt des Automobils. Der Protagonist ist Robert Maitlan, ein erfolgreicher Architekt, der nach einem Verkehrsunfall in einem Autobahnkreuz gefangen ist. Auf seinem Eiland befreit sich Maitlan allmählich von der konsumistischen Entfremdung, die sein mondänes Leben auszeichnet, bis er schließlich sogar seine eigene

Rettung boykottiert.²⁴ Der Soziologe Ivan Illich wiederum karikierte die Wahnvorstellungen rationaler Optimierung am Beispiel des Automobils in den reichen Ländern:

> Der typische amerikanische Mann widmet seinem Auto mehr als 1600 Stunden im Jahr. Er sitzt darin, während es fährt und während es stillsteht. Er parkt es und sucht es wieder auf. Er verdient das Geld, um dafür eine Anzahlung zu leisten und die monatlichen Raten zu bezahlen. Er arbeitet, um das Benzin, das Wegegeld, die Versicherung, die Steuern und die Strafzettel zu bezahlen. Er verbringt vier seiner sechzehn wachen Stunden auf der Straße oder damit, die Mittel für den Betrieb des Autos zu beschaffen. […]
> Der typische amerikanische arbeitende Mann wendet 1600 Stunden auf, um sich 7500 Meilen fortzubewegen: das sind weniger als fünf Meilen pro Stunde. In Ländern, in denen eine Transportindustrie fehlt, schaffen die Menschen dieselbe Geschwindigkeit und bewegen sich dabei, wohin sie wollen – und sie wenden für den Verkehr nicht 28%, sondern nur 3% bis 8% ihres gesellschaftlichen Zeitbudgets auf. Der Verkehr in den reichen Ländern unterscheidet sich von dem Verkehr in armen Ländern nicht dadurch, dass für die Mehrheit mehr Kilometer auf die Stunde der einzelnen Lebenszeit entfallen, sondern dadurch, dass mehr Stunden mit dem Zwangskonsum der großen Energiemengen verbracht werden, welche die Transportindustrie »abpackt« und ungleich verteilt.²⁵

Vor einigen Jahren begann ein bekanntes Busunternehmen damit, Fahrten ohne Zwischenstopp anzubieten, allerdings zu einem höheren Preis. Um die Qualität der Dienstleistung hervorzuheben, überreichte man den Fahrgästen am Ende der Fahrt ein kleines Geschenk, irgendein Ramschpräsent aus einem 99-Cent-Geschäft: Taschenlampen, Lupen, Regenschirme, Taschenrechner … Wenn man viel reiste, hatte sich bald genug angesammelt, um ein eigenes Geschäft zu eröffnen. Als einer der beiden Fahrer auf einer Fahrt die Präsente verteilte, fragte mich ein neben mir sitzender Junge: »Muss man die nehmen?«

Im entwickelten Kapitalismus lautet die einzig denkbare Antwort: »Ja, man muss sie nehmen.« Aus dem einfachen Grund, dass wir nicht einmal über die politischen oder sozialen Instrumente verfügen, um uns diese Frage zu stellen. Der durchgesetzte freie Markt mitsamt seiner Ethik produziert nicht nur Ungerechtigkeit und Ungleichheit. Er injiziert unserem Sozialleben auch tödliche Dosen von Wahn und Irrationalität, da er uns der Möglichkeit beraubt, gemeinsam zu beraten und kollektive Entscheidungen zu treffen, die nicht das Nebenprodukt einer egoistischen individuellen Interaktion sind.

2. Überflüssige Menschen und Zeitwucherer

B. Traven erzählt in einem seiner amerikanischen Romane von einer Hacienda namens Rosa Blanca in der Zeit nach der mexikanischen Revolution von 1910. Es handelt sich um eine bäuerliche Gemeinschaft, die sich der traditionellen Landwirtschaft widmet. Man baut Mais, Bohnen, Sesam, Chili, Zuckerrohr, Orangen und Bananen an und hält Pferde, Esel und Schweine. Die Landarbeiter sind Indigene, die zur selben Ethnie wie der Besitzer Don Hacinto gehören, und leben seit zahllosen Generationen auf dem Land der Finca. Geld spielt in Rosa Blanca kaum eine Rolle. Die Familien, die dort arbeiten, zahlen keine Pacht und bestellen Parzellen, deren Größe sich nach der Zahl der Angehörigen richtet. Es ist schwierig, die ökonomischen Beziehungen von anderen – familiären, sozialen und persönlichen – Bindungen zu unterscheiden.[1]

Heute empfehlen manche Experten stillenden berufstätigen Müttern, ein Foto ihres Babys zu betrachten, während sie im Büro Milch abpumpen, da der Arbeitsrhythmus die Milchproduktion versiegen lassen kann. In unseren Gesellschaften parken wir unsere Familien vor der Tür des Arbeitsplatzes und achten sehr darauf, Freundschaft nicht mit beruflichen Beziehungen zu vermengen. Schlaflose Babys, Verliebtsein, Familienkrach, Treue oder Verrat, religiöse Gefühle, Sehnsucht, Angst vor Krankheit oder Vorfreude: Wenn wir Portionen unseres Lebens im Supermarkt der Arbeitskraft verkaufen, zeigen wir uns von alldem unbeeindruckt.

In den meisten traditionellen Gesellschaften ist es, im Guten wie im Schlechten, genau umgekehrt. Die Ökonomie im Allgemeinen und die Arbeit im Besonderen sind unsichtbare Prozesse, die ablaufen, während man sich wie eine Tochter oder ein Ehemann, wie ein Freund oder ein guter Christ verhält. In vielen Ländern mussten sich Paare, die heiraten wollten, mit Familienangehörigen auf eine Mitgift oder einen Brautpreis einigen. Nicht, weil sie materialistische Personen gewesen wären, die nicht in der Lage waren, die uneigennützige Natur partnerschaftlicher Liebe zu erkennen, sondern weil es für sie keine ökonomische Beziehung außerhalb der sozialen, familiären, kulturellen oder spirituellen Bindungen gab. Deshalb schlichtet Don Hacinto die Konflikte in Rosa Blanca als Richter, ist Pate aller auf der Hacienda geborener Kinder und kümmert sich um die Waisen.

Zumindest in dieser Hinsicht wiesen die Zünfte des mittelalterlichen Europa große Ähnlichkeiten mit einer Hacienda wie Rosa Blanca auf. Dem Meister einer Zunft wäre es nie in den Sinn gekommen, einen Lehrling einfach so zu feuern – so wie auch wir keinen Neffen »entlassen«, wenn wir uns mit ihm gestritten haben. Die Darstellungen der Zünfte unterstreichen gewöhnlich die negativen Aspekte dieses Arbeitssystems. Es wird hervorgehoben, dass ihre Regeln die Eigeninitiative einschränkten und sie die Grundlage für ein bisweilen grauenhaftes System persönlicher Unterordnung darstellten: Dieselben Gründe, die die Entlassung eines unproduktiven Arbeiters verhinderten, rechtfertigten es, den Lehrling zu verprügeln. Doch in jedem Fall handelte es sich um ein Arbeitsverhältnis, das mit gegenseitiger Verantwortung einherging und über den Arbeitsprozess sowie die kaufmännische Kalkulation hinausreichte. Deshalb haben romantische Schriftsteller des 19. Jahrhunderts, die der Modernisierung und Ökonomisierung der Gesellschaft feindlich gegenüberstanden, diese Vergangenheit mit eigentümlicher Nostalgie betrachtet.

E.T.A. Hoffmann schildert, wie der Meister Martin, der der ehrenwerten Zunft der Küfner in der Freien Stadt Nürnberg angehört, Anfang Mai 1580 erfährt, dass Valentin, einer seiner Gesellen, an Wundbrand gestorben ist, nachdem er sich bei der Arbeit in einem großen Fass eine Wunde zugezogen hatte. Meister Martin lernt die Frau des Verstorbenen kennen, die wegen des Verlusts, aber auch wegen der ökonomischen Situation der Familie verzweifelt ist. Der Küfnermeister beruhigt sie:

Was denkt Ihr denn von mir, in meiner Arbeit brachte sich Euer Mann die gefährliche Wunde bei, und ich sollte Euch verlassen in Eurer Not? – Nein ihr alle gehört fortan zu meinem Hause. Morgen, oder wenn Ihr wollt, begraben wir Euern armen Mann, und zieht Ihr mit Euern Knaben auf meinen Meierhof vor dem Frauentor, wo ich meine schöne offne Werkstatt habe und täglich mit meinen Gesellen arbeite. Da könnt Ihr dann meiner Hauswirtschaft vorstehen, und Eure tüchtigen Knaben will ich erziehen, als wären es meine eigenen Söhne. Und daß Ihr's nur wißt, Euern alten Vater nehme ich auch in mein Haus.[2]

Heute hingegen ist es bei Bewerbungsgesprächen üblich, junge Frauen zu fragen, ob sie einen festen Partner haben und sich Kinder wünschen. Meine Freundin Henar meinte einmal zu mir, sie freue sich sehr auf diese Frage, weil sie sich bereits die Antwort zurechtgelegt hatte: »Oh ja, eine ganze Armee Kinder. Und ich werde ihnen beibringen, Arschlöcher wie dich auf unserem Planeten auszulöschen.«

B. Travens Roman beginnt damit, dass eine mächtige amerikanische Ölgesellschaft, die Condor Oil Company, ihre Absicht erklärt, Rosa Blanca zu kaufen. Der Ölkonzern, der gerade eine ganze Reihe ölreicher Ländereien zu lächerlichen Preisen erworben hat, will die Hacienda um jeden Preis haben. Da es sich bei den Parzellen um Gemeineigentum handelt oder die Eigentumsverhältnisse unklar sind, haben die Gringos in vielen Fällen Beamte bestochen, damit diese angebliche Erben als Eigentümer eintragen. Als Konsequenz davon verlieren viele Indigenen ihre traditionellen Subsistenzmittel und müssen sich als Lohnarbeiter, meist auf den Ölfeldern, verdingen.

Jedem vor unserer Zeit geborenen Menschen wäre die Idee, dass man sein Überleben vom Glücksspiel des Marktes abhängig macht, unvorstellbar gewesen. Ein großer Teil von Travens Roman besteht aus Dialogen zwischen Don Hacinto und den Gesandten der Condor Oil Company über diese Frage. In einem der Gespräche erklärt der Besitzer von Rosa Blanca einem Señor Pérez, dass er die immer großzügigeren Angebote nicht annehmen könne, da er sich für die Erhaltung der Lebensgrundlagen der Bauern verantwortlich fühle. Wovon sollten die Bewohner von Rosa Blanca leben, wenn ihre Hacienda verkauft würde? Pérez erwidert, dass sie alle eine gute Anstellung auf den Ölfeldern finden würden, wo sie sehr viel mehr verdienen könnten, als Hacinto ihnen zahle. Was jedoch, antwortet dieser, geschehe, wenn die Ölvorkommen erschöpft seien und es keine Arbeit mehr gebe? Pérez hat auch hierauf eine Antwort parat: Die Condor Oil Company habe Ölquellen in ganz Mexiko. Wenn die Arbeiten in dieser Gegend abgeschlossen seien, würden die Männer auf andere Ölfelder geschickt. Don Hacinto braucht ein bisschen für die Antwort:

> »Dort aber, wo die Leute hingeschickt werden, sind dann doch die Leute von jenem Land, die Arbeit haben wollen. Was tun dann die?«
> Señor Pérez fühlte, daß er überrumpelt war. Er fand hier nicht heraus. Ohne viel darüber nachzudenken, platzte er heraus: »Jene Leute müssen dann eben weitergehen und sehen, wo sie Arbeit finden.«[3]

Wir halten unsere Epoche für etwas Besonderes, weil wir Internet und Brownies, MTV und Röntgenstrahlen, Flugzeuge und Liposuktion haben. Gleichzeitig neigen wir zu der Ansicht, unser Bestreben, auf dem Markt einen Käufer für unsere Fähigkeiten, körperliche Stärke oder Aufmerksamkeit zu finden, sei völlig rational. Das geht so weit, dass der Abbau von Arbeitslosigkeit bei keiner Partei im Wahlprogramm fehlen darf. Doch man kann gar nicht nachdrücklich genug betonen, dass die Lohnarbeit, historisch betrachtet, ein exzentrisches Modell darstellt. Über Zehntausende von Jahren haben nur sehr wenige Menschen so gelebt. Natürlich arbeiteten Menschen schon immer für ihren Lebensunterhalt. Aber nur selten wurden die hierfür notwendigen Tätigkeiten – von der Jagd und der Töpferei bis zur Kinderbetreuung – über Markt und Wettbewerb vermittelt. Wann haben wir uns entschieden, unser materielles Überleben einer Art Reise nach Jerusalem zu überantworten? In der Hoffnung, dass wir, wenn die Musik der globalen Kapitalzyklen verstummt, einen freien Stuhl in der Nähe finden, laufen wir von einem Job zum nächsten.

Wie kam es dazu, dass die Menschen sich entschlossen, für ein Gehalt zu arbeiten? Die Antwort lautet, knapp zusammengefasst, dass sie diese Entscheidung nie trafen.

Im 19. Jahrhundert beschränkten sich die meisten Marktideologen darauf, das erstaunliche Glück der ersten modernen Unternehmer zu feiern. Gerade als sie eine große Zahl Beschäftigter benötigten, um ihre Industrieanlagen in Gang zu setzen, fanden sie, wie durch Geisterhand herbeigeführt, Menschenmassen vor, die bereit waren, ihre traditionelle Lebensweise aufzugeben, um für Lohn zu arbeiten. Glücklicherweise waren die meisten von ihnen nicht so starrköpfig wie Don Hacinto und nahmen die Vorzüge des ökonomischen Fortschritts dankbar an. Scheinbar eine aus dem Marktwettbewerb resultierende Gleichgewichtssituation. Karl Marx hingegen lieferte in einem berühmt gewordenen Kapitel des *Kapitals* mit dem Titel »Die ursprüngliche Akkumulation« eine andere Erklärung. Ihm zufolge war das zur Deckung des industriellen Bedarfs notwendige Arbeitskräfteangebot das Ergebnis eines langwierigen und gewaltsamen Prozesses der Enteignung von Millionen von Armen. Über die Jahrhunderte waren Massen von Bauern ihrer traditionellen Arbeitsmittel beraubt und somit gezwungen worden, sich eine das Überleben sichernde Lohnarbeit zu suchen.

Zwischen 1803 und 1804 besuchte der deutsche Geograf Alexander von Humboldt Neuspanien, also die spanischen Kolonien in Amerika, zu denen auch das heutige Mexiko zählte. In seiner Reisechronik weist er mit Nachdruck darauf hin, wie der Reichtum des Landes die Trägheit förderte und so zum Hindernis wurde, Arbeiter für besonders schwere und anstrengende Tätigkeiten zu finden. Konkret beklagt Humboldt die geringe Bereitschaft des mexikanischen Volkes, sich dem Walfang zu widmen:

> Der Mangel an Armen kann die Bewohner von Mexico nicht verhindern, sich dem Caschelotfang zu ergeben. Um zehn Schiffe zu bemannen und jährlich gegen tausend Tonnen Wallrath zu gewinnen, brauchte man nur zweihundert Mann. Dieser Artikel könnte in der Ausfuhr mit der Zeit beinah eben so wichtig werden, als der Cacao von Guayaquil und das Kupfer von Coquimbo. Aber bei dem jetzigen Zustand der Dinge in den spanischen Kolonien hindert die Trägheit der Ein-

wohner die Ausführung solcher Pläne. Wie sollte man Matrosen finden, die sich entschließen wollten, ein so rauhes Gewerbe zu ergreifen, und sich ein so elendes Leben gefallen zu lassen, wie es die Caschelotfänger führen. Wie sie in einem Lande finden, wo man, nach der Vorstellung des niedrigen Volks, bloß Bananen, gesalzenes Fleisch, einen Hamac [französisch für Hängematte; Anm. d. Ü.] und eine Gitarre braucht, um glücklich zu sein. Unter einer Zone wo die gütige Natur dem Menschen tausend Mittel zu einer bequemen und ruhigen Existenz anbietet, ist die Hoffnung des Gewinns ein zu schwacher Reiz, um sein Land zu verlassen und gegen die Ungeheuer des Ozeans zu kämpfen.[4]

Das ist ein gutes Beispiel. Schließlich handelt es sich bei *Moby Dick* im Grunde genommen um die Geschichte eines verrückt gewordenen Unternehmers, nämlich Captain Ahab, der um sein extraktives Exportvorhaben herum eine nihilistische Mythologie erschafft und einen Trupp prekärer Wanderarbeiter mit in den Abgrund reißt.

Der Historiker E. P. Thompson erwähnt einen Bericht über den mexikanischen Bergarbeiter zu Beginn des 20. Jahrhunderts, also der Zeit, in der der Roman *Die weiße Rose* spielt, und zitiert Arbeitgeber, die sich über »seinen Mangel an Initiative, die Unfähigkeit zu sparen, wiederholtes Fehlen bei der Arbeit, ständig wiederkehrende Festlichkeiten, Beschränkung der Arbeit auf 3 oder 4 Tage pro Woche, wenn er damit seine Bedürfnisse befriedigen konnte, Maßlosigkeit im Alkoholgenuss« beschweren.[5] Zu allem Überfluss pflegten die Bergleute auch noch, in der Zeit von Aussaat und Ernte die Minen zu verlassen und in ihr Dorf zurückzukehren.

Wir haben es hier mit einem erstaunlich verbreiteten Handlungsmuster zu tun: Über die Jahrhunderte und an sehr unterschiedlichen Orten der Welt haben sich Menschen aus traditionellen Gesellschaften immer wieder als ausgesprochen renitent erwiesen, wenn es darum ging, sich den Bedürfnissen des Arbeitsmarktes anzupassen. Die mexikanischen Arbeiter zu Beginn des 20. Jahrhunderts verhielten sich nicht anders als die englischen Lohnabhängigen Ende des 18. Tatsächlich dauerte es in Europa bis weit ins 19. Jahrhundert hinein, bis der Lohnanreiz und die Angst vor dem Hunger ausreichende Mittel waren, um eine stabile Versorgung der Unternehmen mit Arbeitskräften zu garantieren. In der heroischen Epoche des Kapitalismus war es weitverbreitet, dass die Leute nur so lange arbeiteten, bis sie etwas Geld angespart hatten, und dann erst wieder einen neuen Job suchten, als ihr Geld aufgebraucht war.

Besonders dramatisch war die Lage für die Arbeitgeber, wenn die Arbeiter über andere, nicht marktförmige Subsistenzmittel verfügten wie zum Beispiel kleine Gärten oder kommunales Land, auf dem Vieh weiden konnte. Die spanischen Eroberer waren sich dieser Situation sehr bewusst und kannten auch das Gegenmittel. Humboldt notiert:

> Oft hört man in den spanischen Kolonien die Behauptung wiederholen, dass sich die Bewohner der heißen Gegend (*Tierra caliente*) so lange nicht aus dem Zustand von Apathie, in welchen sie seit Jahrhunderten versunken sind, erheben könnten, als kein königlicher Befehl die Zerstörung der Bananas-Pflanzungen (*Platanares*) verordnete.[6]

Die spanischen Kolonisatoren waren selbst zu apathisch, um auf derartige Maßnahmen verzichten zu können. Tatsächlich verbot der Artikel 27 der mexikanischen Verfassung bis vor wenigen Jahren den Verkauf der Allmende: Es war ein Erbe der Revolution von 1910, das die lange Expansion des Marktes in den lateinamerikanischen Gesellschaften überlebt hatte. Deshalb stellen die traditionellen Ländereien in Travens Roman ein gewaltiges Problem für die Condor Oil Company dar.

Doch selbst wenn man von den Allmendegütern absieht, hatten die Landrechte im vorkapitalistischen Europa wenig mit dem zu tun, was wir heute als Privateigentum bezeichnen. Die Privilegien der Feudalherren wurden respektiert – was jedoch nicht bedeutete, dass diese mit ihrem Land hätten tun können, was sie wollten. Zweifelsohne waren die Zustände alles andere als idyllisch, wovon auch die große Zahl von Bauernaufständen im Mittelalter zeugt. Aber es handelte sich eben doch um eine Form des Eigentums, die gewisse Einschränkungen vorsah. So musste beispielsweise das Recht der Landbewohner auf ihren Lebensunterhalt respektiert werden. Don Hacinto erklärt es in *Die weiße Rose* folgendermaßen: »Sie gehört mir natürlich, die Rosa Blanca ... [...] [A]ber sie gehört mir nicht so, daß ich damit machen kann, was ich will. Sie gehört auch denen, die nach mir leben wollen. Für die bin ich verantwortlich. Ich bin nur der Verwalter für die, die später leben wollen und leben werden.«[7]

Pérez antwortet ihm, dass das antiquierter sentimentaler Unsinn sei. Eine Formulierung, die die oberen Klassen Europas seit dem 16. Jahrhundert lauthals, aber begeistert verwenden. Im Verlauf der Jahrhunderte verloren Millionen Menschen ihre Subsistenzgrundlage und wurden gezwungen, ihre Arbeitskraft auf dem Markt zu verkaufen. Es handelte sich um einen langsamen, komplexen und häufig sehr blutigen Prozess, in dem die Beseitigung überlieferter Jagd-, Fischerei-, Weide- und Holzrechte, die in traditionellen Agrarökonomien von großer Bedeutung sind, eine zentrale Rolle spielte. Die Historiker Peter Linebaugh und Marcus Rediker schreiben zur Entwicklung in England:

> Am folgenreichsten jedoch waren möglicherweise die Maßnahmen der Großgrundbesitzer des späten 16. und frühen 17. Jahrhunderts in Reaktion auf die neuen nationalen und internationalen Märkte. Die landwirtschaftlichen Methoden änderten sich radikal: Ackerland wurde eingehegt, Kleinbauern gewaltsam vertrieben, Landpächter verdrängt. Tausende von Männern und Frauen wurden von ihrem Land vertrieben und verloren den Zugang zur Allmende. Am Ende des 16. Jahrhunderts gab es zwölf Mal so viele Besitzlose wie hundert Jahre zuvor. Im 17. Jahrhundert war fast ein Viertel des englischen Grund und Bodens eingehegt.[8]

Gelegentlich waren Einhegungen die unmittelbare Folge neuer ökonomischer Interessen, zum Beispiel des vom Wollhandel ausgelösten Booms der Schafzucht zu Beginn der englischen Moderne, der in etwa dem Tranölboom im 16. Jahrhundert oder dem Erdölboom im 20. Jahrhundert entspricht. Thomas Morus' Buch *Utopia* von 1516 erinnert daran:

Eure Schafe [...], die so sanft zu sein und so wenig zu fressen pflegten, haben angefangen so gefräßig und zügellos zu werden, daß sie die Menschen selbst auffressen und die Äcker, Häuser, Familienheime verwüsten und entvölkern. Denn [...] die Adeligen und Prälaten, jedenfalls sehr fromme Männer, [...] lassen dem Ackerbau keinen Boden übrig, legen überall Weideplätze an, reißen die Häuser nieder, zerstören die Städte und lassen nur die Kirchen stehen, um die Schafe darin einzustallen, und als ob euch die Wildgehege und Parke nicht schon genug Grund und Boden wegnähmen, verwandeln jene braven Männer alle Wohnungen und alles Angebaute in Einöden. So umgibt ein einziger unersättlicher Prasser, ein scheußlicher Fluch für sein Vaterland, einige tausend zusammenhängende Äcker mit einem einzigen Zaun, die Bodenbebauer werden hinausgeworfen, entweder gewaltsam unterdrückt oder mit List umgarnt, oder, durch allerlei Unbilden abgehetzt, zum Verkauf getrieben. So oder so wandern die Unglücklichen aus, Männer, Weiber, Kinder, Ehemänner und Gattinnen, Waisen, Witwen, Mütter mit kleinen Kindern, mit einer zahlreichen dürftigen Familie, da der Ackerbau vieler Hände bedarf – sie wandern aus, sage ich, aus ihren altgewohnten Heimstätten, und finden kein schützendes Obdach.[9]

In anderen Fällen erließen die Feudalherren Gesetze zur Beschränkung des Jagd- und Waldrechtes, die den unteren Klassen die Kontrolle über die Subsistenzmittel entzogen. Zwischen 1723 und 1823, im goldenen Zeitalter der klassischen Ökonomie (Adam Smiths *Reichtum der Nationen* wurde 1776 veröffentlicht), galt in England der Black Act, ein Gesetz, das Wilderei mit dem Tod durch den Strang bestrafte. Der Grund für diese blutrünstige und unzeitgemäße Norm bestand darin, dass die Wilderei zu einem Schauplatz gesellschaftlicher Auseinandersetzungen geworden war, auf dem die englischen Jakobiner ihr Demokratisierungsprojekt gegen die zunehmende Kommodifizierung von Subsistenzmitteln verteidigten. Zwei Jahrhunderte später erinnerte Roald Dahl daran in *Danny oder Die Fasanenjagd*, einem Kinderbuch über einen Vater und seinen Sohn, die aus der Arbeiterklasse stammen und in einem Wagen am Rande eines englischen Dorfs wohnen. Danny und sein Vater arbeiten an einer Tankstelle und wildern nachts Fasane, um den kapitalistischen Eliten, denen der angrenzende Wald gehört, die Freizeit zu vermiesen.

In Spanien und anderen Ländern der Peripherie erfolgte die Abschaffung der alten Jagdrechte erst spät. *El mundo de Juan Lobón* ist ein 1968 erschienener Roman von Luis Berenguer, der in der ersten Person von den Abenteuern eines andalusischen Wilderers vom Anfang des 20. Jahrhundert bis in die sechziger Jahre erzählt. Juan Lobón ist ein Jäger, dessen Welt ins Wanken gerät, als neue Jagdvorschriften auftauchen, die die alten, seit Jahrhunderten geltenden Rechte aufheben:

> Am Anfang war das Gesetz nicht so wie jetzt [...]. Früher war es: »Die Viecher in den Bergen gehören allen und niemandem: Sie gehören dem, der sie erwischt. Derjenige, der sie erlegt, hat keine Strafe zu erwarten.« Nach dem neuen Gesetz darf ich das Tier, das aus dem Revier in die Schlucht läuft, schießen, aber nicht das, das von der Schlucht ins Revier rennt. Wenn das Tier frei rumläuft, keine Kette trägt, was macht es dann für einen Unterschied, ob ich es hier oder dort erlege? Wenn ich mit der Flinte nicht in das Revier von Don Gumersindo darf, wie ist es dann, wenn ich ohne Flinte komme und weder Weizen noch Hirse umtrete – wieso schadet die Flinte dann dem Feld? Wenn das Tier niemandem gehört und ich auch das Feld nicht beschädige, warum bestraft mich dann das Gesetz? Deswegen sage ich, dass es ein schlechtes Gesetz ist.
> Ich bin nicht schlauer als andere, aber wenn Don Gumersindo all das

Land kauft, weil er das Kleingeld dafür und für noch viel mehr hat, und überall Parkett auslegt, wo können dann wir und diejenigen, die die Gesetze machen, noch stehen? Deswegen ist das Gesetz schlecht. Ich darf nicht auf bestellten Feldern rumlaufen und nicht betreten, was ein Dach hat. Aber alles, was oben offen ist, was nicht bebaut oder bestellt ist, sollte ich betreten dürfen. Das ist das Land, auf dem sich die Lebenden und die Toten bewegen.[10]

Die Lebenden und die Toten.

Ich begann relativ früh zu arbeiten, als ich noch Philosophie an der Universidad Complutense in Madrid studierte. Aber im Grunde genommen schlug ich mich mit Stipendien und prekären Aufträgen durch, die allesamt mit dem Schreiben zu tun hatten, vor allem mit Zeitschriftenbeiträgen und Übersetzungen. Meine erste richtige Anstellung mit Vertrag und Sozialversicherung hatte ich relativ spät, mit ungefähr 28 Jahren. Ich wurde am Círculo de Bellas Artes in Madrid angeheuert, um eine Verlagsabteilung aufzubauen.

Die Realität der Lohnarbeit schockierte mich. Als mir die Sozialversicherung zum ersten Mal einen Auszug zustellte, auf dem meine Arbeitstage aufgelistet waren, betrachtete ich entsetzt den Zettel, der etwas von einem Countdown hatte. Was mich am meisten beunruhigte, war die Tatsache, dass ich mir meiner Privilegiertheit durchaus bewusst war. Selbst in Augenblicken, in denen die Arbeit mein Leben zu verschlingen drohte oder in denen ich langweilige, monotone Aufgaben zu erledigen hatte, gelang es mir fast immer, die Bedeutung dessen, was ich tat, zu verstehen und manchmal sogar wertzuschätzen. Das ist mehr, als die meisten lohnabhängig Beschäftigten von sich behaupten können. Alle Bände im Lesesaal einer Universitätsbibliothek einzeln aufstellen ist ein höllischer Job, aber es ist nicht dasselbe, wie bei Mercadona die Nagellack-Vitrinen einzuräumen. Die Datenbank über einen deutschen Philosophen erstellen und ein paar tausend Begriffe eintippen ist eine erschreckend entfremdete Arbeit, aber sie ist nicht mit dem Job in der Datenerfassung einer Marketingfirma zu vergleichen. Es ist schrecklich, feststellen zu müssen, dass ein Schriftsteller, den man bewundert, ein Egomane ist, den man liebend gerne in Ketten und öffentlich ausstellen würde, anstatt seine Gedichte zu verlegen. Aber sein Brot damit zu verdienen, dass man Konzerte von Lady Gaga bewirbt, ist doch noch etwas anderes.

Nichtsdestotrotz erinnere ich mich daran, dass ich in den ersten Monaten morgens immer um acht Uhr in die U-Bahn stieg, um ins Büro zu fahren, und fassungslos die anderen Fahrgäste beobachtete, die wie ich in die Dunkelheit des Tunnels starrten. Wollte wirklich niemand die Notbremse ziehen? Wollte niemand diesen Wahnsinn stoppen?

Die Autonomieregierung von Madrid startete damals eine Kampagne zur Leseförderung, die darin bestand, dass man eine Reihe von Plakaten mit Auszügen berühmter literarischer Werke an die Fenster der U-Bahn-Waggons klebte. An vielen Tagen war ich in einem Waggon unterwegs, in dem ein Plakat mit den Anfangszeilen des sehr guten Gedichts *Beschreibung der Lüge* von Antonio Gamoneda hing:

> Rost legte sich wie der Geschmack des Verschwindens
> auf meine Zunge.
> Vergessen bemächtigte sich meiner Sprache, und ich konnte nicht anders,
> als zu vergessen,
> und ich akzeptierte keine Werte als die Unmöglichkeit.
> Wie ein muschelüberzogenes Schiff in einem Land,
> von dem sich das Meer zurückgezogen hat,
> hörte ich die Kapitulation meiner Knochen,
> die sich der Ruhe hingaben;
> hörte ich die Flucht der Insekten und das Schrumpfen des Schattens,
> als ich mich in das zurückzog, was von mir blieb;
> ich lauschte, bis die Wahrheit im Raum und in meinem Inneren
> zu existieren aufhörte,
> und vermochte der Perfektion der Stille nicht zu widerstehen.[11]

Es ist wahrscheinlich die beste Schilderung klinischer Depression, die ich je gelesen habe. Und das war in etwa das Territorium, auf dem ich mich damals bewegte.

Einige Jahre später lernte ich Antonio Gamoneda kennen. Der Direktor des Círculo de Bellas Artes war begeistert von der Idee, einen Dokumentarfilm über ihn zu drehen. Das Vorhaben bestand darin, etwas Unkonventionelles zu tun, es sollte ein visueller Essay über sein poetisches Denken werden. Oder so ähnlich. Niemand schien es für ein Hindernis zu halten, dass wir alle nicht die geringste Ahnung vom Filmemachen hatten. Im Gegenteil. Und so kreuzten wir, eine Horde Kulturbetriebsjobber und bibliophiler Gamoneda-Fans, mit einer Videokamera bewaffnet in seinem Haus in León auf.

Etwas, das ich mit der Zeit gelernt habe, ist, dass Improvisation nicht in erster Linie zu Unordnung oder Chaos, sondern zu Ermüdung führt. Mir passiert das mit abstraktem Expressionismus, Free Jazz und vielen politischen Versammlungen. Das Ergebnis dieser Aufnahmen war der langweiligste Film, der je gedreht worden ist. Er besteht im Wesentlichen darin, dass Antonio Gamoneda unglaublich langsam über seine Lyrik spricht. Gamoneda selbst schlief fast ein, als wir ihm den Film zeigten. Ich glaube, das ehrt ihn. Der Film spiegelt den Aufnahmeprozess getreu wider. Wahrscheinlich habe ich mich noch nie so gelangweilt wie bei den Aufnahmen in León. Der Ablauf bestand aus sich endlos hinziehenden, völlig ereignislosen Stunden, die dann allerdings wieder von ganz dringenden Aufgaben unterbrochen wurden. Wenn Gamoneda kurz davor war, vor Langeweile in Katatonie zu verfallen, entdeckte jemand, dass wir keine Videobänder mehr hatten, oder jemand traf die Entscheidung, dass wir nur ganz besondere Bänder verwenden konnten, die es nur in einzelnen ausgewählten Geschäften in wenigen Provinzen von Castilla-León zu kaufen gab.

Am ersten Drehtag fiel dichter Schnee. Es war Frühlingsanfang, eine Zeit, die mich immer traurig stimmt. Das Haus von Gamoneda liegt in der Altstadt von León. Als wir aufhörten zu drehen, war es Nacht geworden, das Schneetreiben war vorbei, und die Straßen sahen aus wie die Kulisse eines Werbefilms zur Förderung des Fremdenverkehrs. Alle entschieden, noch etwas trinken zu gehen, und ich fühlte mich wie in einer von Klischees triefenden Neuverfilmung eines Mamet-Films, der schon als Original Schund gewesen war.

Ich erklärte, dass ich ins Bett gehen, eine Schlaftablette nehmen und bis zum nächsten Morgen ohnmächtig bleiben würde. Auf dem Weg zum Hotel kam ich durch eine Straße, in der ein paar junge Frauen fröstelnd vor einer Kneipentür rauchten, und aus irgendeinem Grund fragte ich, ob sie wüssten, wo man H bekommen könnte. Glücklicherweise hatten sie genug Menschenkenntnis, um mich zum Teufel zu schicken, denn Heroin tut mir, wie den meisten Leuten, gar nicht gut.

An einem Samstagabend in Gijón – ich muss sechzehn oder siebzehn Jahre alt gewesen sein – traf ich meinen Freund Juan auf der Straße mit einem Drink in der Hand. Sein ganzes Gesicht war verrußt. Ich fragte ihn, was passiert sei, und er erzählte, dass er H hatte rauchen wollen, aber nicht genau wusste, wie, und dass die Sache dann etwas aus dem Ruder gelaufen sei. Wir lachten und erinnerten uns an einen Schulfreund, der sich mit dreizehn die Augenbrauen hatte rasieren müssen, nachdem er sich ohne Tutorial im Pattex-Schnüffeln versucht und sich dabei die Brauen verklebt hatte. Und dann plötzlich begann Juan in hohem Bogen zu kotzen. Es war wirklich spektakulär: Aus seinem Mund schoss ein Strahl, der fast einen Meter weit reichte, doch Juan schien das nicht weiter zu beeindrucken. Es passte irgendwie gut zu dem selbstzerstörerischen Humor, den ich damals in León pflegte.

Vielleicht gefiel mir Gamoneda deshalb. Es war nicht so, dass er gute Stimmung verbreitet hätte. Er ist der einzige Mensch, den ich je kennengelernt habe, der wie ein Orakel sprechen kann, ohne schulmeisterlich zu klingen. An einem Nachmittag drehten wir in einem Wald in der Nähe von León, und jemand merkte, dass der Ort dank der Wiederaufforstung viel schöner geworden sei. Gamoneda antwortete: »Wozu so viele Bäume, wo doch einer ausreicht, um sich aufzuhängen?« Und so ging es die ganze Zeit. Das war auch ungefähr das Gefühl, mit dem ich jeden Tag ins Büro fuhr. Was auch insofern Sinn ergibt, als Gamoneda selbst als Kind sehr arm gewesen war und schon im Alter von vierzehn Jahren als Laufbursche in einer Bank hatte arbeiten müssen. Bemerkenswerterweise hat Gamoneda – einer der wenigen großen spanischen Dichter, die die Lohnarbeit in ihrer brutalsten und ausbeuterischsten Form kennengelernt haben – gesellschaftskritische Lyrik immer scharf abgelehnt.

Ich glaube, dass ich, als ich ihm zuhörte, merkte, wie sehr einen jede Form des Widerstandes gegen die Abrichtung der Lohnarbeit zu einem fanatischen Ästhetiker macht. Vor einigen Monaten erzählte mir ein auf Statistik spezialisierter Kollege der Fakultät, dass ihn der Leiter seines Fachbereichs mit einem neuen Kurs namens »Die zeitgenössische chinesische Gesellschaft« beauftragt hatte. Die Zahl der eingeschriebenen Soziologiestudentinnen sinkt, und die Fakultäten denken sich verzweifelt attraktive Seminare aus, um Studierende anzulocken. Mein Freund antwortete ihm, dass er vielleicht nicht die geeignetste Person sei, um diesen Kurs zu unterrichten. Er wisse so gut wie nichts über China, was sicherlich nicht zu verheimlichen sein werde, da fast die Hälfte der immatrikulierten Studenten Chinesen waren. »Seien Sie nicht narzisstisch«, antwortete ihm der Leiter des Fachbereichs.

Und es ist wahr. Wenn wir eine Ware kaufen, erwerben wir das Recht, sie zu benutzen – nach Belieben und ohne anderen dafür Erklärungen schuldig zu sein. Wenn wir ein Auto verkaufen und den neuen Halter nach einem Jahr anrufen, um nachzufragen, ob er sich auch gut um alles kümmert, den Reifendruck regelmäßig überprüft und das Öl wechselt, wird er höchstwahrscheinlich eine Unterlassungsverfügung gegen uns erwirken, damit wir uns von ihm fernhalten. Dasselbe gilt auch für den Arbeitsmarkt. Wir unterzeichnen Verträge, die die Bedingungen festlegen, unter denen wir unsere Lebenszeit verkaufen. Wenn diese Bedingungen eingehalten werden, ist jeder Einwand dagegen, wie unser Arbeitgeber unsere Arbeitskraft einsetzt, völlig umsonst. Wenn wir unsere Existenz erst einmal dem Marktkasino übertragen haben, wenn sie nicht mehr Teil einer komplexen Sozialstruktur ist, die über den Lohn hinausgeht, kann jeder Widerstand, der die vertraglich fixierte Machtposition des Auftraggebers gegenüber seinem Beschäftigten ignoriert, nur als ästhetischer Narzissmus verstanden werden. Das ist der Grund, warum so viele Menschen am Ende ihrer Sommerferien von Flucht träumen und sich vorstellen, eine Holzhütte in irgendeinem abgelegenen Tal der Extremadura zu beziehen.

Und deshalb erinnert Don Hacinto, wenn er in *Die weiße Rose* unterstreicht, sein Land unter keinen Umständen verkaufen zu wollen, eher an Gandalf als an jemanden, der über einen Immobilienvertrag verhandelt: »›So ist das hier‹, erklärt er. ›Die Toten denken an die Lebenden, und die Lebenden denken an die, die noch kommen werden.‹«[12]

Die Lebenden und die Toten.

Einen ganz ähnlichen Satz legt Jim Thompson in dem 1946 erschienenen Roman *Fürchte den Donner* einem deutschen Bauern in den Mund. *Fürchte den Donner* ist ein vielstimmiges Werk, das von einer Familie erzählt, dem Fargo-Clan, die in einer Kleinstadt Nebraskas um die Jahrhundertwende das Klima vergiftet. An einer Stelle des Buchs versucht ein Landmaschinenverkäufer einen aus Deutschland eingewanderten Farmer vom Kauf eines Pfluges zu überzeugen, mit dem er der intensiven modernen Landwirtschaft nachgehen könne. In diesem Jahr wird bei Weizen eine Rekordernte erwartet, und die Bauern der Region haben jeden Zentimeter Land bestellt. Die Reaktion des Farmers verblüfft den Verkäufer:

> »Und vielleicht haben Sie Recht. Kann auch sein, dass das nächste Jahr noch größer wird, und das nächste und so weiter, zehn Jahre

lang. Ich baue die nächsten zehn Jahre Weizen an und mache jedes Jahr eine Menge, Geld viel Geld, und was habe ich dann am Ende? Nichts.« »Nichts? Wie kommen Sie zu ...« »Ich hätte keine Farm mehr. Der Boden würde es nicht ertragen. Jetzt sagen Sie, Sie wollten damit nicht gesagt haben, dass ich zehn Jahre lang Weizen anbauen sollte, aber wissen Sie, das ist das Prinzip. Die Versuchung, nach dem schnellen Profit zu greifen.«[13]

Er erklärt, dass er einen Fruchtfolgeplan für die nächsten 160 Jahre habe, woraufhin der Verkäufer die Haltung verliert und zu lachen beginnt. Was verdammt noch mal kümmere es ihn, was in so ferner Zukunft passiere, wenn er längst nicht mehr da sein werde, um es zu sehen? Und der Farmer antwortet: »›Das ist es, wenn man den Leuten, die hundertsechzig Jahre nach uns leben, einen Gedanken widmet ... Den Enkeln unserer Enkelkinder und ihren Kindern, sollten wir sagen.‹«[14]

Bevor er anfing, Kriminalromane zu schreiben, veröffentlichte Jim Thompson zwei Bücher – *Jetzt und auf Erden* sowie *Fürchte den Donner* –, die das Leben der arbeitenden Armen Amerikas schildern. Thompsons Vater hatte zu Beginn des 20. Jahrhunderts in Texas mit Öl viel Geld verdient, aber auch bald wieder verloren, so dass Thompson schon sehr früh in seiner Jugend eine Reihe schlecht bezahlter Hilfsarbeiterjobs hatte annehmen müssen. Zu dieser Zeit verbrachte er viel Zeit in den Camps der Wanderarbeiter, der sogenannten Hobos, wo Auftraggeber für besonders harte Jobs ihre Arbeitskräfte suchten. Dort kam Thompson in Kontakt mit Gewerkschaften und lernte die Musikerlegende Woodie Guthrie kennen, der ihm half, seinen ersten Roman zu veröffentlichen. In seinen Krimis werden diese Erfahrungen später immer wieder thematisiert. In *Südlich vom Himmel*, einem seiner letzten Romane, erzählt er die Geschichte des 21-jährigen Tommy, der auf der Suche nach Jobs durch die USA zieht. Als er hört, dass in Texas eine große Gasleitung gebaut wird, sucht er ein Camp von Wanderarbeitern auf und lässt sich anstellen. Die Arbeitsbedingungen sind schrecklich: Im Durchschnitt stirbt pro zehn Meilen Gasleitung ein Mann, dessen Körper ohne weitere Beerdigung zurückgelassen wird.

Der Roman *Die Früchte des Zorns*, den John Steinbeck 1939 veröffentlichte, setzt ein paar Jahre später ein: Der Börsencrash von 1929 hat das Elend verbreitet und die USA in ein Land der Hobos verwandelt. Die Erzählung beginnt in Oklahoma, wo kleine Farmer von den Banken wegen nicht bezahlter Hypothekenkredite aus ihren Häusern geworfen werden. Umweltkatastrophen, die Übernutzung des Bodens und die aufgelaufenen Schulden der Farmer, die versucht haben, ihren landwirtschaftlichen Ertrag durch den Einsatz neuer Maschinen zu erhöhen, berauben die Bauern ihrer Subsistenzmittel, die sie ihrerseits mit der über Generationen reichenden Kette von Lebenden und Toten verbunden hatten. Die Vertreter der Landeigentümer tauchen auf den Farmen auf, um den Bauern zu erklären, dass sie verschwinden sollen:

> Die Pächter blickten beunruhigt auf. Aber was geschieht mit uns? Wovon sollen wir leben? […] Es ist unser Land. Wir haben es ausge-

messen und haben es umgepflügt. Wir sind darauf geboren, und wir sind darauf getötet worden, wir sind darauf gestorben. Wenn es auch nicht gut ist, es ist doch unser Land. Darauf geboren zu sein, es bearbeitet zu haben, darauf gestorben zu sein – dadurch ist es unser Land geworden. Nur dadurch und nicht durch ein Papier mit Zahlen darauf gehört es einem, das Land. […] Das tut uns leid, sagten die Landbesitzer. Die Bank, der fünfzigtausend Äcker gehören, kann dafür keine Verantwortung übernehmen. Ihr befindet euch auf Land, das nicht euch gehört. Wenn ihr einmal über die Grenze seid, könnt ihr vielleicht Baumwolle pflücken im Herbst. Vielleicht kriegt ihr auch Wohlfahrt. Weshalb geht ihr nicht nach Westen, nach Kalifornien? Dort gibt's Arbeit, und es wird nie kalt. Ihr braucht bloß die Hand auszustrecken und könnt euch überall eine Orange pflücken. Dort gibt's immer irgendeine Ernte, wo ihr arbeiten könnt. Weshalb geht ihr nicht dorthin? Und die Landbesitzer starteten ihre Wagen und rollten davon.[15]

Früchte des Zorns erzählt eine wichtige Episode der Proletarisierung in den Vereinigten Staaten. Fast vier Millionen Menschen verloren die Kontrolle über ihre Subsistenzmittel, mussten ihre Häuser verlassen und wurden gezwungen, sich im Westen Arbeit zu suchen. Es ist merkwürdig, aber wenn man die Ursprünge des Kapitalismus untersucht, der opulentesten Zivilisation in der Geschichte der Menschheit, trifft man oft auf eine Armee von Obdachlosen. Bauern ohne Land, Kredit und Beruf, die sich auf den Weg machen. Wenn der Handel mit Kanaillen seinen Anfang nahm, dann hat die Lohnarbeit ihren Ursprung bei den Bettlern.

Dasselbe gilt auch für den Roman. Der Kapitalismus und die moderne Literatur stammen ungefähr aus der gleichen Zeit und haben beide viel mit Bettlern, Gelegenheitsarbeitern und Hungerleidern zu tun. *Lazarillo de*

Tormes ist ein 1554 erschienener und anonym verfasster Roman, in dem ein Ich-Erzähler namens Lázaro González, Sohn eines wegen Betrugs verurteilten und bei einem Feldzug im Dienste eines Adeligen gestorbenen Müllers, seine Geschichte erzählt. Lázaros Mutter überlässt ihr Kind, das sie nicht zu ernähren vermag, einem Blinden.

Es ist die bekannteste Episode einer Reihe von Knechtschaften, die Lázaro nur knapp überlebt. Nachdem er den Blinden verlassen hat und kurzzeitig im Dienst eines Geistlichen steht, wird er Knecht eines Adeligen, der selbst so arm ist, dass er die Almosen schnorrt, die Lázaro beim Betteln erhält. Sein neuer Herr ist eine archetypische Figur seiner Zeit: Minderjährige Adlige lebten damals oft in Elend, weil sie Arbeiten ausschlugen, die ihrer sozialen Stellung nicht entsprachen, denn jedes Einkommen, das nicht aus Landrente oder zumindest aus militärischen oder kirchlichen Ämtern stammte, galt als unehrenhaft. Der Aufklärer Cándido Trigueros rief das in einem seiner *Philosophischen Gedichte* von 1774 kritisch in Erinnerung:

> Ihre berühmten Eltern, die so wohlhabend waren,
> vererbten das Recht, mittellos zu sein.
> Nutzlose Störenfriede zwischen den Bürgern,
> nur geboren, um sich sinnlos mit Namen zu schmücken.

Lazarillo de Tormes ist ein sehr moderner Roman, weil er davon erzählt, wie die alte Welt vergeht, ohne durch eine neue soziale Form ersetzt zu werden. Lázaro sucht verzweifelt nach einem Band persönlicher Abhängigkeit, nach einem Herren, findet aber nur die Leere gescheiterter Beziehungen. Er ist kein Knecht, sondern ein Stadtbewohner, der das Recht hat, seine Arbeitskraft frei zu veräußern. Doch das verwandelt ihn nicht in einen Proletarier, sondern in einen orientierungslosen Vasallen. Er verlässt den Adeligen und dient einem Mercedarier-Mönch, einem Verkäufer päpstlicher Bullen, einem Kaplan, einem Instrumentenbauer, einem Gemeindediener … bis er schließlich eine Erwerbstätigkeit findet:

> Als ich, zu dieser Zeit schon ein junger Mann, eines Tages in die Hauptkirche trat, empfing mich ihr Kaplan als einer der ihren und übertrug mir einen Esel und vier Krüge und eine Geißel, so dass ich anfing, Wasser in der Stadt zu verteilen. Dies war der erste Schritt zu einem guten Leben, denn mein Hunger wurde von nun an gestillt. Jeden Tag gab ich meinem Herrn die eingenommenen dreißig Maravedís, doch samstags konnte ich das Geld für mich behalten und lebte den Rest der Woche von diesen dreißig Münzen.[16]

Lázaro findet Arbeit als Wasserverkäufer.

»Woodcutters and water carriers« war ein im England des 17. Jahrhunderts weitverbreiteter und aus einer Bibelübersetzung von 1530 stammender Ausdruck, mit dem die Ausbreitung der für die Lohnarbeit so charakteristischen Mechanisierung und Entwertung der Arbeit und der damit einhergehende Selbstständigkeitsverlust angeprangert wurde.[17] Es ist ein Synonym für die billige Arbeitskraft, die weder die Rechte noch die Würde der alten Handwerksberufe besitzt.

Dabei handelte es sich keineswegs um eine freie Berufswahl. Die im England des 16. und 17. Jahrhunderts gültigen Armengesetze sind berühmt für ihre Grausamkeit. Zehntausende von Landstreichern wurden ausgepeitscht, man schnitt ihnen die Ohren ab, knüpfte sie auf, brannte ihnen ein V für »Vagabund« auf die Brust, verurteilte sie zur Sklaverei, zu Galeerendienst oder sperrte sie in Strafanstalten. Spanien stand nicht dahinter zurück und erließ seit 1300 zahlreiche Vorschriften gegen die Landstreicherei. Im Gesetz von 1369 wurden die Autoritäten aufgefordert, »Landstreicher nicht herumziehen zu lassen, sondern sie zu den oben genannten Preisen zu einem Tagelohn zu zwingen, und diejenigen, die keine Arbeit verrichten wollen, mit Peitschenhieben und anderen Züchtigungen zu bestrafen«. In Toledo wird um 1400 festgelegt, dass Landstreicher »beim ersten Mal öffentlich fünfzig Peitschenhiebe erhalten […]; beim zweiten Mal werden ihnen die Ohren abgeschnitten, beim dritten Mal werden sie getötet«.[18]

Bürgerliche Denker wussten um den ökonomischen Nutzen der Massen enteigneter, arbeitswilliger Armer und um die gleichzeitige Notwendigkeit, sie mit allen erdenklichen Mitteln zu disziplinieren. 1705 veröffentlichte Bernard Mandeville ein 26-seitiges Gedicht mit dem Titel *The Rumorous Honeycomb*, das für sechs Pence auf den Straßen Londons verkauft wurde. Obwohl das kleine Werk einen gewissen Erfolg hatte, geriet es für ein Jahrzehnt in Vergessenheit, bis es Eingang in ein neues Werk, nämlich die *Bienenfabel* fand. Darin wird das Gedicht von einem langen Prosakommentar begleitet, in dem Mandeville über den Umgang mit der Armut nachdenkt:

> Von hier aus zeigt sich, dass Überfluss die Arbeitskräfte billig macht, sofern man die Armen gut im Griff hat; zwar sollte man sie nicht verhungern lassen, aber sie dürften auch nicht die Möglichkeit zum Sparen bekommen [...]. Es liegt im Interesse aller reichen Nationen, dass der größte Teil der Armen kaum jemals müßig ist und doch ständig ausgibt, was er einnimmt [...]. Aus dem Gesagten wird klar, dass in einer freien Nation, wo Sklaven nicht erlaubt sind, der sicherste Reichtum in einer großen Zahl arbeitsamer Armen besteht.[19]

Heute würden wir das »moderate Lohnpolitik« und »Inflationskontrolle« nennen.

Es ist nicht verwunderlich, dass der Schelmenroman auf die Anfänge der Moderne beschränkt blieb. Wäre er ein paar Jahrhunderte später entstanden, hätte Lázaro ein ganz anderes Schicksal ereilt. Die spanischen Gelehrten entwarfen eine Armenpolitik, um jene Menschen zu kontrollieren und zu disziplinieren, die zwischen den Trümmern des Feudalismus umhervagabundierten. Antonio de la Gándara, ein liberaler Ökonom, der für Karl III. arbeitete, schrieb 1762:

> Die Barmherzigkeit ist die Königin der Tugenden, doch falsch angewandt auch eine Schule des Müßiggangs. Arbeit erschöpft. Herumlungern und Vagabundieren mit vollem Magen [...] und der einen oder anderen Münze für Wein und Tabak [...] hingegen ist süßes Leben.

Der Finanzminister Pedro Campomanes notierte 1760:

> Von allen Eroberungen, der sich die Krone verschreiben könnte, verspricht keine einen so schnellen und sicheren Profit wie die Ausrottung des Müßiggangs der Armen und deren Verwandlung in nützliche Untertanen mit geregelter Arbeit. Man muss diejenigen, die sich

wehren, ihr Brot im Schweiße ihres Angesichts zu verdienen, wie Gott es befiehlt, mit Maß oder Zwang zu Tätigkeiten bewegen, die ihrer Kraft oder Begabung entsprechen.[20]

Die Autoren plapperten nicht einfach moralisierend herum, sondern wussten genau, wovon sie sprachen. Zehn Jahre zuvor, im Jahre 1749, hatte der Markgraf von Ensenada einen minutiösen, auch als »Großer Fischzug« bezeichneten Plan ausgearbeitet, um »alle Zigeuner und Landstreicher, die in diesen Königreichen leben und umherziehen, ohne Ausnahme oder Rücksicht auf Geschlecht, Gesundheitszustand oder Alter festzusetzen«. Es handelte sich um ein Projekt der Vernichtung und Proletarisierung. Mehr als 10 000 Menschen wurden verhaftet. Die Familien wurden in zwei Gruppen aufgeteilt, um Geburten zu verhindern. Jungen über sieben Jahre wurden als Sklaven zu den Lagern der Marine geschickt, Frauen und kleine Kinder nach Málaga, Valencia und Zaragoza deportiert: Die Frauen wurden zur Weberei gezwungen, die Kinder in Fabriken geschickt.

Die Gelehrten verfolgten das Ziel, die wahren Armen – die aus körperlichen Gründen arbeitsunfähig waren – von den Arbeitsscheuen und falschen Bettlern zu unterscheiden. Zu diesem Zweck erfanden sie Strafen, Gefängnisse, Inspektionsverfahren und vor allem neue Institutionen wie die Armenhäuser mit daran angeschlossenen Fabriken. In ganz Europa kam diese Praxis zur Anwendung, obwohl das bekannteste Modell auch in diesem Fall das englische war: das *workhouse*.

Oliver Twist wurde in einer Stadt, deren Namen uns Charles Dickens nicht verrät, in eben einem solchen Arbeitshaus geboren. Seine Mutter, eine Obdachlose, die die Behörden erst am Vortag auf der Straße eingesammelt hatten, stirbt während der Geburt. Der Neugeborene trägt

> in dem alten und verwaschenen Kinderzeug, das durch langjährige Benutzung gelb geworden war, Zeichen und Abzeichen seiner Stellung, nämlich die eines Gemeindekindes, einer Waise des Armenhauses, eines zum Hungern bestimmten Lasttieres, das von allen verachtet und von niemand bemitleidet, durch die Welt geknufft und gepufft wird.[21]

Theoretisch sollten die Arbeitshäuser dazu dienen, die Bedürftigen zu erziehen und ihnen einen nützlichen Beruf beizubringen. Doch in Wirklichkeit handelte es sich um fürchterliche Gefängnisse, in denen schwere, entfremdete Arbeit geleistet werden musste und die Armen vor Entkräftung dahinsiechten. So kommt es, dass Oliver im Alter von neun Jahren vor den Ratsmitgliedern der Einrichtung erscheinen muss, die den Inhalt seiner Ausbildungsbeschäftigung festlegen: Werg zupfen. Aber das ist nicht alles.

> Die Mitglieder des Gemeinderats waren sehr weise, einsichtsvolle, philosophische Männer. Als sie ihre Aufmerksamkeit dem Armenhaus zuwandten, fanden sie mit einem Male, was bisher noch kein gewöhnlicher Sterblicher entdeckt hatte, daß es den Armen darin zu gut gefiel. Es war in ihren Augen ein rechtes Vergnügungslokal für die besitzlosen Klassen, ein Wirtshaus, wo nicht bezahlt wurde, jahrein, jahraus Frühstück, Mittagessen, Tee und Abendbrot auf öffentliche Kosten, ein Elysium aus Backsteinen und Mörtel mit Spiel und Tanz, ohne jede Arbeit.
> »Oho«, sagten die Gemeinderäte, »das muß anders werden, und zwar

sofort.« Sie setzten daher als Richtlinie fest, daß die armen Leute die Wahl haben sollten (denn es war nicht ihre Absicht, jemand zu zwingen), in dem Hause langsam oder außer dem Haus schnell Hungers zu sterben.[22]

Dickens kannte die Lohnarbeit gut. Im Alter von zwölf Jahren musste er zehn Stunden täglich in einer Fabrik in der Nähe des heutigen Bahnhofs Charing Cross Etiketten auf Schuhcremedosen kleben. Deshalb ist sein zweiter Roman *Oliver Twist* auch kein Buch über Hartherzigkeit, sondern über die Dekadenz der Zwangseinrichtungen zur bürokratischen Armutsverwaltung. Die Ironie von Dickens macht deutlich, dass es sich um archaische Maßnahmen handelt, die unnötig werden, wenn sich die unteren Klassen erst einmal in Lohnarbeiter verwandelt haben.

Dann nämlich wird die soziale Kontrolle durch viel umfassendere und ehrgeizigere Mittel abgelöst: städtebauliche, medizinische, religiöse und vor allem pädagogische Maßnahmen. Während des gesamten 19. Jahrhunderts bemühten sich die Eliten, die gegen das Proletariat gerichteten Strafinstrumente durch weitreichende philanthropische Projekte zu ergänzen, die darauf abzielten, die Arbeiterklasse zu Fleiß und Gehorsam zu erziehen.

In diesem Sinne nahm William Wordsworth 1805 mit der ersten Version von *Prelude* die Bildungsbewegung vorweg. Es handelt sich um ein langes Gedicht, an dem er sein ganzes Leben lang arbeitete und dessen endgültige Fassung 1850 veröffentlicht wurde:

> Ach diese mächtgen Arbeiter an unsrer jüngsten Ära,
> die zu dem sturen Chaos des Hinkünftigen,
> gezähmt auf ihr Geheiß, mit einer breiten Straße
> die Brücke schlagen – deren Metier es ist, mit Büchern
> und Dingen umzugehen, sie sacht auf Kinder
> wirken zu lassen wie die Sonne wirkt
> auf eine Blume – die Lehrer unsrer Jugend,
> die Führer, Hüter unserer Begabungen
> und Haushofmeister unsrer Mühen, wachsam
> und kunstfertig im Wucher mit der Zeit,
> Weise, die in so kluger Vorsicht über alle
> Begebenheiten wachen, uns auf just
> die Straße, welche *sie* gebaut, beschränken wollen,
> als wären wir Maschinen: Wann begreifen sie,
> dass in dem nicht vernunftgesteuerten Progress
> der Welt ein weis'rer Geist für uns am Werk ist,
> ein bessers Auge als das ihre und an Seegen
> freigiebiger, und mehr auf unser Heil bedacht sogar
> mit dem, was uns die unfruchtbarsten Stunden dünken?[23]

Die Armengesetzgebung wirkte auch noch zu Beginn des 20. Jahrhunderts nach. In Spanien wurde noch 1933, also bereits zu Zeiten der Zweiten Republik, ein »Bettlerei- und Gesindelgesetz« erlassen. Im selben Jahr erschien *Erledigt in Paris und London*, ein autobiografischer Text von George Orwell, in dem dieser seine Erfahrungen als Landstreicher und Opfer der englischen Betteleigesetze schildert.

Diese Gesetze sind wie ein Echo der Vergangenheit. Im Zeitalter des Kapitals ist die Lohnarbeit das Schlachtfeld, auf dem die großen gesellschaftlichen Konflikte ausgetragen werden. Dabei handelt es sich um einen Kampf zwischen städtischen Männern um die Arbeitsbedingungen, unter denen der Lebensunterhalt verdient werden muss. Diejenigen, die aus diesem Raum verbannt sind – die Frauen und Bauern –, spielen in der Auseinandersetzung nur eine marginale Rolle.

Die Erinnerung an das Leben in einem grenzenlosen Wald findet sich nur noch als Figur einer zum Verschwinden verdammten Mythologie ... Oder auch nicht.

B. Traven ist das Pseudonym eines deutschen Romanschriftstellers, dessen Name und biografische Daten jahrzehntelang ein Mysterium waren. Mittlerweile gilt als gesichert, dass es sich bei Traven um den Gewerkschaftssekretär und Schauspieler Otto Feige alias Ret Marut handelte, der in München an der Bayerischen Räterepublik beteiligt gewesen war und 1924 nach Mexiko kam, wo er in Kontakt mit dem Künstlerkreis um Diego Rivera trat. Frühere Theorien hingegen hatten den 1890 in Chicago geborenen US-Amerikaner Traven Torsvan oder die Mexikanerin Esperanza López Mateos, die Schwester von Präsident Adolfo López Mateos und Übersetzerin von Travens Büchern, als die Autoren hinter dem Namen Traven ausgemacht. Anderen Versionen zufolge war er der Sohn eines AEG-Firmengründers oder ein unehelicher Sohn Kaiser Wilhelms II.

In den dreißiger Jahren veröffentlichte Traven eine Reihe von sechs Büchern, die als »Dschungelromane« bekannt wurden. In ihnen beschrieb er das indigene Leben in den abgelegenen Berggegenden des Bundesstaates Chiapas, wo die Ureinwohner gezwungen waren, unter sklavereiähnlichen Bedingungen Mahagoni-Bäume zu fällen. Traven war 1928 erstmals nach Chiapas gereist, nachdem er in Sommerkursen der Nationaluniversität Mexikos eingeschrieben gewesen war und dort einen Archäologieprofessor kennengelernt hatte, der ihn als Fotografen für eine Wissenschaftsexpedition in den lakandonischen Urwald anheuerte. In den darauffolgenden Jahren bereiste Traven den Staat und begann, sich mit der Lebenswirklichkeit seiner Bewohner zu identifizieren. Als er 1969 starb, wurde seine Asche von einem Flugzeug aus über dem Jataté-Fluss verstreut, der durch den Dschungel von Chiapas fließt.

1992 schaffte die Regierung von Präsident Carlos Salinas im Zusammenhang mit dem Inkrafttreten des Nordamerikanischen Freihandelsabkommens Nafta den Artikel 27 der mexikanischen Verfassung ab, der indigenes Land vor Privatisierungen schützte. Am 1. Januar 1994, zum Inkrafttreten des Freihandelsabkommens, versuchten bewaffnete Indigene sieben Provinzhauptstädte im Bundesstaat Chiapas zu besetzen. Das Zapatistische Heer zur Nationalen Befreiung (EZLN) war auf den Titelblättern von Tageszeitungen in der ganzen Welt. Die Zapatisten erklärten, die Privatisierung des Gemeindelands sei Auslöser ihrer Revolte gewesen, die der vorkapitalistischen Welt entsprungen zu sein schien.

Die EZLN hat sich immer durch einen poetischen, manchmal auch ein wenig düsteren Tonfall ausgezeichnet. Ihre Kritiker sagen, er sei ästhetisierend. Und tatsächlich fällt es nicht schwer, sich ihren langjährigen Sprecher, den Subcomandante Marcos, der ein Bewunderer Juan Gelmans ist und dessen ungeklärte Identität ebenfalls Anlass für endlose Spekulationen gegeben hat, bei der Lektüre des Lyrikers Antonio Gamoneda vorzustellen.

Am 16. Februar 1994 verkündeten die Zapatisten ihre Bereitschaft zu Verhandlungen mit der mexikanischen Regierung:

> Unsere Stimme wird auch die Stimme der anderen sein, der Besitzlosen, der zum Schweigen und zur Unwissenheit Verdammten, die der Landvertriebenen und der durch die Arroganz der Mächtigen ihrer Geschichte Beraubten, die aller guten Männer und Frauen, die auf dieser Welt des Schmerzes und der Wut ihres Weges gehen, der Kinder und der einsamen, im Stich gelassenen Alten, der erniedrigten Frauen und der kleinen Männer. Mit unserer Stimme werden die Toten, unsere so einsamen und vergessenen Toten sprechen, die so tot und doch in unserer Stimme und unserem Handeln so lebendig sind.[24]

20 Jahre später, im Mai 2014, sollte der Subcomandante Marcos seinen Rückzug von der EZLN-Spitze folgendermaßen ankündigen: »Wir, die ewigen Toten, sterben von Neuem. Aber diesmal, um zu leben.«

Die Lebenden und die Toten.

3. Im Endkampf

Nietzsche spottete über die Kantianer. Er behauptete, ihr Lebensideal sei die preußische Verwaltung: »›Wer ist der vollkommene Mensch?‹ – Der Staats-Beamte. – ›Welche Philosophie gibt die höchste Formel für den Staats-Beamten?‹ – Die Kants: der Staats-Beamte als Ding an sich zum Richter gesetzt über den Staats-Beamten als Erscheinung.«[1]

Das trifft auch ein wenig auf mich zu, ich bin eine sehr normative Person. Und auch meinem fünfjährigen Sohn, dem Armen, geht es ähnlich. Jedes Mal, wenn seine kleine Schwester, die immer Quatsch machen muss, in einen Aufzug steigt, will sie den Alarmknopf drücken, und er wird, vor lauter Empörung und aus Angst vor Kontrollverlust, ganz nervös – was ich sehr gut nachvollziehen kann. Flugreisen mit den beiden sind ein Albtraum, denn auf Flughäfen ist gewöhnlich nichts erlaubt außer Kaufen und Warten. Adela lässt sich davon nicht beeindrucken – sie drückt alle Knöpfe, holt alle Produkte aus dem Regal und versucht, jede Tür zu öffnen, an der sie vorbeikommt. Guille rennt dann hinter ihr her und schreit: »Das ist verboten, das ist verboten!« Mich bringt das zum Lachen, es weckt aber auch mein Mitleid, weil ich genauso bin. Wenn Sie ein Auto sehen, das in der Stadt die Geschwindigkeitsbegrenzung von 30 Stundenkilometern einhält und damit eine endlose Fahrzeugschlange hinter sich aufgereiht hat, mit lauter kurz vor dem Wutausbruch stehenden Fahrern, sitze wahrscheinlich ich hinter dem Steuer. Tatsächlich hasse ich das Autofahren unter anderem deswegen, weil sich niemand an die verdammten Verkehrsregeln hält.

Ich denke, dass das auch mein Verständnis von Aktivismus geprägt hat. Als Kind war linke Politik Teil eines engmaschigen und beruhigenden Systems von Verhaltensregeln. So wie das Händewaschen nach der Rückkehr vom Spielplatz oder das Aufessen bei den Mahlzeiten. Ich ging mit meinen Eltern zu Demonstrationen. Ich machte meine Hausaufgaben. Punkt.

Die Wahrheit ist, dass ich bis zu meinem zwölften oder dreizehnten Lebensjahr so gut wie keine rechten Erwachsenen kennengelernt habe. Ich wusste natürlich, dass es sie gibt, aber es handelte sich bei ihnen fast schon um Fabelwesen. Einmal besuchte uns ein Freund meines Vaters, der bei der Armee war. Meine Mutter ermahnte meine kleine Schwester und mich, wir sollten uns höflich benehmen und in Anbetracht der extravaganten Überzeugungen des Besuchs kein Erstaunen zeigen. Es war ein wenig, als praktiziere er eine seltsame Religion oder habe einen aufsehenerregenden körperlichen Defekt. Ungefähr so: Wenn ihm beim Abendessen die Fingernägel ausfallen oder er den freien Markt lobt, dann tut so, als sei nichts gewesen.

Ich erinnere mich noch gut daran, wie ich zum ersten Mal feststellte, dass Politik auch mit Konflikten einhergeht und dass diese oft sehr gewalttätig werden können. Es war auf einer Demonstration, zu denen uns meine Eltern in den achtziger Jahren in Gijón mitgenommen hatten. Ich glaube, es ging um Werftschließungen und die Deindustrialisierungspolitik, die die Schiffsbaubranche in ein Pulverfass verwandelt hatte. Der Demonstrationszug endete auf der Plaza del Humedal. Am Morgen hatten sie einen Gewerkschafter verhaftet, und wir beobachteten, wie eine Gruppe von Leuten auf das nahe gelegene Gerichtsgebäude zusteuerte. Rückblickend würde ich sagen, dass das Vorhaben nicht so wirklich gut durchdacht war. Ganz bescheiden mal eben die Zellen stürmen und die Gefangenen rausholen. Die Polizei fing an, Tränengasgranaten in die Menge zu feuern. Es waren diese Metallkartuschen: Sie flogen sehr weit und konnten einen schwer verletzen. Eine der Kartuschen traf einen Jungen in unserer Nähe am Kopf, und mein Vater, der Arzt ist, eilte zu ihm, um erste Hilfe zu leisten. Meine Mutter schickte meine Schwester und mich nach Hause. Es war eines der ersten Male, dass ich ohne einen Erwachsenen durch die Stadt lief.

Seitdem stellt mein Verhältnis zum politischen Aktivismus eine stete Herausforderung für den rechten kantischen Beamten dar, den ich seit meinem fünften Lebensjahr in mir trage. Ich habe ein seltsames Verhältnis zu Autoritäten, weil ich zwanghaft Regeln befolge, aber es nicht ertrage, Befehle zu erhalten. Die Tatsache, dass mir jemand sagt, was ich tun soll, ist Grund genug für mich, es nicht zu tun. Ich habe das in dem Maße körperlich verinnerlicht, wie mir der intrinsisch korrumpierbare Charakter von Institutionen klar wurde.

Die Pubertät erlebte ich vermittelt über Politik. Oder vielleicht war es auch umgekehrt, und ich erlebte Politik vermittelt über Pubertät – ich bin mir da nicht ganz sicher. Ende der achtziger Jahre war ich mit meinem Freund Luismi bei Radio Kras, einer freien Radiostation in Gijón. Der Sender war in einer schäbigen Dachgeschosswohnung in der letzten Straße von Cimadevilla untergebracht, einem Altstadtviertel, das damals noch von Junkies und Prostituierten bevölkert war. Mir gefiel es dort sehr gut, warum sollte ich das leugnen?

Es sagt viel über die Vorzüge und Nachteile freier Radios aus, dass sie uns damals nicht einfach rausschmissen. Wir machten die schlechteste Sendung in der Geschichte des Radios. Sie hieß »Así casca la basca«, nach einem Song der Punkband La Polla Records. Die ganzen guten Produktionstipps, die uns die Verantwortlichen von Radio Kras, wo unglaublich hörenswerte Programme über Jazz oder Kino ausgestrahlt wurden, geduldig und mit viel Fingerspitzengefühl mit auf den Weg gaben, empfanden wir als ästhetizistisches Geschwätz. Wir strahlten rücksichtslos die dilettantischsten, dogmatischsten Übungsraum-Tapes des politischen Punkrocks dieser Jahre aus. Und ich kann versichern, dass die Messlatte hierfür sehr hoch lag. Oder niedrig – je nachdem, wie man es betrachtet.

Wenn ich an meine Jugend denke, habe ich so etwas wie eine Ethnografie des institutionellen Verfalls vor

Augen. Ich erinnere mich an eine Nacht, in der ich mit ein paar Freunden ins »Paranox« ging, einen ziemlich versifften Laden, der in der Nähe des Strandes in einem Keller untergebracht war. Wir bestellten ein paar Bier und sahen neben uns einen Typen in einem marineblauen Anzug, der gerade versuchte, eine *line* auf dem Tresen zu ziehen, während er mit der Hand unter dem Rock eines ihn begleitenden Transsexuellen herumfummelte. Als der Mann aufstand, machte eine Freundin von mir ihn höflich darauf aufmerksam, dass sein ganzer Schnurrbart weiß von Koks war. Der Typ, der so dicht war, dass er kaum noch reden konnte, griff in seine Jacke und zeigte uns seine Polizeimarke.

Mitte des 16. Jahrhunderts lebte am Ufer der Havel, einem Nebenfluss der Elbe, Michael Kohlhaas, ein wohlhabender, für seine Höflichkeit und Rechtschaffenheit bekannter Pferdehändler. Eines Tages verließ Kohlhaas Brandenburg mit einigen Pferden, um sie auf dem Markt zu verkaufen. Kurz nachdem er sächsisches Hoheitsgebiet betreten hatte, stieß er neben einer mächtigen Festung auf einen ihm unbekannten Zollposten. Ein Wächter teilte ihm mit, dass es sich um eine Station handele, die der Junker Wenzel von Tronka neu errichtet habe. Kohlhaas zahlte, was man von ihm verlangte, doch als er den Posten passieren wollte, informierte ihn der Festungswärter über eine weitere Verordnung, die für die Einfuhr von Pferden vom Fürsten ausgestellte Bescheinigungen verlangte. Kohlhaas, der mit den sein Geschäft betreffenden Gesetzen bestens vertraut war, vermutete einen Betrug und verlangte, mit dem Junker persönlich zu reden. Wenzel bekräftigte die Forderungen seiner Wärter, gab Kohlhaas allerdings die Erlaubnis, die Grenze zu überqueren, um einen Passierschein bei den Behörden in Dresden zu erwerben. Zur Sicherheit musste er die beiden besten Pferde als Pfand auf der Burg zurücklassen.

Der Rosshändler fühlte sich von der Anordnung, die er für Unrecht hielt, betrogen, gab aber gezwungenermaßen nach. Er machte die Pferde los und ließ sie mit einem Knecht zurück, der sich bis zur Rückkehr um sie kümmern sollte. In der Hauptstadt bestätigten die Behörden, dass man für den Grenzübertritt an dieser Stelle keine Genehmigung benötige, und so kehrte Kohlhaas zur Burg zurück, um seine Tiere zu holen. Dort jedoch bot sich ihm ein fürchterliches Bild. Der Knecht war fast zu Tode geprügelt und aus der Burg geworfen worden. Die Pferde, die man zum Pflügen eingesetzt hatte, waren abgemagert und nicht mehr zu gebrauchen.

Michael Kohlhaas entschied, den Fall vor Gericht zu bringen, und brach erneut nach Dresden auf, wo er eine detaillierte und rechtlich unanfechtbare Anzeige vorlegte. Doch er hatte damit keinen Erfolg: Sein Gerechtigkeitsstreben stieß auf eine Mauer korporatistischer Korruption unter Adligen. Der Junker wurde von zwei jungen Herren, mit denen er verwandt war, protegiert: Hinz und Kunz von Tronka, Weinschenk und Kammerherr beim König. Kohlhaas war ein ordnungsliebender Mann und gab sich weiterhin nicht geschlagen. Auf Anraten eines anderen Adligen, des Hauptmanns Heinrich von Geusau, richtete er eine Bittschrift an den Kurfürsten von Brandenburg. Doch auch das nützte nichts. Der Kurfürst übergab die Supplik dem Grafen Kallheim, einem angeheirateten Verwandten der Tronkas, der schließlich gegen den Pferdehändler entschied.

So beschloss Kohlhaas, eine Beschwerde beim Fürsten selbst einzureichen. Seine Frau Lisbeth bot sich an, das Schreiben persönlich zu überreichen, da sie über einige Kontakte bei Hof verfügte. Doch auch das sollte sich als schlechte Entscheidung erweisen: Von einem Wächter geschlagen, starb sie an ihren Verletzungen; der Kurfürst hingegen antwortete auf Kohlhaas' Schreiben, dieser »solle die Pferde von der Tronkenburg abholen und bei Strafe, in das Gefängnis geworfen zu werden, nicht weiter in dieser Sache einkommen«.[2]

Das Verlangen nach Gerechtigkeit trieb Kohlhaas zur Weißglut: »In einem Lande […], in welchem man mich, in meinen Rechten, nicht schützen will, mag [ich] nicht bleiben. Lieber ein Hund sein, wenn ich von Füßen getreten werden soll, als ein Mensch!«[3]

Er veräußerte alle Grundstücke, die er in Brandenburg und Sachsen besaß, und schickte seine Kinder mit einem Angehörigen über die Grenze. Dann verfasste er eine Resolution, in der er den Adligen, der ihm Unrecht angetan hatte, verurteilte, und bewaffnete sieben seiner Knechte. Gemeinsam überfielen sie die Festung des Junkers, schlugen mehrere Adlige nieder, töteten den Burgvogt, den Verwalter sowie deren Frauen und Kinder und legten schließlich die Burg in Schutt und Asche. Der Junker jedoch konnte entkommen.

Kohlhaas verfasste ein zweites Dokument, das »Kohlhaasische Mandat«, in dem er

> das Land aufforderte, dem Junker Wenzel von Tronka, mit dem er in einem gerechten Krieg liege, keinen Vorschub zu tun, vielmehr jeden Bewohner, seine Verwandten und Freunde nicht ausgenommen, verpflichtete, denselben bei Strafe Leibes und des Lebens, und unvermeidlicher Einäscherung alles dessen, was ein Besitztum heißen mag, an ihn auszuliefern.[4]

Dem Junker gelang es jedoch, in die Stadt Wittenberg zu fliehen. Um sie anzugreifen, lobte Kohlhaas Sold aus und scharte eine kleine Privatarmee um sich. Seine Dekrete unterzeichnete er als »Reichs- und Weltfreier, Gott allein unterworfener Herr«. Mit etwa vierzig Mann zündete er die Stadt dreimal an und tötete fünfzig Soldaten, bis die Gemeinde Wittenberg den Junker auswies, der daraufhin nach Leipzig floh. Dort wiederholten sich die Ereignisse: Kohlhaas zündete die Stadt an und erließ ein Edikt, in dem er sich als »Statthalter Michaels, des Erzengels« bezeichnete.

In dieser Situation wandte sich Martin Luther persönlich an Kohlhaas, um diesem seine Taten vorzuwerfen. Der empörte Rosshändler drang daraufhin nachts und mit einer Pistole bewaffnet in das Haus Luthers ein, um die eigene Version der Ereignisse zu schildern:

»Der Krieg, den ich mit der Gemeinheit der Menschen führe, ist eine Missetat, sobald ich aus ihr nicht, wie Ihr mir die Versicherung gegeben habt, verstoßen war! Verstoßen [...] nenne ich den, dem der Schutz der Gesetze versagt ist.«[5]

Es gibt einen berühmten kantischen Leitsatz, der aus der Conclusio der *Kritik der praktischen Vernunft* stammt: »Der bestirnte Himmel über mir, und das moralische Gesetz in mir.«

Er spielt darauf an, dass eine Art Isomorphismus zwischen der von ethischen Normen geschaffenen Ordnung und der Gesetzmäßigkeit der uns umgebenden physischen Welt besteht. Worüber Kant nicht spricht, ist, was geschieht, wenn sich der Raum zwischen dem Inneren und dem bestirnten Himmel – die soziale, politische und kulturelle Welt; Macht, Prestige und Tradition – als Territorium von Korruption und Willkür, als gesetzesfreier und ordnungsloser ethischer Sumpf erweist. Heinrich von Kleists Novelle beschreibt, wie ein reines Herz, nämlich das Michael Kohlhaas', die Verruchtheit der Realität erkennt und einer Art moralischer Apokatastasis verfällt. Er wendet sich von der Welt ab, wodurch sein moralischer Wille grenzenlos wird: »Und mitten durch den Schmerz, die Welt in einer so ungeheuren Unordnung zu erblicken, zuckte die innerliche Zufriedenheit empor, seine eigne Brust nunmehr in Ordnung zu sehen.«[6]

Kleists Novelle wurde unzählige Male reinterpretiert. Die beste und bekannteste Version ist vielleicht

Ragtime, ein Buch aus den siebziger Jahren, in dem E. L. Doctorow die Handlung in das New York der Jahrhundertwende verlegt. Die Handlung von *Ragtime* ist sehr komplex und bezieht historische Personen wie J. P. Morgan, Houdini oder Emma Goldman mit ein. Einer der zentralen Stränge ist die Geschichte von Coalhouse Walker, einem schwarzen Ragtime-Musiker. An einem Sonntagnachmittag fährt Walker nach einem Besuch bei seiner Verlobten mit seinem Ford Modell T zurück in die Stadt. Seine übliche Route führt ihn an der Feuerwache von Emerald Isle vorbei, die von einer Gruppe freiwilliger Feuerwehrleute unterhalten wird: Rassisten, die es erzürnt, dass ein Schwarzer ein Auto fährt, während sie noch von Pferden gezogene Dampfkessel haben.

An diesem Nachmittag stoppen die Feuerwehrleute Coalhouse Walker und zwingen ihn zur Zahlung einer Maut. Der Musiker weigert sich und bittet, nachdem er das Auto der Obhut zweier Jungen überlassen hat, einen Polizisten um Hilfe. Der Beamte entpuppt sich als Freund der Feuerwehrleute und ignoriert Walkers Beschwerde. Als dieser zur Wache zurückkehrt, steht sein Auto, mit aufgeschnittenem Verdeck und einem Haufen menschlicher Exkremente auf dem Rücksitz, auf einem Stück Brachland. Walker verlangt vom Chef der Feuerwehrleute, das Auto sauber zu machen, sich zu entschuldigen und für den Schaden aufzukommen, aber der lacht ihn nur aus. Der Polizist, an den sich Walker gewandt hat, taucht am Ort des Geschehens auf, aber anstatt die Angelegenheit in Ordnung zu bringen, fordert er Walker auf, die Sache zu vergessen und zu verschwinden. Walkers Empörung irritiert den Polizisten, der ihn schließlich verhaftet und auf die Wache mitnimmt. In den darauffolgenden Monaten engagiert Walker mehrere Anwälte, um zu seinem Recht zu kommen, und verschleudert das für seine geplante Hochzeit angesparte Geld für Gerichtskosten. Doch alle seine Bemühungen sind vergebens.

Es ist der Auftakt schwerer Verwüstung. Die Feuerwache von Emerald Isle fliegt in die Luft. Die Forensiker stellen fest, dass vier der sieben Leichen vor der Explosion erschossen wurden. Walker schickt einen Brief an mehrere Zeitungen der Stadt:

> Ich will, daß der niederträchtige Hauptmann der Freiwilligen Feuerwehr meiner Gerechtigkeit ausgeliefert wird [...]. Ich will mein Automobil im ursprünglichen Zustand zurückhaben. Wenn diese Bedingungen nicht erfüllt werden, dann werde ich so lange nicht aufhören, Feuerwehrleute umzubringen und Feuerwachen niederzubrennen, bis sie erfüllt sind. Ich vernichte die gesamte Stadt, wenn es sein muß.[7]

In allen Fassungen des Stoffs ist das Missverhältnis zwischen dem begrenzten Unrecht, das einem rechtschaffenen Mensch zuteilwird, und den Folgen seines Gerechtigkeitsstrebens das Faszinierende an der Geschichte. Michael Kohlhaas macht die Einstellung seines tödlichen Feldzugs von drei unbedeutenden und ausgesprochen vernünftigen Forderungen abhängig: gesetzmäßige Bestrafung des Junkers, Wiederherstellung der Pferde in den ursprünglichen Zustand und Ersatz des von ihm und seinem Knecht erlittenen Schadens. Etwas Vergleichbares geschieht auch in David Morrells Roman *Erstes Blut*, der die Vorlage für den Film *Rambo* lieferte. Der Roman beginnt damit, dass Teasle, ein autoritärer Sheriff in einer amerikanischen Kleinstadt in Kentucky, auf einen Obdachlosen stößt und ihn aus seiner Gemeinde zu vertreiben versucht. Der Obdachlose wehrt sich, und der Polizist nimmt ihn mit auf die Wache, wo er ihn zum Duschen zwingt und ihn zu rasieren und ihm die Haare zu schneiden versucht. Das erweist sich als ausgesprochen schlechte Idee. Der Obdachlose ist ein ehemaliger Green Beret, der gerade erst aus Vietnam zurückgekehrt und sehr empfindlich ist, was Misshandlungen durch Autoritäten angeht. Er schlitzt einem Polizisten mit einem Rasiermesser den Bauch auf, flieht nackt aus der Wache, holt, nachdem er sich in den Wald geschlagen hat, einen Helikopter vom Himmel, macht kurzen Prozess mit der auf ihn gehetzten Hundemeute und tötet alle ihn verfolgenden Polizisten.

Der historische Kontext von Kleists Novelle ist der deutsche Bauernkrieg von 1524. Es handelte sich um eine Kette ambivalenter Revolten. Auf der einen Seite hatten diese einen konservativen Charakter: Die Bauern wollten Rechte zurück, die sie im einsetzenden Modernisierungsprozess verloren hatten – das Recht auf Jagd, Fischfang, Holzeinschlag und Nutzung kommunalen Landes. Zudem protestierten sie gegen immer neue, den Traditionen widersprechende Steuern und hofften auf eine Restauration, die mit der institutionellen Korruption der Kirche Schluss machen würde. Auf der anderen Seite waren es aber auch sehr moderne Revolten, die einen langen Zyklus neuer politischer Kämpfe einläuteten und schließlich zu bürgerlichen Revolutionen und zum Untergang der Aristokratie führen sollten.

1525 versammelten sich Vertreter der Bauern in Memmingen und verständigten sich auf zwölf von einem Pfarrer und einem Kürschner verfasste Artikel mit dem Titel *Die grundlichen und rechten Hauptartikel aller Baurschaft und Hintersessen* [abhängige Landpächter] *der geistlichen und weltlichen Oberkeiten, von wölchen sie sich beschwert vermeinen*. Im dritten und siebten Artikel forderten die Bauern unter anderem die Abschaffung der Leibeigenschaft und eine Beschränkung der Fronarbeiten für den Landherren:[8]

> Nit daß wir gar frei wollen sein, kein Oberkeit haben wellen, lernet uns Gott nit. Wir sollen in Geboten leben, nit in freiem fleischlichen Mutwillen, sonder Gott lieben, ihn als unsern Herren in unsern Nechsten erkennen und alles das ton, so wir auch gern hetten, das uns Gott am Nachtmahl geboten hat zu einer Letz. Darum sollen wir nach seinem Gebot leben. Zeigt und weist uns dies Gebot an, daß wir der Oberkeit nit ghorsam seien? Nit allein der Oberkeit, sunder wir sollen uns gegen jedermann diemütigen, daß wir auch gehren gegen unser erwehlten und gesetzten Oberkeit (so uns von Gott gesetzt) in allen ziemlichen und christlichen Sachen gern gehorsam sein. Seien auch ohn Zweifel, ihr werdent uns der Eigenschaft als wahr und recht Christen gern entlassen oder uns im Evangeli des berichten, daß wirs seien. [...] Daß wir hinfüro uns ein Herrschaft nit weiter wöllen lassen beschweren, sonder wies ein Herrschaft ziemlicher Weis eim verleiht, also soll ers besitzen laut der Vereinigung des Herren und Bauren. Der Herr soll ihn nit weiter zwingen noch dringen, mehr Dienst

noch anders von ihm umsunst begehren, damit der Baur solich Gut ohnbeschwert also rüeblich brauchen und nießen müg. Ob aber dem Herren Dienst vonnöten weren, soll ihm der Baur willig und gehorsam für ander sein, doch zu Stund und Zeit, daß dem Bauren nit zu Nachteil dien und ihme um einen ziemlichen Pfenning Dienst tun.[9]

Kohlhaas, Coalhouse Walker oder Rambo sind so etwas wie Karikaturen dieser zögerlichen Revolten, die weder als wirklich alt noch als wirklich modern gelten können. Sie gehören in das Universum dessen, was der Historiker Eric Hobsbawm als »primitive Rebellen« bezeichnete: Räuber, Banditen und Schmuggler, die den Übergang von der traditionellen Gesellschaft zum Kapitalismus nicht einfach hinnehmen und sich gegen die neuen gesellschaftlichen Bedingungen auflehnen. Das Banditentum war in allen Modernisierungsprozessen ein verbreitetes Phänomen. Die Krise der europäischen Bauernschaft im 16. Jahrhundert, also zu Zeiten Kohlhaas', fällt zeitlich mit der Hochphase des Banditentums zusammen. Wie Kohlhaas werden die Räuber oft wegen eines kleinen Unrechts geächtet, was sich dann zu einem großen Konflikt auswächst. Angiolillo, ein legendärer italienischer Bandit Mitte des 18. Jahrhunderts, wurde wegen eines Streites mit einem Wächter des Herzogs von Martina um verloren gegangenes Vieh zum Gesetzlosen.

Angiolillo lebte in Lucania, einer Gegend in Süditalien, in die das faschistische Regime Mussolinis Carlo Levi 1935 verbannte. In seinem zehn Jahre später veröffentlichten Buch *Christus kam nur bis Eboli* erzählt Levi von seinem Aufenthalt in dem kleinen, extrem armen Dorf, in dem die Erinnerung an das Banditentum noch allgegenwärtig ist. Eine der Personen, mit der er Freundschaft schließt, ist der alte Totengräber, der den berühmten Banditen Ninco Nanco noch persönlich kennengelernt hat:

> Er erzählte mir, als wäre er ihr gestern begegnet, daß er die Gefährtin Ninco Nancos, die Brigantin Maria 'a Pastora, gesehen hätte, die wie er aus Pisticci stammte. Diese Maria 'a Pastora war eine wunderschöne Frau, eine Bäuerin, die mit ihrem Geliebten in den Wäldern und auf den Bergen lebte und, immer zu Pferd, in Männerkleidung raubte und kämpfte. Die Bande des Ninco Nanco war die grausamste und verwegenste in dieser Gegend; Maria 'a Pastora nahm an allen Unternehmungen, an Überfällen auf Höfe und Dörfer, an Hinterhalten und Racheakten und am Erpressen von Lösegeld teil. Als Ninco Nanco mit seinen eigenen Händen dem Bersagliere, den er gefangen hatte, das Herz aus der Brust riß, hatte ihm Maria 'a Pastora das Messer gereicht.[10]

Kohlhaas ist der Prototyp des rebellischen »Restaurationisten«, der die Ordnung der Welt wiederherzustellen versucht, nachdem Unrecht deren Sinn tödlich verletzt hat. In dem tschechischen Roman *Der Bandit Nikola Schuhaj* von Ivan Olbracht haben die Rebellen

> Leiden und Lasten aller auf sich genommen und etwas vollbracht, wozu die Leute der Berge niemals imstande sind und wonach sie sich doch so inbrünstig sehnen: das Unrecht zu rächen, die Herren zu schlagen, ihnen das zusammengeraubte Vermögen abzunehmen und das, was nicht von allgemeinem Nutzen ist, mit Feuer und Eis zu vernichten – aus Freude, aus Rache, als Warnung für die Zukunft.[11]

Es sind notwendigerweise tragische Handlungen, denn dieselben historischen Bedingungen, die sie ermöglichen (sprich: der Modernisierungsprozess), verurteilen ihr Ziel, die Restauration, zum Scheitern.

Es gibt kein Zurück mehr. Einmal im Kapitalismus angelangt, kann Emanzipation nur durch ein Projekt der Neuschöpfung entstehen.

Über Radio Kras kam ich in Kontakt mit der Totalverweigererbewegung.[12] Damals habe ich etwas sehr Wichtiges gelernt: Manchmal kann eine kleine Gruppe engagierter Menschen tatsächlich etwas durchsetzen. Das ist sehr gut, denn es bedeutet, dass es praktikable Mechanismen politischer Transformation gibt. Aber es kann einen auch blenden und die vorherrschende politische Realität verkennen lassen.

Anfang der neunziger Jahre kamen wir während des Wahlkampfs zu den spanischen Parlamentswahlen auf die Idee, eine Veranstaltung der PSOE mit Alfonso Guerra, damals stellvertretender Vorsitzender der Partei, mit einem Transparent zur Unterstützung der Totalverweigerer zu stören. Die Veranstaltung fand in der Sportarena von Oviedo statt, und aus ganz Asturien waren Anhänger der Sozialisten mit Bussen angereist. Wir waren ungefähr zwanzig Jahre alt und hatten vereinbart, die Halle inkognito zu betreten. »Inkognito« bedeutete für mich damals, eine Lederjacke ohne Nieten zu tragen. Ich glaube, bei den anderen war das genauso, denn wir sahen aus wie Figuren aus einem Punker-Comic. Wir kamen trotzdem rein, setzten uns nebeneinander und applaudierten wie vereinbart an den richtigen Stellen. Ich denke mal, es wirkte ein bisschen aufgesetzt, denn als der Moment kam, an dem wir das Transparent ausrollten, das sich einer von uns um den Körper gewickelt hatte, stürzten sich ungefähr zwanzig Typen vom Sicherheitsdienst auf uns. Damals überließen die Sozialisten diese Aufgabe gern den Mitgliedern der Bergarbeitergewerkschaft SOMA-UGT. Mit anderen Worten – wir wurden von einer Gruppe Kumpels angegriffen, die groß wie Schränke waren und, ich würde sagen, ziemlich unter Drogen standen.

Sie schienen sauer darüber zu sein, dass wir den Auftritt Alfonso Guerras vermasselt hatten. Ich erinnere mich, dass einer von ihnen »Du Schlampe!« schrie und in meine Richtung gerannt kam. Ich bezog das auf mich, weil ich a) damals lange Haare hatte und b) in einer Handballmannschaft spielte, deren Trainer immer »Mädels« zu uns sagte, was ein bisschen seltsam war, weil es sich um ein Männerteam handelte. Tatsächlich schnappte der UGT-Killer dann aber nach einem Mädchen aus Langreo, das er erkannt hatte, und warf sie die Stufen der Tribüne hinunter. Ich war noch nicht ausgewachsen und wog etwa fünfzig Kilo, was ungefähr der Menge Steroide entsprach, die diese Irren an diesem Nachmittag geschluckt hatten. Ich flog also hinter dem Mädchen her, danach folgten die anderen. Der Saalschutz war so aufgedreht, dass sie sogar ein Paar mit rauswarfen, das gar nichts mit uns zu tun hatte und einfach aus Interesse zu der Wahlkampfveranstaltung gekommen war. Ich vermute mal, dass sie danach nicht mehr so begeistert von der PSOE waren. Das Publikum brüllte währenddessen: »Faschisten! Faschisten!« Einen Moment lang dachte ich, sie würden den Sicherheitsdienst anfeuern, so wie man im Stadion den Namen des eigenen Fußballclubs skandiert, aber nein, ihre Rufe galten uns.

Der Saalschutz steckte uns in einen Raum, und sie machten Anstalten, uns zusammenzuschlagen, doch glücklicherweise tauchte ein geschniegelter Typ im Anzug und mit Knopfkopfhörer im Ohr auf. Ich denke mal, es war ein Parteifunktionär. Er schrie: »Die Presse ist hier, die Presse ist hier!«, was die anderen schließlich bremste. Sie sprühten uns nur Pfefferspray ins Gesicht und ließen uns dann mehr oder weniger unverletzt gehen.

Ein paar Stunden später meinte ein Freund zu mir: »Ist dir aufgefallen, wie wenige wir waren, verglichen mit den vielen Leuten im Stadion? Wahrscheinlich haben die von der Tribüne gegenüber weder unser Transparent lesen noch unsere Parolen hören können.«

An diesem Tag begriff ich, dass Demokratie nicht diese schwabbelige Idee ist, von der im Schulunterricht die Rede war, sondern etwas sehr Beunruhigendes. Bei Demokratie geht es weniger darum, sich zu einigen, als darum, gemeinsam zu denken. Es bedeutet, dass wir nur kollektiv, durch die Deliberation unter Gleichen, entscheiden können, was politisch gerecht ist, denn im Gegensatz zu dem, was in der Mathematik oder Musik geschieht, sind wir alle gleichermaßen befähigt, politisch zu intervenieren; es ist kein Privileg der Besten oder Schlausten. Alle. Auch der Fahrer, der Sie beim Überholen gerade fast umgebracht hätte. Die Alte, die sich an der Supermarktkasse vordrängelt. Der Klempner, ob er nun Umsatzsteuer abführt oder nicht. Und diejenigen, die die Bergarbeiter der UGT anfeuerten, während diese auf uns einschlugen. Ich rede von … Ja, von wirklich jedem von uns.

Anfang des 19. Jahrhunderts war vielen Menschen bewusst, dass die modernen Revolutionen, denen es gelang, die alten Regimes zu stürzen, viele andere politische Konflikte ungelöst ließen. Über Jahrhunderte hinweg hatten die unteren Volksschichten und die aufsteigende Bourgeoisie einen Konflikt geringer Intensität miteinander ausgefochten, der durch gemeinsame, gegen die Aristokratie und die Privilegien des Klerus gerichtete Interessen abgeschwächt wurde. Aber als der Rauch der niedergebrannten Königspaläste verflogen und die Kanonen verstummt waren, mit denen man die adeligen Mauern sturmreif geschossen hatte, bot sich ein schauriges Bild.

Die Europäer des 19. Jahrhunderts stellten fest, dass auf die Religionskriege, die den Kontinent über zwei Jahrhunderte hinweg hatten ausbluten lassen, eine Transformation folgte, die die Gesellschaft selbst in ein Kampffeld verwandelte.

Marx und Engels schreiben zu Beginn des *Kommunistischen Manifests*, in Europa gehe das Gespenst des

Kommunismus um. Sie übertreiben kaum. Damals war man sich bewusst, dass soziale Konflikte unvermeidbar waren. Zwischen den politischen Errungenschaften der Moderne – die Rationalisierung der Gesetzgebung, die Religions- und Gewissensfreiheit – und der materiellen Situation der mittellosen Massen, zwischen dem rasanten Wirtschaftswachstum und der neuen städtischen Armut, zwischen der Meinungsfreiheit und dem realen Zugang zu Bildungs- und Kommunikationsmitteln herrschte eine tiefe Kluft.

Die Demokratisierung war ein unvollendetes Projekt. Die politische und die industrielle Revolution hatten eine Rechnung miteinander offen. Und diese Auseinandersetzung trugen sie auch aus. Es kam zu einer Kette von Aufständen, die ihre eigene Epik hervorbrachten, wie Rimbaud schreibt, der 1871 als Sechzehnjähriger Zeuge des Aufstands der Pariser Commune wurde.

> Oh! Alle, deren Rücken brennt, des Unglücks Beute,
> In dieser wilden Sonne, die dort gehn und gehn,
> Sie fühlen, wie ihr Kopf zerspringt in solchen Wehn:
> Hut ab, Ihr Bürger, oh! die da sind Menschenkinder!
> Arbeiter sind wir, Sire, Arbeiter, wir, die Künder,
> Der neuen großen Zeit, die Wissende uns macht,
> Wo schmecken wird der Mensch vom Morgen bis zur Nacht,
> Ein Jäger großer Taten, auf Jagd nach letzten Dingen,
> Wo, langsam Sieger er, die Dinge wird bezwingen
> und auf des Ganzen Thron wird steigen, wie aufs Pferd.
> O glanzvoll Licht der Schmiede! Böses ist verkehrt
> zu Gut ... Was man nicht weiß, mag schrecklich sich erweisen!
> Man wird's erfahren. Faust hoch die Hämmer, lasst beweisen
> Uns alles, was wir wissen! Brüder, los! gebt Raum!
> Wir träumen manchmal diesen rührend großen Traum,

> Einfach zu leben, glühend, ohne böse Worte,
> Die Arbeit wirkend unter dem erhabnen Horte
> Des Lächelns einer Frau, der unsres Herzens Schlag
> Gehört. Stolz würden schaffen wir den ganzen Tag.
> Dann hörten wir die Pflicht wie eines Hornes Klänge;
> Man fühlte glücklich sich, und keinem es gelänge,
> Uns in die Knie zu zwingen. Wahrlich, keinem mehr!
> Man hätte über seinem Herde ein Gewehr ...[13]

Die von Rimbaud aufgerufenen militärischen und kulturellen Bilder gehören zum Erbe zweier sehr unterschiedlicher Traditionen, die zum Entstehen der Arbeiterbewegung beitrugen: des bäuerlichen, auf gemeinschaftlicher Solidarität beruhenden Widerstands und der Aufklärersekten, die aus Gilden hervorgegangen waren und eine rationale, fortschrittliche Transformation der Gesellschaft anstrebten. Dieses dichte und widersprüchliche symbolische Netz hat nicht immer erkennen lassen, dass die Revolutionen trotz ihres Zorns und Lärms ein recht gemäßigtes Ziel verfolgten: die Versorgung der Menschen mit Essen und Kleidung, ihre Bildung und Erziehung, ihre Befreiung von der Despotie ...

Laut Bertolt Brecht war Kujan-Bulak ein ärmliches Dorf im Süden Usbekistans. Seine Bewohner – etwa zwanzig Familien, die vom Teppichweben lebten – werden regelmäßig vom Fieber heimgesucht, das die Mückenschwärme verbreiten, die vom Sumpf hinter dem Kamelfriedhof aufsteigen. Die einzige Verbindung zur Außenwelt ist ein Zug, der alle zwei Wochen vorbeikommt und sie eines Tages darüber informiert, dass im ganzen Land ein Fest zu Ehren des Genossen Lenin gefeiert werden soll. Obwohl sie kaum genug zum Essen haben, wollen die Bewohner von Kujan-Bulak die Feierlichkeiten auch in ihrem Dorf begehen. Auch sie stellen eine kleine Leninbüste auf. Man sammelt Geld, und die Dorfbewohner tragen die wenigen Kopeken bei, die sie mühsam zu sparen vermocht haben. Doch dann kommt Stepa Gamalew, ein intelligenter und gewissenhafter Soldat der Roten Armee, und schlägt ihnen eine andere Lösung vor. Obwohl er den einhelligen Wunsch, Lenin zu ehren, sehr lobenswert findet, regt er an, mit dem gesammelten Geld doch besser Öl zu kaufen, um dies in den Sumpf zu gießen und so die Fiebermücken zu töten.

> So also das Fieber zu bekämpfen in Kujan-Bulak,
> und zwar zu Ehren des gestorbenen,
> aber nicht zu vergessenden Genossen Lenin.
> Sie beschlossen es. An dem Tage der Ehrung trugen sie
> Ihre zerbeulten Eimer, gefüllt mit dem schwarzen Petroleum
> Einer hinter dem anderen hinaus
> Und begossen den Sumpf damit.
> So nützten sie sich, indem sie Lenin ehrten und
> Ehrten ihn, indem sie sich nützten, und hatten ihn
> Also verstanden.[14]

Ja, sie hatten ihn verstanden. Aber was folgte daraus? Es gibt kein Fieber mehr. Und was kommt danach? Revolution ist ein propädeutisches, vorbereitendes Projekt. Nach dem Kapitalismus sind wir möglicherweise, aber eben auch nur möglicherweise in der Lage, uns mit den großen Tragödien unserer Existenz auseinanderzusetzen: den Grausamkeiten, den unvermeidbaren Ungleichheiten, dem Generationenkonflikt, dem Drang nach intensiveren Erfahrungen, dem Tod und dem Schmerz, der Erniedrigung oder der schieren Sinnlosigkeit des Daseins … Doch fest steht, dass das Ende der Ausbeutung nichts anderes ist als ein Handstreich, der zwar reinen Tisch macht, nach dem aber alles Wichtige nach wie vor zu tun bleibt.

Im Verlauf der vergangenen Jahrhunderte waren Sozialisten, Kommunisten und Anarchisten zutiefst beunruhigt darüber, dass es ihnen unmöglich war, in der Sprache der Gegenwart die neue Welt, die wir in unseren Herzen tragen, zu benennen und zu beschreiben. Diese Unmöglichkeit bestimmt den Tonfall von Andrej Platonows Roman *Tschewengur*, dessen Protagonist sagt:

> Wie viel er auch las und dachte, immer blieb in seinem Inneren ein unausgefüllter Ort – jene Leere, durch die die unbeschriebene und unerzählte Welt als rastloser Wind hindurchgeht. Mit siebzehn Jahren hatte Sascha Dwanow immer noch keinen Schutzpanzer über dem Herzen – weder den Glauben an Gott noch eine andere geistige Beruhigung; er gab dem sich vor ihm auftuenden namenlosen Leben keinen fremden Namen. Dennoch wollte er nicht, dass die Welt unbenannt bliebe, er wartete nur darauf, ihren eigenen Namen aus ihrem Munde zu hören statt vorsätzlich ausgedachter Namen […]. [Er] glaubte, die Revolution sei das Weltende. […] Sascha hatte schon ein klares Gefühl für diese neue Welt, aber sie ließ sich nur machen, nicht erzählen.[15]

Andrej Platonow war ein Sohn der Sowjetrevolution. Er wurde Ende des 19. Jahrhunderts als Kind einer Woronescher Arbeiterfamilie geboren. Sein Vater war Maschinist bei der Eisenbahn, er selbst arbeitete während der russischen Revolution von 1917 als Assistent des Vaters in einem Zug der Roten Armee. Er trat der Kommunistischen Partei bei, wurde Ingenieur und veröffentlichte einige Aufsätze, in denen er den Rationalismus und die Unterordnung der Ästhetik unter die gesellschaftlichen Grundbedürfnisse entschlossen verteidigte. 1924 beendete er seine Ausbildung an der polytechnischen Schule und lernte die ländliche Welt als Fachingenieur für Bewässerung und Elektrifizierung der Landwirtschaft in Tambow kennen. Dort veränderte sich etwas bei ihm. Zehn Jahre später, als Platonow fünfunddreißig war und sich bereits hauptberuflich dem Schreiben widmete, wurde er auf Vermittlung Maxim Gorkis Mitglied einer Moskauer Schriftstellerbrigade, die bald zu einer Gruppenreise nach Turkmenistan aufbrach. Platonow verbrüderte sich nicht mit seinen Kollegen und nahm auch nicht an den nächtlichen Saufgelagen teil. Stattdessen legte er sich im Dunkeln an den Fluss und blickte in den Himmel. »Die Wüste unter dem Sternenhimmel beeindruckt mich. Ich habe etwas begriffen, was ich früher nie verstand«, schrieb er seiner Frau.[16]

In den dreißiger Jahren, der Zeit der großen stalinistischen Säuberungen, wurde der größte Teil von Platonows Werk durch die sowjetische Zensur verboten, und *Tschewengur* blieb viele Jahrzehnte unveröffentlicht. Der Roman war Ende der zwanziger Jahre geschrieben worden, also zwischen Lenins Tod und dem ersten Fünfjahresplan Stalins. Es war die Phase, in der die Sowjetunion die von Lenin propagierte Neue Ökonomische Politik (NÖP) verfolgte und in der man sich im Übergang vom Kriegskommunismus – der mit strikter Planung und militärischer Produktionsdisziplin einhergegangen war – hin zu einem sehr viel flexibleren Regime befand, das den privaten Handel in kleinem Maßstab erlaubte.

Tschewengur spielt zwischen dem Bürgerkrieg, der nach dem Umsturz von 1917 beginnt, und den Anfängen der NÖP. Es ist ein einfacher und gleichzeitig sehr komplexer Roman. Platonow reiht Figuren und unzusammenhängende Geschichten aneinander, was ein wenig an Rabelais oder Cervantes erinnert. Doch gleichzeitig ist die Rahmenhandlung leicht zu verstehen. Das Provinzkomitee der Kommunistischen Partei in einer ländlichen Region Zentralrusslands will herausfinden, wie die armen Bauern den politischen Wandel erleben, und beschließt, Informationen darüber zu sammeln:

> Über die Felder und durch die Stadt gehen Menschen, sie denken und wollen etwas, aber wir leiten sie vom Zimmer aus; sollten wir nicht einen moralischen, wissenschaftlichen Burschen durchs Gouvernement schicken, damit er sich umguckt, ob es dort sozialistische Lebenselemente gibt, denn die Massen haben doch auch Wünsche, vielleicht haben sie sich ihr Leben schon selber zurechtgemacht.[17]

Sascha Dwanow wird mit der Aufgabe betraut, durch Russland zu reisen und den Kommunismus in jenen Tätigkeiten aufzuspüren, die die Bevölkerung aus Eigeninitiative ausübt. Dwanow erreicht schließlich Tschewengur, einen Ort, dessen Bewohner das Ende von allem, der »Weltgeschichte«, erreicht haben.[18]

Die spontane kommunistische Utopie ist ein seltsamer und komplizierter Ort. Als der sowjetische Funktionär eine Umfrage durchführt, um herauszufinden, was die Nachbarn von Tschewengur tun, stößt er auf Beschäftigungen wie »Schlüsseldienst im Gefängnis, das Warten auf Lebenswahrheit, Ungeduld gegen Gott, tödliches Greisentum, lautes Vorlesen für Pilger und Sympathisieren mit der Sowjetmacht«.[19] Wenn ein Bewohner von Tschewengur gefragt wird, was es in der Ortschaft zu tun gibt, antwortet dieser: »Nichts, wir haben keine Not oder keine Beschäftigungen, du wirst in dir selbst leben! Bei uns in Tschewengur ist es schön, wir haben die Sonne zur ewigen Arbeit mobilisiert und die Gesellschaft für immer aufgelöst!«[20] Wenig später wird hinzugefügt:

> Durch die Straßen Tschewengurs gingen Menschen. Einige von ihnen hatten tagsüber Häuser verrückt, andere auf ihren Händen Gärten fortgeschleppt. Und nun gingen sie ausruhen, plaudern und im Kreise der Kameraden den verbleibenden Tag verbringen. Morgen würden sie keine Arbeit und keine Beschäftigung haben, denn in Tschewengur arbeitete statt aller und für jeden die einzigartige Sonne, die in Tschewengur zum Weltproletarier erklärt worden war. Die Menschen waren nicht zu Beschäftigung verpflichtet.[21]

Wie Paco Fernández Buey hervorgehoben hat, handelt es sich bei *Tschewengur* trotz des somnambulen Tonfalls um eine sehr ernsthafte Auseinandersetzung mit den Thesen des späten Lenin, der sich der Widersprüche und Widerstände zunehmend bewusst wurde, mit denen ein politisches Emanzipationsprojekt in einer ländlichen, konservativen, zutiefst religiösen und von unterwürfiger Knechtschaft geprägte Gesellschaft konfrontiert sein würde. Tatsächlich verfolgte Lenin mit der NÖP nicht nur ein wirtschaftliches, sondern auch ein politisches Ziel: Er glaubte, dass es sich um ein wirksames Instrument handeln könnte, um die russische Gesellschaft zügig zu modernisieren und sie so auf die Umsetzung des sozialistischen Programms vorzubereiten.

Platonows Roman hingegen untersucht, was es im traditionellen Leben der armen Bauern an emanzipierten und erhaltenswerten Elementen gibt. Unter Rückgriff auf das intellektuelle Erbe jener russischen Revolutionäre des 19. Jahrhunderts, die heute als »Populisten« bezeichnet werden, verweist Platonow auf die Möglichkeit einer politischen Transformation, die an den autochthonen Organisationsformen der russischen Bauernschaft und ihrer langen Tradition gemeinschaftlicher Kooperation anknüpft.

Bemerkenswerterweise ist das eine sehr zeitgenössische Idee. Nichts ist für den postmodernen Kapitalismus – diesen ökonomischen Strudel, der uns zwingt, jede familiäre, moralische, ästhetische oder politische Schranke niederzureißen – so subversiv und abstoßend wie die Versuche, neue gesellschaftliche Entwürfe auf der Grundlage dessen zu errichten, was wir sind und immer schon waren: Kinder, Mütter, Geliebte, Nachbarn, Freunde, Genossen ... Aus ethischen Prinzipien auf eine Beförderung verzichten, einen Arbeitskollegen solidarisch unterstützen oder nicht irgendwohin umziehen, nur weil es der Arbeitsmarkt befiehlt – das alles stellt für die Apostel der Gewinnmargen eine unerträgliche Glaubensabweichung dar.

Für die Linke zu Anfang des 20. Jahrhunderts war die These Platonows hingegen eine enorme Provokation. Die offizielle Antwort des Sowjetsozialismus auf die Hindernisse beim Aufbau einer anderen Welt war der neue Mensch. Dahinter verbirgt sich die Vorstellung, wir Menschen seien wie Plastilin, naturlose Tiere, die unter veränderten Umständen komplett neu geformt werden könnten. So dass am Ende die radikale Transformation unserer gesellschaftlichen Bedingungen zu einer echten Mutation der menschlichen Natur führt.

Es ist nicht leicht, ein Gott zu sein ist ein 1964 in der Sowjetunion veröffentlichter Science-Fiction-Roman der Brüder Arkadi und Boris Strugatzki. Er spielt in einer fernen Zukunft auf einem von menschenähnlichen Außerirdischen bewohnten Planeten, deren Gesellschaft sich in einem Stadium befindet, das in etwa unserem Mittelalter ähnelt. Anton, ein Wissenschaftler von der Erde, mischt sich mit anderen Forschern unter die Eingeborenen, um ihnen zu helfen, ihre geschichtliche Entwicklung voranzutreiben. Er tritt als ein Adliger namens Don Rumata auf, der versucht, Wissenschaftler und Intellektuelle vor repressiven und obskurantistischen Kampagnen des Adels zu retten. Seine Mission besteht vor allem darin, Budach zu finden, einen Weisen, dessen Arbeit großes fortschrittliches Potenzial besitzt. Anton möchte aktiver eingreifen, ist sich aber gleichzeitig auch bewusst, dass eine Intervention in die Ereignisse katastrophale Folgen haben kann.

Als er Budach schließlich findet, erkundigt Rumata sich indirekt über seine Ansicht zu diesem Problem, indem er ihm eine theologische Frage stellt: »Was würdest du Gott raten? Was sollte der Allmächtige deiner Meinung nach tun, damit wir sagen können: Ja, die Welt ist jetzt in jeder Hinsicht gut?« Budach antwortet, dass er Gott bitten würde, die Menschen gut und glücklich zu machen, indem er Hunger und Not beseitigt. Aber Rumata hält das nicht für eine zufriedenstellende Antwort. Gott würde sicher argumentieren, dass dann die Starken den Schwachen ihren Teil nähmen und Letztere arm blieben.

Die Unterhaltung geht weiter, und Rumata widerlegt alle Vorschläge Budachs. Es wäre sinnlos, wenn Gott die Schwachen schützen würde, indem er grausame Herrscher zur Vernunft brächte. Letzten Endes, so argumentiert Rumata, sei Grausamkeit Stärke, und wenn die Herrscher ihre Stärke verlören, würden andere, grausamere sie ersetzen. Wenn Gott die Grausamen bestrafe, um ein Exempel zu statuieren, damit die Starken es nicht wagen, ihre Grausamkeit gegen die Schwachen einzusetzen, würde ihr Platz von den stärksten Schwachen besetzt werden, die ebenfalls grausam wären. Vielleicht könnte Gott dafür sorgen, dass die Menschen versorgt sind, damit sie einander nichts wegnehmen müssten? Das würde den Menschen auch nicht nützen, argumentiert Rumata, denn dann würden sie vergessen, was Arbeit ist, die Freude am Leben verlieren und zu Haustieren werden, die Gott für immer ernähren und versorgen müsste.

An diesem Punkt lacht der in die Enge getriebene Budach und unternimmt einen letzten Versuch: Gott könnte dafür sorgen, dass den Menschen Arbeit und Studium besser als alles andere gefallen, dass Arbeit und Weisheit zum einzigen Lebensinhalt werden. Das ist ein interessanter Vorschlag. Tatsächlich haben die Erdlinge diese Möglichkeit bereits erörtert: Durch eine Art Massenhypnose könnte eine positive Moralisierung der gesamten Bevölkerung erreicht werden. Es wurde sogar in Erwägung gezogen, zu diesem Zweck drei hypnoemittierende Satelliten im äquatorialen Orbit in Stellung zu bringen. Das Problem ist in diesem Fall ethischer Natur: Ist es richtig, der Menschheit ihre ganze Geschichte zu nehmen? Darf man eine Menschheit gegen eine andere austauschen? Würde das nicht bedeuten, diese Menschheit auszulöschen und eine andere, neue an ihre Stelle zu setzen? Schließlich sagt Budach ruhig: »Herr, fege uns vom Antlitz der Erde und erschaffe uns neu, bessere Menschen, vollkommenere ... Oder – noch besser – lass uns, wie wir sind, und gib, dass wir unseren Weg gehen können.«[22]

Was ist, wenn der neue Mensch unmöglich ist? Wenn unsere menschliche Natur zu schwer lastet? *Es ist nicht leicht, ein Gott zu sein* endet damit, dass der Erdling Don Rumata seine moralisierende Rolle als rationaler Beobachter aufgibt und sich von seinem Rachedurst mitreißen lässt, was ein wahres Gemetzel nach sich zieht.

Vielleicht ist es sogar noch schlimmer: Was ist, wenn der neue Mensch keine harmlose futuristische Fantasie ist, sondern ein brutales, barbarisches Projekt, eine hoch entwickelte Greueltat, deren Vorboten sich bereits abzeichnen, wie Giacomo Leopardi Anfang des 19. Jahrhunderts vermutete. Und was, wenn die politischen Kämpfe für den sozialen Fortschritt uns an den Rand eines Abgrunds bringen, den wir uns nicht vorstellen können?

> Hier spiegle dich, hoffärtig
> Verblendetes Jahrhundert,
> Das du von jenem Pfade,
> Den dir gezeigt der auferstandne Geist,
> Gewichen bist und wähnst, daß rückwärts schreitend
> Du fortgeschritten sei'st,
> Der Umkehr dich berühmend.[23]

Das umfangreiche und schonungslose Œuvre Fjodor Dostojewskis widmet sich genau dieser Frage: der Idee, dass in unserer jüngeren Geschichte etwas ausgesprochen schiefgelaufen ist. Die politischen Kämpfe der Moderne – der Konflikt zwischen Kapitalismus, Liberalismus und Sozialismus – haben uns von den begrifflichen Grundlagen entfernt, die unserem Sozialleben Sinn verleihen können. Kapitalismus und Sozialismus sind symmetrische Projekte, die diesen nihilistischen Verfall beschleunigen. Sie setzen einen Teil der in unserer Natur lauernden Irrationalität, Grausamkeit und Unvernunft frei, die nur der Glaube und ein festes Gerüst sozialer Abhängigkeiten und Verpflichtungen im Zaum halten können.

Für Dostojewski ist die Welt des neuen Menschen die Hölle, ein unmenschliches Szenario, schlimmer als jede feudale Unterdrückung. So fasste er es in *Aufzeichnungen aus dem Abseits* zusammen, einem kurzen und düsteren Roman aus dem Jahre 1864. Die Rationalisten glauben, sie seien in der Lage, neue, mit mathematischer Präzision kalkulierte ökonomische Beziehungen zu definieren, mit denen sich alle Probleme beseitigen lassen, so dass die Menschheit in ein goldenes Zeitalter eintreten kann. Eine infantile und gefährliche Hoffnung.

> Man überschütte ihn mit sämtlichen irdischen Wohltaten, man versenke ihn bis über den Kopf im Glück, so tief, dass nur noch ein paar Bläschen an der Oberfläche des Glücks auftauchen, so wie im Wasser; man verschaffe ihm so viel materielle Zufriedenheit, dass ihm nichts anderes mehr zu tun bleibt, als zu schlafen, Gebäck zu verzehren und sich um den Fortgang der Weltgeschichte zu kümmern, – und dennoch wird er, also der Mensch, allein aus Undankbarkeit und aus blankem Hohn irgendetwas Übles anrichten. Selbst sein Gebäck setzt er aufs Spiel, und absichtsvoll wünscht er sich den verderblichsten Unsinn, den unökonomischsten Widersinn […], und zwar einzig als Bestätigung dafür […], dass die Menschen immer noch Menschen sind.[24]

Der südafrikanische Schriftsteller J.M. Coetzee stellt sich in *Der Meister von Petersburg* vor, Dostojewski kehre nach Russland zurück, um die Umstände des Todes seines Adoptivsohnes zu untersuchen, der laut Polizei Selbstmord begangen hat. Dort entdeckt er jedoch, dass der Adoptivsohn in Wirklichkeit von einer revolutionären Zelle ermordet wurde, die von einem Anarchisten namens Netschajew angeführt wird. Dieser erklärt Dostojewski:

> Sie verstehen nicht, was die Revolution bedeutet. Die Revolution ist das Ende von allem, was alt ist, auch dem Gezänk zwischen Vätern und Söhnen. Sie ist das Ende jeder Erbfolge und aller Dynastien. Und sie erneuert sich immer wieder, wenn sie die echte Revolution ist. Mit jeder neuen Generation wird die alte Revolution umgewälzt, und die Geschichte fängt von vorn an. *Das* ist der neue Gedanke, der wahrhaft neue Gedanke. Das Jahr eins, die Carte blanche! Wenn alles neu erfunden wird, alles ausgetilgt und wiedergeboren. Recht, Moral, Familie – alles![25]

Netschajew existierte wirklich. *Der Meister von Petersburg* ist eine Auseinandersetzung mit *Die Dämonen*, einem vom Leben dieses russischen Terroristen inspirierten Roman Dostojewskis. Netschajew wurde durch die Ermordung eines Mitglieds seiner anarchistischen Gruppe berühmt, den er des Verrats beschuldigte. In *Die Dämonen* heißt Netschajew Pjotr Werchowenskij und ist ein Verschwörer, der in einer russischen Provinzstadt einen kleinen Kreis von Radikalen in einer revolutionären Zelle organisiert. Um ihre Treue auf die Probe zu stellen, verwickelt er sie in einen Mordanschlag gegen einen anderen Genossen namens Iwan Schatow, einen armen Studenten, der Sohn eines früheren Leibeigenen ist und das traditionelle Russland repräsentiert. Werchowenskij beauftragt Kirillow, einen fanatischen und zum Äußersten entschlossenen Anhänger der Organisation, mit der Durchführung des Mordes. Der Plan wird ausgeführt, Kirillow erfüllt sein Versprechen, doch die Verschwörung fliegt auf, und alle Beteiligten außer Werchowenskij werden verhaftet.

In dem 1872 veröffentlichten Roman *Die Dämonen* versucht Dostojewski zu erklären, inwiefern die Modernisierungsprozesse und die gut gemeinte Zerstörung traditioneller sozialer Bindungen den Keim von Nihilismus und Zerstörung in sich tragen. Die Demokratisierung bereitet einer Selbstzerstörung das Feld, die wiederum zum Terror führt. Man kann nicht ein paar Tropfen persönlicher Autonomie, drei Einheiten freien Denkens und ein paar Stücke Solidarität miteinander verrühren, um die richtige Mischung Sozialleben zu erhalten. Eine politische Gemeinschaft ist durch untrennbare Abhängigkeitsbeziehungen miteinander verbunden, und mit dieser Tatsache muss man sich im Guten wie im Schlechten arrangieren. Alles andere ist selbstzufriedener und gefährlicher Narzissmus. Iwan Schatow sagt es sehr früh selbst:

> Nie haben diese Ihre Männer [die Modernisierer] das Volk geliebt, nie um des Volkes willen gelitten, und nichts haben sie fürs Volk geopfert, wie sehr sie sich das auch zur eigenen Erbauung eingebildet haben mögen! [...] Und nicht nur übersehen haben sie alle das Volk, Sie haben sich sogar mit Ekel und Verachtung zu ihm verhalten, schon aus dem einen Grunde, weil Sie sich unter einem Volk einzig das französische Volk vorzustellen vermochten, und selbst von diesem nur die Pariser, und Sie schämten sich, daß das russische Volk nicht ebenso

war. Das ist die nackte Wahrheit! Wer aber kein Volk hat, der hat auch keinen Gott! Seien Sie versichert, daß alle diejenigen, die ihr Volk zu verstehen aufhören und die Verbindung mit ihm verlieren, alsbald und in gleichem Maße auch den Glauben der Väter verlieren und Atheisten und Indifferente werden. Ich weiß, was ich sage. Das ist eine Tatsache, die sich belegen läßt. Und das ist auch der Grund, weshalb sie alle damals und auch wir alle jetzt entweder abstoßende Atheisten oder gleichgültiges, liederliches Gesindel sind und nichts weiter.[26]

Die Dämonen ist ein sehr expliziter Thesenroman, mit dem Dostojewski die längere Abrechnung mit dem Liberalismus seiner Jugend abschließt. In den vierziger Jahren des 19. Jahrhunderts hatte er zu einem Kreis Petersburger Intellektueller gehört, die dem utopischen Sozialismus nahestanden und sich für die Pressefreiheit sowie die Abschaffung der Leibeigenschaft einsetzten. Er wurde deshalb zum Tode verurteilt und nach einer Scheinhinrichtung und der Umwandlung in eine Haftstrafe für acht Jahre nach Sibirien geschickt. Danach musste er weitere fünf Jahre als einfacher Soldat Dienst in einer kasachischen Festung leisten.

Nach einer Amnestie kehrte er als bekennender, strenggläubiger Christ aus der Haft zurück. Seinen ersten Roman dieser zweiten Periode veröffentlichte er 1861, dem Jahr, in dem in Russland die Leibeigenschaft abgeschafft wurde. In *Erniedrigte und Beleidigte* schildert Dostojewski eine in raschem Verfall befindliche feudale Welt. Aljoscha, Sohn des Fürsten Walkowski, berichtet seiner aus niederem Stand kommenden Geliebten von einem Gespräch: »Ich sagte geradezu: was seien wir denn für Fürsten? Doch nur der Geburt nach;

was hätten wir aber in Wirklichkeit Fürstliches an uns? Erstens, besonderen Reichtum besäßen wir nicht, und Reichtum sei doch die Hauptsache. Heutzutage sei der größte Fürst Rothschild.«[27] Für Dostojewski hat der demokratische Geist nichts Gutes. Die Befreiung nützt nicht den einfachen Leuten – die sozialen Kräften unterworfen sind, die sie nicht begreifen und noch viel weniger kontrollieren –, sondern den Privilegierten, die sich nun ihrer Verantwortung entziehen und ganz ihrem Profit- und Machtstreben widmen können.

In derselben Stadt, aber ein paar Jahre später, belästigte ein anderer Adeliger – von einem Zustand der Klarheit erfasst, wie er bisweilen epileptischen Anfällen vorausgeht – seine ebenfalls adeligen Tischgefährten:

> Sie sind es, um die ich mich ängstige, Sie und wir alle, die wir hier beisammen sind. Denn auch ich bin Ihresgleichen. Unser aller Rettung liegt mir am Herzen, damit nicht unser altehrwürdiger Stand das Spiel verliert und elend zugrunde geht an Verständnislosigkeit und Mißgunst. Weshalb anderen, Jüngeren den Platz überlassen, wenn man selbst führend sein kann? Lassen Sie uns Führende sein, dann wird auch das Alter unseres Standes wieder ehrwürdig werden! Lassen Sie uns Dienende sein, damit wir wieder zu Vätern des Volks werden.[28]

Der Prinz heißt Lew Nikolajewitsch Mischkin und ist die Hauptperson von *Der Idiot*. An Epilepsie leidend, schickte man ihn als Kind in ein Sanatorium in der Schweiz, wo er isoliert von der Welt erzogen wurde. Im Alter von sechsundzwanzig Jahren kehrt der Prinz nach Petersburg zurück, um seine einzige lebende Verwandte ausfindig zu machen. Obwohl er mittellos ankommt, nimmt seine einfache und herzliche Art die Menschen für ihn ein, und die hohe Gesellschaft von Petersburg öffnet ihm ihre Türen. Auf diese Weise sieht er sich plötzlich in einen zwielichtigen Familienstreit zwischen gierigen, lüsternen und machthungrigen Menschen verwickelt. Seltsamerweise hat die Güte des Prinzen zutiefst zerstörerische Wirkung, seine Handlungen erzeugen Chaos und Unglück.

Das Problem beim Zerfall der traditionellen Gesellschaft besteht nämlich nicht darin, dass er viele schlechte oder besonders schlechte Menschen hervorbrächte. Tatsächlich sind die Terroristen aus *Die Dämonen* zwar auch grausam und unmenschlich, vor allem aber kindisch. Das Tragische ist, dass in der Moderne niemand gut sein kann. Die unausgesprochenen, auf gemeinsamen Empfindungen beruhenden Verpflichtungen, die letztlich die unerschütterliche Grundlage des gemeinschaftlichen Zusammenlebens darstellen, sind verschwunden. Vor diesem Hintergrund fehlen uns die Grundannahmen, die der Güte Bedeutung verleihen. Das tugendhafte Verhalten erscheint wie eine x-beliebige Präferenz. Eine extravagante Neigung, wie sie für einen Verrückten charakteristisch ist ... – oder aber eben für einen Idioten.

Dostojewski hegt keine Sympathien für feudale Unterdrückung und Aberglaube. Aber er glaubt, dass diese nur überwunden werden können, wenn man gleichzeitig darauf achtet, die emotionale Gemeinschaft zu bewahren, die jeder sozialen Ordnung zugrunde liegt und die ein Geflecht von Affinitäten darstellt, das Sozialismus und Kapitalismus nicht reproduzieren können. Die Russen sind Kinder des Zaren. Das ist keine bloße Metapher:

> Bei uns kann politische Freiheit in vollkommenster Form eine Heimstatt finden, vollkommener als irgendwo in der Welt, in Europa oder sogar Nordamerika, und errichtet werden wird sie auf eben dem erwähnten demantenen Fundament. Nicht ein beschriebenes Blatt wird ihr Bestand verleihen, sie wird allein von der kindlichen Liebe des Volkes zum Zaren getragen werden, denn Kindern kann man vieles erlauben, was bei anderen, sich auf Kontrolle berufenden Völkern undenkbar wäre, Kindern kann man so viel Vertrauen schenken und so viel gestatten, wie es noch nirgends je zu beobachten war.[29]

Dostojewski stellt jede antikapitalistische Politik vor eine gewaltige Herausforderung. Die in autoritären und patriarchalischen Gesellschaften herrschende Unterdrückung ist inakzeptabel. Wir wollen über unser Leben selbstbestimmt entscheiden, es wie ein Projekt führen, das wir erschaffen und mit Sinn erfüllen müssen. Andererseits jedoch ist politische Emanzipation in einem Kontext sozialer Fragmentierung unmöglich. Schwache oder rein formale gesellschaftliche Beziehungen wie die der Bürgerschaft sind keine ausreichende Voraussetzung dafür, dass aus der radikalen Demokratie ein gutes Leben entsteht, das dieses Adjektiv auch verdient. Die politische Emanzipation benötigt soziale Bedingungen, die die Befreiung selbst zerstört.

Die Revolution ist ein One-Way-Ticket. Wenn es keinen Gott gibt, um uns zu retten, keinen Zaren, um uns zu beschützen, keinen Fürsten, der uns regiert, und keinen Pfarrer, der uns behütet, bleibt nur die Sinnlosigkeit einer kalten und unbegreiflichen Welt.

In vielen Schulen werden die Pausenzeiten nach Alter gestaffelt, um zu verhindern, dass ältere Kinder in Abwesenheit der Lehrer kleineren wehtun. Einige meiner Neffen gehen hingegen auf eine Schule, wo alle Kinder auf demselben Hof sind und jedes ältere Kind den Auftrag bekommt, sich um ein kleineres zu kümmern.

Vielleicht sind wir allein. Aber wenn es weder Götter noch Eltern oder Lehrer gibt, die uns beschützen, können wir versuchen, gegenseitig aufeinander aufzupassen. Wir wissen, dass das möglich ist, weil wir es immer schon gemacht haben. Vor allem die Frauen.

Es ist, das muss man fairerweise hinzufügen, nicht verwunderlich, dass Dostojewski diese Möglichkeit nicht in Betracht zog. Niemand tat das. Diese Option fehlt in den zutiefst maskulinisierten politischen Debatten der Moderne. Nicht nur und auch nicht in erster Linie, weil in diesen Diskussionen Männer die Hauptrolle spielten, sondern vor allem, weil sie auf einem Terrain geführt wurden, auf dem grundlegende Dimensionen des Zusammenlebens wie Pflege, Sorge, häusliches Leben und nichtentlohnte Arbeit schlichtweg nicht existierten ... Wenn es Frauen gelang, öffentlich wahrgenommen zu werden, dann taten sie dies auf einem Feld, das ihren Interventionen einen entsprechenden Inhalt verlieh. Die Beziehungen gegenseitiger Abhängigkeit und reproduktiver Arbeit wurden ausschließlich als Mechanismen der Unterwerfung begriffen, die mit politischer Emanzipation unvereinbar sind.

Middlemarch erschien etwa um dieselbe Zeit wie *Die Dämonen* – nämlich 1872 – und trug im englischen Original den Untertitel *A Study of Provincial Life*. Es ist ein erstaunlicher Roman, mit einer Handlung, die einem Uhrwerk ähnelt und die George Eliot verwendet, um den Transformationsprozess einer Gegend in den englischen Midlands in den dreißiger Jahren des 19. Jahrhunderts zu analysieren. Unter den Hauptfiguren sind Fred Vincy, ein Student, der als Faulenzer gilt und dessen aus der Oberschicht stammende Familie eine Kirchenkarriere von ihm erwartet, sowie Mary Garth, das Mädchen, in das er verliebt ist. Mary ist die Tochter von Caleb Garth, einem als Gutsverwalter arbeitender Kleinbürger, und Susan Garth, einer Hausfrau und ehemaligen Gouvernante.

Susan ist keine moderne oder emanzipierte Frau – im Gegenteil, sie »neigte dazu, gegen ihr eigenes Geschlecht, das ihrer Meinung nach zu völliger Unterordnung geschaffen war, ein bisschen zu streng zu sein«[30] –, aber doch entschlossen und hoch intelligent:

> Auch muss zugegeben werden, dass Mrs. Garth etwas zu nachdrücklich in ihrem Widerstand gegen das auftrat, was sie für Torheiten hielt. Der Übergang von der Gouvernante zur Hausfrau hatte sich in ihrem Bewusstsein etwas zu stark eingeprägt, und selten vergaß sie, dass sie, während ihre Grammatik und Aussprache das Niveau der Stadt überragten, eine einfach Haube trug, die Mahlzeiten für die Familie zubereitete und alle Strümpfe stopfte. Manchmal hatte sie in peripateti-

scher Weise Schüler angenommen, die sie mit dem Buch oder der Schiefertafel in der Küche immer hinter sich hergehen ließ. Sie hielt es für gut, dass sie sahen, wie sie einen ausgezeichneten Seifenschaum erzeugen konnte und dabei »ohne hinzusehen« ihre Fehler verbesserte, wie eine Frau mit über den Ellbogen aufgestreiften Ärmeln alles über den Konjunktiv oder die Tropen wissen konnte, wie sie, kurz gesagt, »Bildung« und andere gute Dinge auf »ung« besitzen konnte, die es wert waren, mit Betonung ausgesprochen zu werden, ohne eine nutzlose Puppe zu sein [...]. Mrs. Garth befand sich zu bestimmten Stunden stets in der Küche und ging an diesem Morgen dort gleichzeitig verschiedenen Beschäftigungen nach: an einer Seite des luftigen Raumes bereitete sie an dem sauber gescheuerten Tisch aus Kiefernholz ihre Pasteten, beobachtete dabei durch die offene Tür Sallys Bewegungen am Backofen und Backtrog und unterrichtete ihre Jüngsten, einen Knaben und ein Mädchen, die mit ihren Büchern und Schiefertafeln vor sich ihr gegenüber am Tisch standen. Ein Bottich und ein Wäschetrockner an der anderen Seite der Küche wiesen darauf hin, dass zwischendurch kleine Wäsche erledigt wurde«[31]

Es ist eine sehr konservative und zugleich verstörende Szene. Denn wenn Aufklärung und Kochen – oder Elternschaft oder ganz allgemein nichtentlohnte Arbeit – keine antagonistischen Widersprüche sind, dann sind es die Freiheit, die Demokratie und die starken, nicht ganz freiwilligen sozialen Bindungen vielleicht auch nicht. Möglicherweise hat Dostojewski recht, wenn er sagt, dass der Bruch mit der Vergangenheit und die Ausrufung der Stunde null beste Voraussetzungen für den Terror schaffen. Aber das bedeutet nicht, dass wir alles andere behalten, dem König unsere Referenz erweisen, dem Vater gehorchen und vor dem Priester niederknien müssen. Wir können, weil wir es gelernt haben, aufeinander aufpassen, ohne uns zu unterwerfen.

Und das ist im Übrigen auch ein Weg, den eine Handvoll Revolutionäre, Männer und Frauen, einschlugen. Ein Freund Buenaventura Durrutis, des aragonischen Anarchisten der dreißiger Jahre, erinnert sich:

> Ich sehe seinen Heroismus nicht so sehr in dem, was in den Zeitungen gestanden hat, sondern vor allem in seinem täglichen Leben. Das wissen natürlich nur die wenigsten, das wissen nur die, die ihn vom Café an der Ecke, von zu Hause oder vom Gefängnis her kennen.
> Durch Durrutis Hände sind Millionen gegangen, und doch habe ich ihn die Brandsohlen seiner Schuhe zusammenflicken sehen, weil er kein Geld hatte, um sie zum Schuster zu geben. Manchmal hatte er nicht einmal das nötige Kleingeld, um sich einen Kaffee zu bestellen, wenn wir uns in einer Bar trafen. Wenn man zu ihm kam, hatte er oft eine Schürze um, weil er gerade beim Kartoffelschälen war. Seine Frau arbeitete. Es machte ihm nichts aus; er kannte keinen Männlichkeitswahn und fühlte sich durch die Hausarbeit nicht in seinem Stolz verletzt. Am andern Tag nahm er die Pistole und ging auf die Straße, um es mit einer Welt der sozialen Repression aufzunehmen. Er tat es mit der gleichen Selbstverständlichkeit, mit der er am Abend zuvor die Windeln seiner kleinen Tochter Colette gewechselt hatte.[32]

Es steckt etwas sehr Wahrhaftes und Bewegendes in dem Bild der Lady Garth, die Kuchen bäckt, während sie Grammatik unterrichtet, oder von Durruti, der mit der Pistole im Gürtel Windeln wechselt. Dieser unerwartete Zwischenraum, der dort entsteht, wo die Hausfrau einer bürgerlichen und extrem konservativen Familie des ländlichen viktorianischen Englands und der bewaffnete anarchistische Analphabet aufeinandertreffen, birgt möglicherweise eine wichtige politische Lektion.

4. Fließband und Montage

Die Lehrbuchinterpretation des Hesiod-Gedichts *Werke und Tage* geht in etwa so: »Ah, die jungen Leute wollen nicht arbeiten ... Pech gehabt. Was anderes gibt's nicht.« Und tatsächlich liest sich Hesiod manchmal wie ein führendes Mitglied des Arbeitgeberverbandes, der statt seinem Glas Brandy nach dem Essen einen Trip geschluckt hat: »Aber der Tugend Besitz steht voran schweißtreibende Arbeit, nach der Unsterblichen Rat, und langhin dehnet der Pfad sich, steil und rauh vorerst.«[1]

Man muss arbeiten. Ende der Diskussion.

Der Clou besteht darin, dass wir mit dem Begriff der »Arbeit« eine Vielzahl von Dingen beschreiben, die nichts miteinander zu tun haben. Hesiod schrieb *Werke und Tage* um das Jahr 700 v. Chr., also zu einer Zeit, in der die Macht der Aristokratie, welche die Stadtstaaten beherrscht hatte, zu verfallen begann und eine komplexere gesellschaftliche Ordnung sowie neue politische Institutionen entstanden. An manchen Stellen spielt Hesiods Gedicht auf diese aufkommende neue Realität an. Vor allem jedoch ist es ein nostalgischer Text, der in Verbindung mit einer jahrtausendealten, vor das dunkle Zeitalter und die dorische Invasion zurückreichenden Tradition steht: die Welt der mediterranen Agrargesellschaften, deren Leben dem Ernterhythmus folgte und in denen die Jahreszeiten der Arbeit den Takt vorgaben.

Im Allgemeinen wechseln sich dort, wo die Menschen keiner äußeren, den Arbeitsprozess kontrollierenden Autorität unterworfen sind, Phasen hoher Arbeitsintensität sowie starker körperlicher Belastung (etwa beim Mähen mit einer Sense) und deutlich weniger anstrengende Phasen ab. Vielerorts werden beispielsweise Aufgaben, die im Haus oder auf dem Hof verrichtet werden können, nur im Winter erledigt, wenn es kalt oder regnerisch ist. In den Gesellschaften vor der neolithischen Revolution war das noch ausgeprägter. Nach Ansicht einiger Anthropologen widmeten die Jäger- und-Sammler-Gemeinschaften täglich nur zwei Stunden der produktiven Arbeit und versuchten, auf ein oder zwei Arbeitstage jeweils ein oder zwei Tage Ruhetage folgen zu lassen.

Vor allem jedoch ist die Arbeit, von der Hesiod spricht, ausgesprochen vielfältig. Wenn er die Aufgaben beschreibt, um die sich ein fleißiger Bauer zu kümmern hat, liest sich das, als gehe er das Organigramm eines transnationalen Nahrungsmittelkonzerns durch: pflügen, säen, mähen, Reben schneiden, Gebäude errichten, Werkzeuge herstellen, Holz fällen und bearbeiten, Pflüge bauen, das Vieh hüten, Schafe scheren, Wolle spinnen, Futter suchen, Hunde dressieren, Brotteig kneten, Getreide einlagern etc. Die Vorstellung, dass ein Mensch dreißig Jahre seines Arbeitslebens ausschließlich einer einzigen, sehr einfachen Aufgabe nachgehen könnte oder sollte, die, für sich genommen, zudem völlig nutzlos ist, wäre jedem Mitglied einer vorindustriellen Gesellschaft absurd erschienen. Heute dagegen ist die komplexe traditionelle Arbeit von früher zum Aussterben verdammt.

Ainielle ist ein verlassenes Pyrenäendorf nördlich von Huesca. In den späten sechziger Jahren lebte dort noch eine Handvoll alter Leute. Der letzte von ihnen ist Andrés de Casa Sosas, ein Hirte, der in einem sehr strengen Winter, vereinsamt und von Krankheit gezeichnet, sein Ende nahen spürt und sich sein Leben noch einmal in Erinnerung ruft, bevor er sich schließlich daranmacht, das eigene Grab auszuheben. Er erinnert sich an seine Frau Sabina, die der Trostlosigkeit zehn Jahre zuvor nicht länger standhalten konnte und sich in der Mühle erhängte. Aber auch an die vorangegangenen Versuche, den Verfall des Dorfes, als dort noch zwei weitere Familien lebten, mit großem Arbeitsaufwand aufzuhalten:

> Gemeinsam reinigten wir die Wehre, jäteten das Unkraut in den Gärten und auf den Straßen, reparierten die Mauern und die Holzzäune oder stützten gelegentlich sogar Balken ab und verputzten Risse in den Häusern, die bereits einzustürzen drohten. Es waren schwierige Jahre der Einsamkeit und der Verzweiflung. Aber auch, und vielleicht gerade deshalb, Jahre, die in uns einen bis dahin nicht gekannten Sinn für Solidarität und Freundschaft weckten.[2]

Seit dem Tod von Andrés, über den Julio Llamazares in *Der gelbe Regen* schreibt, sind fünfzehn Jahre vergangen: Im Vorfeld der ersten demokratischen Wahlen in

Spanien reist das Wahlkampfteam einer linken Partei durch eine abgelegene Region im Norden Kastiliens. Die Gruppe, die aus zwei Kandidaten – Víctor Velasco und Laly – und einem jüngeren Parteimitglied besteht, kommt nach Curueña, ein Dorf, in dem nur noch drei Menschen leben: ein Achtzigjähriger namens Cayo, seine gehörlose Frau und ein weiterer Nachbar, mit dem die beiden nicht sprechen. Der Schriftsteller Miguel Delibes, der diese Geschichte erzählt, beschreibt Cayo als einen Bauern mit blauen Augen, Cordhose und Baskenmütze. Cayo und seine Frau sind praktisch autark, was Víctor Velasco tief beeindruckt. Stunden später erläutert er, sturzbetrunken, einem höheren Parteifunktionär namens Dani, warum:

> »Stell dir vor, die verdammten Amerikaner schlagen eines Tages mit so was wie einer Neutronenbombe zu, einer Bombe, die tötet, aber nicht zerstört, okay? Das ist die Ausgangssituation: Die Bombe tötet alle außer diesen Señor Cayo und mich, verstehst du? Ich weiß, das ist eine absurde Hypothese, aber sie macht klar, worum es geht, Dani. Wenn das passieren würde, müsste ich schleunigst nach Curueña, vor diesem Cayo niederknien und ihn anflehen, mir etwas zu essen zu geben, verstehst du?« Er schluchzte fast. »Cayo könnte ohne Víctor leben, aber Víctor könnte nicht ohne Señor Cayo leben. Also, auf welcher Grundlage bitte soll ich so einen Typen um seine Stimme bitten, Dani, kannst du mir das erklären?«[3]

Es ist eigenartig. Letztlich erinnern diese alten Bauern, die allein in ihren Dörfern zurückgeblieben sind, an Filme über die Angehörigen von Spezialeinheiten, die, auf sich gestellt, unter extrem feindlichen Bedingungen überleben können. Oder wie es in *Auf brennendem Eis* über die von Steven Seagal verkörperte Figur heißt: »Den Typen setzt du in Unterhosen und nur mit einer Zahnbürste am Nordpol aus, und morgen Nachmittag kommt er mit einem breiten Grinsen und einer Tasche voller Geld zurück.« Für die Bauern gilt dasselbe, nur dass es am Ende weder Geld noch ein Happy End gibt.

James Dickey griff diese Idee in *Flucht zum weißen Meer* auf, einem Roman, der in den letzten Monaten des Zweiten Weltkriegs spielt, als die US-Amerikaner Japan mit Brandbomben übersäten. Eine B-29 – ein schwerer Langstreckenbomber – wird über Tokio abgeschossen. Nur Sergeant Muldrow überlebt die Bruchlandung. Er gehört keiner Spezialeinheit an, ist vielmehr ein einfacher MG-Schütze; dennoch gelingt es ihm, sich bis auf die Insel Hokkaido im hohen Norden Japans durchzuschlagen, wo er sich in den schneebedeckten Bergen verstecken will. Muldrow ist in Alaska aufgewachsen, auf der Nordseite der Brooks-Berge:

> Solange ich mich erinnern kann, habe ich in Schneeschuhen gesteckt, außer im Sommer, und der ist da oben in der Brooks Range mächtig kurz. Ich habe mein ganzes Leben gejagt und Fallen gestellt. Mein Vater hatte jede Menge davon, und ich lief sie immer wieder ab, jahrelang.[4]

In den Bergen von Hokkaido jagt Muldrow mit einem selbstgebauten Speer, macht mit Feuersteinen Feuer und fertigt sich selbst einen Mantel aus Federn.

In *El disputado voto del señor Cayo* sagt Víctor immer wieder: »Dieser Typ, verdammt, ist wie Gott, aus nichts macht er Gegenstände.« Die Fähigkeit, etwas selbst herzustellen, wirkt heute bewundernswert, fast übernatürlich auf uns. Doch in der Menschheitsgeschichte war sie Zehntausende Jahre lang der Normalfall.

In einem zu ihren Lebzeiten unveröffentlichten, aber danach sehr einflussreich gewordenen Text – der *Deutschen Ideologie* – schreiben Marx und Engels, »in der kommunistischen Gesellschaft« werde niemand »einen ausschließlichen Kreis der Tätigkeit« haben, »sondern sich in jedem beliebigen Zweige ausbilden« können; »die Gesellschaft [werde] die allgemeine Produktion« regeln und es »mir eben dadurch möglich« machen, »heute dies, morgen jenes zu tun, morgens zu jagen, nachmittags zu fischen, abends Viehzucht zu treiben, nach dem Essen zu kritisieren, wie ich gerade Lust habe, ohne je Jäger, Fischer, Hirt oder Kritiker zu werden«.[5]

Viele Marxisten haben diese These leicht verschämt unterschlagen, als handele es sich um einen romantischen Anfall zweier krankhaft naiver Autoren. Gewiss hatten Marx und Engels nicht im Sinn, dass sich Ladenbesitzer oder Versicherungsvertreter gelegentlich einmal als Chirurgen verwirklichen sollten, um herauszufinden, wie es sich anfühlt, am offenen Herzen zu operieren. Es ging ihnen vielmehr um ein Verständnis der Arbeit, das noch wenige Jahrhunderte zuvor praktisch universell gewesen war. Sie schlugen die Rückkehr zu einem Begriff der überlebensnotwendigen Tätigkeiten vor, den der Kapitalismus beseitigt hatte, der sich aber bei der geringsten Unachtsamkeit der Vorarbeiter wieder durchsetzte.

In den frühen achtziger Jahren des 20. Jahrhunderts arbeitet Ben Hamper als Nieter in einer Fabrik von General Motors in Flint, Michigan. Die gesamte ökonomische und soziale Struktur der Stadt wird von der Fabrik bestimmt. Schon Hampers Vater, sein Großvater und seine Onkel haben in dem Werk gearbeitet, ihr Leben verlief über Jahrzehnte wie eine Haftstrafe im unerbittlichen Rhythmus des Fließbands. Deshalb hat Hamper in seiner Jugend davon geträumt, dem Fluch der Fabrik zu entkommen. Doch am Ende gibt er – alkoholabhängig, geschieden und in Anbetracht der Rezession ohne Aussichten auf einen anderen Job – auf und heuert bei General Motors an:

> Ich wurde der Innenraumfertigung zugeteilt, die im Volksmund als der Dschungel bekannt war. Die Häftlinge, die dort schon ihr ganzes Leben malochten, erklärten mir, dass der Dschungel auf einer Skala von eins bis zehn (wobei eins das Zentrum von Pompeji und zehn das Sommerhaus von Roger Smith, dem Vorstandsvorsitzenden von General Motors, war) bei minus sechs liegen würde.[6]

Es ist nicht schwer zu verstehen, warum sie dem Ort diesen Namen gegeben haben. Überall in der Werkshalle hängen miteinander verknotete Kabel, Drähte und Gummileitungen herum, Funken fliegen umher, der Lärm ist ohrenbetäubend (»es hörte sich an, als würden es Züge miteinander treiben«). Aber das Grauen verblasst in Anbetracht der grenzenlosen Langeweile, des Schwindelgefühls, das sich einstellt, wenn man daran denkt, über Stunden, Wochen, Monate und Jahre hinweg die immer gleichen Arbeiten verrichten zu müssen ... Deshalb haben die Beschäftigten die Vereinbarung getroffen, dass ein Arbeiter am Fließband zwei Tätigkeiten gleichzeitig übernehmen soll. Auf diese Weise kann sich, während der eine in einem wahnwitzigen Tempo arbeitet, das immerhin keine Langeweile aufkommen lässt, der andere ausruhen, lesen, betrinken oder auch einfach nur schlafen.

> Diese Form der Teamarbeit wurde *double-up* genannt, eine altehrwürdige Tradition in unserem Laden, die viel zur Verringerung der Langeweile beigetragen hatte [...]. Wir schafften schnell die Eine-Stunde-Arbeit-eine-Freizeit-Regel ab und wandten uns der höchsten Form des *double-up* zu: eine Schichthälfte Arbeit, die andere frei. Das bedeutete, dass man nur vier oder fünf Stunden in der Fabrik verbringen musste, den ganzen Tag bezahlt bekam und das Chaos bei Sonnenuntergang hinter sich zurücklassen konnte.[7]

Gegen die monströse Monotonie des Fließbandes begehrt im tiefsten Inneren unserer Körper etwas auf. Mitten im hoch entwickelten Kapitalismus konspirieren Automobilarbeiter gegen das Unternehmen, damit auf Tage hoher Arbeitsintensität ähnlich lange Ruhezeiten folgen, das heißt, sie sorgen dafür, dass ihr Arbeitsrhythmus jenem von Jäger-und-Sammlergesellschaften ähnelt. Das Arbeitsideal der Malocher von General Motors ist dasselbe wie das der Buschmänner in der Kalahari. Huscht da auf meiner Ausgabe der *Deutschen Ideologie* ein ironisches Lächeln über die Gesichter von Marx und Engels?

Und sind in alter Zeit jene Füße
Über Englands grüne Berge gewandelt?
Und ward das heilige Lamm Gottes
Auf Englands lieblichen Auen gesehen?

Und strahlte das göttliche Antlitz
Hervor auf unsere umwölkten Hügel?
Und wurde Jerusalem hier erbaut
Inmitten dieser dunklen teuflischen Mühlen?

Bringt mir meinen Bogen aus brennendem Gold –
Bringt mir meine Pfeile des Verlangens –
Bringt mir meinen Speer: O ihr Wolken teilt euch!
Bringt mir meinen Streitwagen aus Feuer.

Ich werde vom geistigen Kampf nicht lassen
Noch soll das Schwert ruhen in meiner Hand,
Bis wir Jerusalem errichtet haben
in Englands grünem und lieblichem Land.

William Blake schrieb diese Verse 1804 im Vorwort zu *Milton*, dem vorletzten seiner *Prophetic Books*. Sie erzählen davon, wie Jesus Christus in England wiederkehrt, um die Schrecken der industriellen Revolution durch ein Königreich des Friedens und der Harmonie zu ersetzen; die auch unter dem Titel »Jerusalem« bekannte Hymne gehört zu Blakes Spätwerk, in dem er eine sehr komplexe, biblisch und politisch inspirierte poetische Mythologie entwickelt und dem auch das bereits 1791 geschriebene Gedicht »The French Revolution« zählt. Blake war ein radikaler Verfechter der politischen Emanzipation und ein unerbittlicher Kritiker von Ungleichheit und Sklaverei. Bei den in »Jerusalem« erwähnten teuflischen Mühlen handelt es sich mit großer Wahrscheinlichkeit um die Albion Mills, eine 1786 eröffnete Fabrik. In dieser ersten mit Dampfmaschinen betriebenen Mühle Londons konnten pro Woche 6000 Scheffel Mehl hergestellt werden. Blake wohnte ganz in der Nähe der Mühle, in den am Themseufer gelegenen Hercules Buildings, so dass er Augenzeuge des Brandes geworden sein muss, der die Fabrik 1791 zerstörte. Die traditionellen Müller Londons bejubelten dieses Ereignis; auf einer zeitgenössischen Illustration ist ein Dämon zu sehen, der sich in der Fabrik versteckt hat.

Die Teilung und Rationalisierung der Arbeit wird oft als unvermeidliches Nebenprodukt des technischen Fortschritts verstanden. Mögen Sie elektrisches Licht? Fernsehen? Eiswürfel? Sie wollen nicht auf Viehkarren reisen oder auf Strohmatten schlafen? Dann haben Sie keine andere Wahl: Sie sind dazu verurteilt, einen Teil Ihres Lebens stumpfsinnigen Tätigkeiten zu widmen oder zumindest hinzunehmen, dass andere das tun.

Nun, das mag stimmen; vielleicht aber auch nicht. Fest steht auf jeden Fall, dass die historische Abfolge genau andersherum verlief. Ökonomen stellen sich die Industrialisierung gerne als das Resultat einer glücklichen Verbindung zwischen Spitzenwissenschaftlern und kühnen Unternehmern vor, doch die Wahrheit ist, dass die Technowissenschaften in diesem Prozess keine allzu wichtige Rolle spielten. Die ersten industriellen Entwicklungen gingen nicht über das technologische Niveau hinaus, auf dem sich spezialisierte Handwerker bewegten. Bis weit in das 19. Jahrhundert hinein gab es keine systematische Verbindung zwischen angewandter Wissenschaft und Produktivitätssteigerung.

Die wichtigsten Innovationen der industriellen Revolution betrafen die Arbeitsorganisation. Zumindest anfangs zeichnete sich das Fabriksystems nicht durch die Zentralität der Maschinen, sondern durch Disziplinierung und die extreme Zergliederung der Arbeitsabläufe aus. Die Maschinen wurden einerseits eingeführt, um die Produktivität zu steigern; andererseits sollten damit traditionelle ökonomische Vereinbarungen gebrochen und eine neue Arbeitsordnung durchgesetzt werden. Die Arbeitsbedingungen in den Textilfabriken, die zu Speerspitzen der Mechanisierung wurden, waren fürchterlich; vor allem jedoch verwandelten sie Handwerker in abhängige, ihrer Verhandlungsmacht beraubte Arbeiter. Was wir heute als »Maschinenstürmerei« bezeichnen, war eine Serie von Volksaufständen, die England zwischen 1811 und 1817 erschütterten; sie standen im Zusammenhang mit den sozialen Verwerfungen am Ende der napoleonischen Kriege, einer schweren Wirtschaftskrise, der Verbreitung jakobinischer demokratischer Ideale in England und vor allem mit dem Vormarsch neuer Industrien. Heute stellen wir uns den Luddismus als eine naive, primitive Bewegung vor, deren Anhänger Maschinen wie die in der Albion Mills zwanghaft zerstören wollten. Die Ludditen waren jedoch keine vergangenheitsverliebten Technikfeinde.

Im Gegenteil handelte es sich vielmehr um scharfsinnige Aktivisten, deren Angriffe nicht den Maschinen als solchen, sondern der Transformation der gesellschaftlichen Bedingungen galten, unter denen der technische Wandel vollzogen wurde. Sie kämpften nicht nur gegen die Zerstörung traditioneller sozialer Bindungen durch das neue Produktionssystem, sondern auch für soziale Reformen wie die Einführung des Mindestlohns, die Beschränkung der Kinderarbeit oder das gewerkschaftliche Organisationsrecht. Sie wollten etwas von der kollektiven Vergangenheit bewahren und gleichzeitig die neuen Arbeitsprozesse demokratisieren, die mit der Industrialisierung in Gang gekommen waren.

Die Revolten der Maschinenstürmer entfalteten zu Beginn des 19. Jahrhunderts eine große Wirkung auf die bürgerliche englische Öffentlichkeit. Sie galten als äußerst ernste Bedrohung der gesellschaftlichen Ordnung, weshalb man Gesetze erließ, die für die Sabotage von Maschinen die Todesstrafe vorsahen. Nur wenige Angehörige der Oberschicht schlugen sich auf die Seite der Ludditen. Einer von ihnen war Percy Shelley, ein romantischer Dichter, der für seine radikalen politischen Ansichten bekannt war und sich an einem Solidaritätsfonds für die Angehörigen der zum Tode verurteilten Ludditen beteiligte. 1812 feierte Lord Byron, ein weiterer romantischer Dichter aristokratischer Herkunft, ein vielbeachtetes Debüt im House of Lords, als er eine flammende Rede zur Verteidigung der Maschinenstürmer hielt. Einige Jahre später, nämlich 1816, sollte er ein Gedicht mit dem Titel »Song for the Luddites« schreiben.

1816 verbrachte Byron den Sommer in einer Villa am Genfer See. Er lud Percy Shelley ein, der in Begleitung seiner Frau Mary kam, mit deren Schwester Byron eine Affäre gehabt hatte. Infolge von Vulkanausbrüchen in Indonesien fielen die Sommer dieser Jahre in Europa sehr kalt aus, so dass Byron und seine Gäste einen Großteil der Zeit in ihrer Villa verbringen mussten. Eines Nachts, nachdem er die *Fantasmagoriana*, eine Sammlung deutscher Gespenstergeschichten, gelesen hatte, forderte Byron die Shelleys und andere Gäste auf, selbst Horrorgeschichten zu verfassen. Mary Shelley reagierte nicht sofort, aber Byrons Aufforderung führte einige Jahre später zu *Frankenstein oder Der moderne Prometheus*.

Victor Frankenstein, ein junger Schweizer, studiert Naturwissenschaften an der für ihre medizinische Fakultät berühmten Universität Ingolstadt. Frankenstein, der sich in seiner Jugend mit Alchemie beschäftigt hat, begeistert sich für die Möglichkeit, ein Lebewesen im Labor zu erschaffen. Nach langen Monaten fieberhafter Arbeit gelingt ihm das Vorhaben tatsächlich, doch sofort bemerkt er seinen Fehler. Er betrachtet die von ihm erschaffene groteske Kreatur mit Abscheu und verlässt das Labor in einer Art Schockzustand. Als er zurückkehrt, ist das Monster verschwunden, und Frankenstein versucht, in sein altes Leben zurückzukehren und alles zu vergessen – vergeblich: Die Kreatur lässt ihn nicht los, sie verfolgt ihn, tötet seinen jüngeren Bruder, seine Frau und seinen besten Freund ... Nach einiger Zeit trifft er das Monster wieder. Es kann mittlerweile sprechen und sich seinem Schöpfer erklären. Tatsächlich ist das Wesen überaus intelligent: Es hat Werke wie John Miltons *Das verlorene Paradies* und Plutarchs *Parallelbiografien* gelesen – und entpuppt sich als ziemlich gutmütig. Während seiner ersten Lebensmonate half es einer Not leidenden Familie und rettete ein Mädchen vor dem Ertrinken. Aber trotz seiner guten Taten wurde ihm nur Ablehnung zuteil; es hat Zurückweisung, Angriffe, Unrecht und schließlich Einsamkeit erlebt. Als die Kreatur erkennt, dass zwischen ihr und den Menschen immer eine unüberbrückbare Kluft bleiben wird, beginnt sie zu morden und zu zerstören. Doch selbst jetzt ist sie noch bereit, einen Waffenstillstand zu schließen, wenn ihr Schöpfer ihre Einsamkeit lindert:

> Bedenke, du hast mich mächtiger geschaffen als dich selbst; ich bin größer als du; ich bin kräftiger, meine Gelenke sind biegsamer. Aber ich will mich nicht dazu verleiten lassen, mich gegen dich zu stellen. Ich bin deine Kreatur und ich will meinem naturgegebenen Herrn und König gegenüber sanft und nachgiebig sein, wenn auch du den Teil, den du mir schuldest, erfüllen wirst [...]. Ich hatte ein edles Herz und war gut; das Elend hat mich zu einem Dämon gemacht. [...] Ich bin allein und elend, kein Mensch will mich zum Gefährten; aber ein Wesen, das ebenso entstellt und gräßlich wie ich selber sein würde, würde sich mir nicht entziehen. Meine Gefährtin muß von der gleichen Art sein, die gleichen elenden Mängel haben. Dieses Wesen mußt du schaffen.[8]

Mary Shelleys Roman wird oft als eine Kritik an moderner Wissenschaft und technischer Selbstüberschätzung verstanden. Und einiges davon steckt sicherlich auch in dem Werk. Darüber hinaus ist es jedoch eine Auseinandersetzung mit den neuen gesellschaftlichen Verhältnissen, welche der aufstrebende Kapitalismus in der Arbeitswelt Großbritanniens hervorgebracht hat. Beschreibungen des Proletariats als Monster – eine Hydra, ein Leviathan etc. – waren unter den britischen Eliten mindestens seit dem 17. Jahrhundert weitverbreitet. »Ich, der Unglückliche, Verlassene, bin eine Mißgeburt, die man verachten, herumstoßen, zertrampeln kann. Sogar jetzt noch kocht mir das Blut, wenn ich an diese Ungerechtigkeit denke«, sagt Frankensteins Kreatur.[9]

Die Gewalttätigkeit des Monsters ist nicht technischen oder natürlichen, sondern sozialen Ursprungs. Sie setzt ein, als das Wesen entdeckt, dass es jeder Verbindung zu den Menschen entbehrt und dazu verdammt ist, von einer Gesellschaft herumgestoßen zu werden, in der Beziehungen zu ihm als unschicklich gelten. Das Monster ist stärker, schneller und widerstandsfähiger als jeder Mensch. Aber diese gesteigerte Kraft hat ihren Preis: Das Fehlen gemeinsamer, Sinn stiftender Normen führt zu Chaos und Zerstörung.

Wie das maschinenstürmerische Proletariat fordert auch das Monster von seinem Schöpfer, dass dieser ihm würdige Lebensbedingungen garantiert und seine Verpflichtungen anerkennt. Und wie Victor Frankenstein waren auch die britischen Eliten von Angst, Wut und Rachegelüsten geblendet. Die oberen Klassen betrachteten die neue Ökonomie mit einer Mischung aus Ehrgeiz und Schrecken. Sie wollten die Profitmöglichkeiten nutzen, die ihnen der Kapitalismus bot, misstrauten jedoch den Auswirkungen der von ihm geschaffenen Arbeitsprozesse. Sie befürchteten, das neue System werde gewaltsame soziale Kräfte unvorhersehbaren Ausmaßes entfesseln. Die Erinnerung an die Bastille war noch frisch.

Genau genommen war die Art der Arbeit, die in den Fabriken vorherrschte, keineswegs neu. Es gab eine Gruppe, die schon seit langer Zeit unter einer extremen Zergliederung der Arbeitsprozesse, grauenvollen Arbeitsbedingungen und paramilitärischer Disziplin litt: die in den Kolonien arbeitenden Sklaven.

Im *Kapital* erinnert Marx an die Geschichte von Mr. Peel, einem englischen Geschäftsmann, der ein Schiff mit Werkzeug, Material und mehreren hundert Arbeitern chartert. Sein Ziel ist Swan River in New Holland. Doch als die Expedition im Hafen anlegt, stellen die Arbeiter fest, dass dort im Überfluss Land vorhanden ist und sie sich auf eigene Faust durchschlagen können, anstatt als Lohnabhängige zu arbeiten. So verliert Peel nicht nur seine Arbeiter, sondern hat am Ende nicht einmal mehr einen Diener, der ihm das Bett macht.

Die Lösung, welche die protokapitalistischen Siedler für dieses Problem entwickelten, war die Zwangsarbeit. Es handelt sich um eine limitierte Quelle der Arbeitskraft: Sie erfordert einen hohen Einsatz von Zwangsmaßnahmen, führt zu extrem niedriger Motivation und ist für Arbeitsabläufe, die komplexe Fähigkeiten erforderlich machen, nicht sonderlich gut geeignet. Auf den großen Baumwoll-, Zucker- und Tabakplantagen bewährte sie sich allerdings. Dort ließ die Arbeit sich leicht in einfache, sehr harte und extrem monotone Tätigkeiten zerlegen, so dass die Vorarbeiter sich darauf konzentrieren konnten, die Arbeitskraft der Sklaven maximal auszupressen.

Sklaverei ist kein Überbleibsel der Antike, sondern zentraler Bestandteil der kapitalistischen Entwicklung selbst. Zu Beginn der Moderne besaß der Sklavenhandel in den westlichen Volkswirtschaften keine zentrale Bedeutung. Es war die Industrialisierung, die zu einer beispiellosen Expansion des Menschenhandels führte. Zwischen dem 17. und dem späten 19. Jahrhundert wurden etwa vierzehn Millionen Menschen versklavt und in andere Teile der Welt verschleppt, wo sie unter entsetzlichen Bedingungen arbeiten mussten. Die Ersten, die in Massen unterworfen und zur Arbeit gezwungen wurden, waren die amerikanischen Ureinwohner. Auf Dauer funktionierte diese Strategie zur Mobilisierung von Humankapital jedoch nicht so recht. Die Bewohner der Karibik hatten die lästige Angewohnheit, einfach massenhaft zu sterben. Als Christoph Kolumbus in Amerika eintraf, lebten dort etwa siebzig Millionen Menschen. Hundert Jahre später waren neunzig Prozent der Urbevölkerung durch Krankheiten, Hunger und Zwangsarbeit vernichtet.

Ihre unmittelbaren Nachfolger waren arme europäische Arbeiter: Hunderttausende ihres Landes beraubte Europäer unterzeichneten Verträge, die sie zur Zwangsarbeit in den Kolonien verpflichteten. In anderen Fällen handelte es sich bei den Leibeigenen um europäische Sträflinge: Männer, Frauen und Kinder, die geringfügiger Armutsvergehen wie des Diebstahls von Kleidern und Nahrungsmitteln oder der Bettelei beschuldigt wurden. Ein einträgliches Geschäft, das Ende des 17. Jahrhunderts in den noch lukrativeren Handel mit afrikanischen Sklaven mündete.

In den Institutionen der kolonialen Sklaverei wurde die industrielle Arbeitsorganisation erprobt. Das spanische Wort für Arbeit, *trabajo*, stammt von dem Begriff *tripalium* für ein aus drei Stangen bestehendes Joch, an das man im antiken Rom Sklaven fesselte, um sie zu foltern. Auf ähnliche Weise entstand, fernab der europäischen Metropolen – nämlich in den Kolonien –, auch jene Art von Arbeit, die uns heute legitim und normal erscheint, eine Entwicklung, die praktisch zwangsläufig von den Plantagen zum Fließband führte. Der Kapitalismus und die modernen Arbeitsprozesse sind insofern eng mit der Expansion des europäischen Kolonialismus ab dem frühen 16. Jahrhundert verquickt.

Es heißt, in jener Zeit sei ein Schiff mit Antonio, dem Herzog von Mailand, und Alonso, dem König von Neapel, an Bord während eines schrecklichen Sturms vor einer Insel auf Grund gelaufen. Ausgelöst hat das Unwetter Prospero, ein Zauberer, der mit seiner Tochter Miranda bereits seit zwölf Jahren auf dieser Insel lebt. Tatsächlich ist Prospero der jüngere Bruder von Antonio, der sich einst mit Alonso verschwor, um Prospero vom Mailänder Thron zu stürzen und ihn aus der Stadt zu verbannen.

Als Prospero erfuhr, dass die Thronräuber in der Nähe der Insel segelten, rief er den Luftgeist Ariel an, der Winde und Wellen beherrschte. Ariel ist Prospero zu Diensten, weil dieser den Geist, der einst von einer Hexe in einer gespaltenen Kiefer eingeschlossen wurde, befreit hat. Die Hexe hieß Sycorax, und als Strafe für ihre Bosheit wurde sie schwanger auf der Insel ausgesetzt. Sycorax ist mittlerweile gestorben, ihr Sohn Caliban hat jedoch überlebt und Prospero und Miranda beigebracht, wie man auf der Insel überlebt. Aber als Caliban später versuchte, Miranda zu vergewaltigen, wurde er von Prospero versklavt, weshalb nun offene Feindschaft zwischen den beiden herrscht.

CALIBÁN
Dieses Eiland
ist mein, von meiner Mutter Sycorax,
Das du mir wegnimmst. Wie du erstlich kamst, da streicheltest du mich und hieltst auf mich, gabst Wasser mir mit Beeren drein und lehrtest das große Licht mich nennen und das kleine, die brennen tags und nachts; da liebt' ich dich und wies dir jede Eigenschaft der Insel:
Salzbrunnen, Quellen, fruchtbar Land und dürres.
Fluch, daß ich's tat, mir! Alle Zauberei der Sycorax, Molch, Schröter, Fledermaus, befall' Euch! Denn ich bin, was Ihr habt an Untertanen, mein eigner König sonst; und stallt mich hierin diesen harten Fels, derweil Ihr mir den Rest des Eilands wehrt.

PROSPERO.
Du lügnerischer Sklav' [...]
Schaff Holz her, und sei hurtig, rat' ich dir, um andres noch zu leisten!
Zuckst du, Unhold?
Wenn du versäumest oder ungern tust, was ich befehle, foltr' ich dich mit Gichtern, füll' dein Gebein mit Schmerzen, mach' dich brüllen, daß Bestien zittern vor dem Lärm.[10]

Der Sturm, 1610 geschrieben, ist das letzte Stück William Shakespeares und von Geschehnissen inspiriert, die sich ein Jahr zuvor ereignet hatten: Ein Schiff mit dem neu ernannten Gouverneur von Virginia an Bord war in einem Sturm vor Bermuda gesunken. Shakespeare überträgt dieses für die jungen amerikanischen Kolonien typische Szenario auf eine Mittelmeerinsel.

Der Name Caliban ist höchstwahrscheinlich ein Anagramm des Wortes »Kannibale«, das wiederum von den *caribes* abgeleitet ist, jenen Völkern, die damals auf den Antillen und im Norden Venezuelas sowie Kolumbiens lebten. Caliban ist monströs, heimtückisch und gefährlich – für den Prozess der Aufklärung bleibt er unempfänglich. Und er verbündet sich sofort mit den beiden versoffenen Matrosen Trinculo und Stephano, Vertretern des proletarischen Pöbels, mit denen er gegen Prospero konspiriert. Caliban ist der Vertreter jener neuen Art von Knechtschaft, die in der kolonialen Vorgeschichte des Kapitalismus an Bedeutung zu gewinnen beginnt.

In dem Maße, wie der Kapitalismus heranreifte, verlor die Sklaverei als Arbeitsregime an Gewicht. Auf ihre Abschaffung folgte freilich ohne jeden Bruch eine Phase imperialer Expansion, wie sie die Welt zuvor noch nie erlebt hatte. Von den Anfängen der Industrialisierung bis 1875 hatte die wirtschaftliche und militärische Vorherrschaft der westlichen Länder kaum zur formalen Annexion von Territorien geführt. Im letzten Viertel des 19. Jahrhunderts jedoch teilten ein halbes Dutzend Staaten innerhalb kürzester Zeit ein Viertel des Planeten unter sich auf. Zum Zeitpunkt seines imperialen Zenits regierte England über ein Viertel der Menschheit und ein Fünftel der Landoberfläche. Das Gesetz des weißen Mannes eroberte die ganze Welt, selbst den Dschungel von Madhya Pradesh im Herzen Indiens.

Nachdem er der Zauberei beschuldigt und mit Steinen aus der Herde der Menschen vertrieben wurde, kehrt Mogli in den Dschungel und zu der Wolfsfamilie zurück, bei der er aufgewachsen ist. Er trägt eine wertvolle Trophäe bei sich: das Fell des Tigers Schir Khan, den er getötet und gehäutet hat. Er hängt es am Ratsfelsen auf und verkündet, dass er von den Menschen von nun an nichts mehr wissen wolle. Er werde nur noch im Dschungel jagen.

Doch eines Tages kreuzen sich seine Wege mit denen Buldeos, des Hauptjägers des Dorfes. Im Dickicht versteckt, hört Mogli, wie Buldeo einigen Köhlern erzählt, er habe den Auftrag, das Wolfskind zu töten. Die Dorfbewohner haben Moglis Eltern der Hexerei beschuldigt und in ihrer Hütte eingesperrt. Sobald er mit dem

Leichnam des Kindes zurückkehre, würden sie ein Geständnis aus den beiden herausfoltern und sie danach lebend verbrennen.

Mogli läuft ins Dorf und befreit seine Eltern, die gefesselt und brutal geschlagen wurden. »Wer hat das getan?«, fragte er. »Das ganze Dorf tat es«, antwortet sein Vater. »Zu reich war ich, besaß zu viele Rinder. Darum sind sie und ich Zauberer, und weil wir dir Obdach gaben.« Die Eltern fliehen aus dem Dorf Richtung Khanhiwara, eine sieben Meilen entfernte Stadt. Sie wird von Engländern beherrscht, die »nicht dulden, daß die Menschen totgeschlagen und verbrannt werden ohne ihre Erlaubnis. Wenn wir heute Nacht dorthin gelangen, werden wir leben. Sonst aber müssen wir sterben.«[11]

Mogli beruhigt sie: Sie könnten unbesorgt losziehen, kein Tier werde ihnen etwas antun. Sobald seine Eltern aufgebrochen sind, entfesselt Mogli den Zorn des Dschungels. Er bittet eine Elefantenherde um Hilfe und erklärt ihnen sein Vorhaben: Das Dorf soll ausradiert werden:

> Fortwandern sollen sie und sich ein neues Lager suchen. Nicht länger sollen sie hierbleiben! Das Blut der Frau, die mir Nahrung gab, habe ich gesehen und gerochen; und sie hätten die Frau getötet, wäre ich nicht gekommen. Nur der Duft frischen Grases auf den Schwellen ihrer Hütten kann diesen Geruch tilgen.[12]

Zehn Tage später haben Hirsche, Wildschweine und Antilopen in einem Umkreis von zwei Meilen um das Dorf alles zerstört. Die Gerstenfelder und Bewässerungsgräben sind verwüstet, die Wasserbüffel, die in der Umgebung des Dorfes nichts mehr zu essen fanden, sind in den Dschungel geflohen, die wenigen Pferde, die die Bauern besaßen, wurden von Raubtieren gerissen. Währenddessen haben die Elefanten die mit Kuhdung bedeckten Körbe zertrampelt, in denen das Saatgut aufbewahrt worden war. Bald begreifen die Dorfbewohner, dass sie keine andere Wahl mehr haben, als ihre Häuser zu verlassen und ebenfalls in Khanhiwara Zuflucht zu suchen, denn »schon verloren die Umrisse der Felder ihre Gestalt. Zeit war es jetzt, sich der Barmherzigkeit der Engländer in Khanhiwara anzuvertrauen.«[13]

In Rudyard Kiplings *Dschungelbuch* ist die Proletarisierung der Kolonien vor allem ein endogener Prozess. Die traditionellen Gesellschaften fallen der tödlichen Verbindung zwischen blutrünstigen primitiven Bräuchen und der Unfähigkeit, Naturkatastrophen mithilfe der Technik standzuhalten, zum Opfer. Als rettende exogene Kraft treten die Kolonisatoren in Erscheinung, bei denen die Eingeborenen auf der Flucht vor ihrem archaischen Unrecht und den Naturgewalten Zuflucht suchen.

Das *Dschungelbuch* erschien 1894, drei Jahre vor dem diamantenen Jubiläum, mit dem Königin Victoria den sechzigsten Jahrestag ihrer Thronbesteigung und den Höhepunkt der englischen Kolonialmacht feierte. Kipling steuerte zu den Feierlichkeiten, die im ganzen Empire stattfanden, eine berühmt gewordene imperialistische Ode mit dem Titel *The White Man's Burden* bei. In Indien fielen die Feiern bedauerlicherweise mit einer vom Ausbleiben des Monsuns ausgelösten Hungersnot und dem Ausbruch der Beulenpest zusammen, wodurch in den Jahren 1896/97 insgesamt elf Millionen Menschen starben. Selbstverständlich waren Naturkatastrophen und Seuchen in Indien – wie auch in Europa – nicht ungewöhnlich, aber unter der britischen Herrschaft waren ihre Folgen besonders dramatisch.

Die Merkantilisierung des Lebens sowie die Zerstörung von Subsistenzmitteln und traditionellen Institutionen stürzte die Inder in eine Tragödie gigantischen Ausmaßes. Die Einführung der Eisenbahn, die infiziertes Getreide transportierte, beschleunigte die Ausbreitung der Pest. Die englischen Arbeits-, Armen- und Waisenhäuser, die die Bedürftigen unterstützen sollten, verwandelten sich in von korrupten und rassistischen Beamten geführte Konzentrationslager, wo der Hungertod nur hinausgezögert wurde.

Doch die Kolonialmacht interpretierte die Lage genau umgekehrt. Das Massensterben in Indien war ihrer Ansicht nach ein Beweis für die Unfähigkeit der einheimischen Bevölkerung, sich selbst zu versorgen, und rechtfertigte die imperiale Unterwerfung als humanitäres Projekt, kämpften die britischen Beamten doch unermüdlich, um den Opfern der Hungersnot zu helfen. Im Jahre 1896 veröffentlichte Kipling im *Ladies Home Journal* unter dem Titel »William the Conqueror« einen

Text über diese Bemühungen. Die Erzählung wurde mit einer Zeichnung illustriert, auf der zu sehen ist, wie eine Gruppe Hunger leidender Kinder einem hochrangigen Offizier nachfolgt, der sie gerettet hat.[14]

Eine bemerkenswerte Episode in der Geschichte der kolonialen Pseudophilanthropie ereignete sich im September 1876, als König Leopold II. von Belgien Experten aus verschiedenen Ländern zu einem internationalen geografischen Kongress nach Brüssel einlud. Ihr Hauptaugenmerk galt der Diskussion von Maßnahmen, welche die europäischen Nationen ergreifen könnten, um der Geißel des Sklavenhandels in Afrika ein Ende zu setzen; daneben wurde auch erörtert, wie der Kontinent für die wissenschaftliche Erforschung und den Handel geöffnet werden könnte. Die Delegierten schlugen die Gründung einer Association Internationale Africaine (AIA) unter dem Vorsitz König Leopolds vor. Tatsächlich handelte es sich um den ersten Schritt einer langfristig angelegten Strategie, mit der der belgische Monarch seinem kleinen Land eine günstige Position im Kolonialwettlauf verschaffen wollte.

Eine entscheidende Rolle bei der Umsetzung von König Leopolds Plan spielte der Abenteurer Henry Morton Stanley, der sich einen Namen gemacht hatte, indem er den verschollenen Afrikaforscher und Missionar David Livingstone am Tanganjikasee aufspürte und den Kongo bis zur Meeresmündung hinunter fuhr. 1879 beschloss Leopold, eine weitere von Stanley geleitete Kongo-Expedition zu finanzieren. Offiziell diente die

Reise wissenschaftlichen Zwecken, doch in Wahrheit sollte Stanley die einheimischen Führer der erforschten Region dazu bewegen, einen Vertrag mit einer neuen Handelsgesellschaft zu unterzeichnen, der Association Internationale du Congo (AIC), deren Name nicht zufällig leicht mit der AIA verwechselt werden konnte. Dieser Vertrag würde die AIC zur Ausbeutung ihrer Gebiete ermächtigen, die dem Namen nach »Freistaaten« wurden. Stanley gelang es, mehr als dreihundert Stammeshäuptlinge entlang des Kongo zu überreden, ein absurdes Dokument zu unterschreiben, in dem diese sich in ihrem und im Namen ihrer Nachfolger verpflichteten, »den Territorien die Souveränität und die souveränen Rechte zu übertragen und sich der Konföderation gemäß zu vereinen und zu verbünden«.[15] Als Gegenleistung werde die AIC ihnen ein Stück Leinen pro Monat aushändigen.

Das Ergebnis war außerordentlich. 1884 erkannte die Berliner Konferenz, auf der die imperialen Mächte Afrika unter sich aufteilten, den neuen Freistaat Kongo – ein Gebiet, das mit zwei Millionen Quadratkilometern größer war als Mexiko – als persönliches Eigentum von König Leopold II. an. Es handelte sich eher um eine Handelsniederlassung als um eine Kolonie im traditionellen Sinne. Der Kongo wurde zu einem Privatunternehmen in persönlichem Besitz. Nie zuvor war der materielle Zusammenhang zwischen extremer Arbeitsdisziplin und räuberischem Kolonialismus so manifest geworden.

Wenn die Sklaverei das Reagenzglas ist, in dem die kapitalistischen Arbeitsmethoden erprobt wurden, dann stellte der Imperialismus das Instrument dar, um diese zu globalisieren. Im Verlauf des 19. Jahrhunderts entwickelte sich eine tiefe ökonomische Verflechtung zwischen Weltregionen, die noch kurz zuvor voneinander isoliert gewesen waren. Die Welt verwandelte sich in einen großen Markt, und auch die Arbeitsteilung nahm internationalen Charakter an. Die Kolonisierung führte zu regionaler Spezialisierung. Während die westlichen Metropolen die technisch anspruchsvollsten Tätigkeiten mit der größten Wertschöpfung für sich behielten, durften sich die kolonisierten Länder der Produktion von Rohstoffen widmen. Es war ein wenig, als habe sich die ganze Erde in ein Fließband verwandelt, an dem jedes Glied mit kleinen, nutzlosen und, für sich betrachtet, unverständlichen Tätigkeiten beschäftigt war. Im Extremfall stürzte sich ein ganzes Land wie im Fieberwahn auf die Produktion eines einzigen Rohstoffs.

1887 bespannte ein schottischer Tierarzt, um den Krach des Dreirads zu verringern, mit dem sein neunjähriger Sohn in die Schule fuhr, die Räder des Gefährts mit luftgefüllten Gummischläuchen. Sein Name war John Dunlop, und seine Erfindung löste einen Kautschukboom aus, der dramatische Folgen für Millionen von Menschen haben sollte. Kurz zuvor war es den Engländern gelungen, Samen des aus Südamerika stammenden Kautschukbaums in Westafrika anzupflanzen.

Leopold II. ließ sich die Chance ebenfalls nicht entgehen und verwandelte den Kongo in eine Monokultur, in der sich die gesamte Bevölkerung der Kautschukförderung oder, in geringerem Maße, der Gewinnung von Elfenbein widmen musste. Um seine amerikanischen Konkurrenten auszuschalten, zwang der belgische König die Bevölkerung zur Lieferung von Mindestquoten der begehrten Rohstoffe. Wer sich weigerte, wurde Opfer rasender Gewalt. Das Niederbrennen von Dörfern, Mord, Folter, Verstümmelung und körperliche Strafen standen auf der Tagesordnung. Nach Ansicht einiger Historiker kostete Leopolds Herrschaft mehr als zehn Millionen Kongolesen das Leben.

Im selben Jahr, in dem Dunlop das Dreirad seines Sohnes tunte, trat Stanley eine neue Reise durch den Kongo an. Diesmal bestand sein Ziel darin, den deutschen Afrikaforscher Emin Pascha zu retten, den man durch eine Rebellion im Sudan bedroht sah. Wie sich später herausstellen sollte, war die Expedition ein Fehlschlag gewesen und extrem blutig verlaufen, was schließlich zu einem enormen Ansehensverlust Stanleys führte. Zunächst jedoch galt die Reise als Erfolg. Stanley wurde als Held gefeiert und mit Empfängen und Banketten geehrt. Eine der prunkvollsten Veranstaltungen fand am 20. April 1889 in – wie sollte es anders sein – Brüssel statt. In derselben Woche traf ein polnischer Schiffskapitän namens Józef Korzeniowski in der belgischen Hauptstadt ein. Er hatte ein Vorstellungsgespräch bei einem großen, auf die Förderung von Kautschuk und Elfenbein spezialisierten Unternehmen. Korzeniowski wurde angeheuert und sofort nach Afrika geschickt, wo er acht Monate lang ein Boot auf dem Kongo steuerte.

Zehn Jahre später, am 17. Dezember 1898, lebte Korzeniowski in London und konnte in der *Saturday Review* den Bericht über eine Veranstaltung in der Royal Society lesen. Dort berichtete ein Fachmann über die im Kongo angewandten Methoden der Handelsausbeutung:

> Die Belgier ersetzten die Sklaverei, die sie vorfanden, durch ein System der Peinigung, das kaum weniger abstoßend ist. Und jeder Engländer tut gut daran, sich bewusst zu machen, zu welchen Barbareien einzelne Belgier offenbar in der Lage sind. Mr. Courtney wusste unter anderem von einem gewissen Kapitän Rom zu berichten, der seine Blumenbeete mit Köpfen ermordeter und enthaupteter Eingeborener zu schmücken pflegte.[16]

Am nächsten Morgen, am Sonntag, dem 18. Dezember, setzte sich Korzeniowski an einen Roman. Er sollte ihn unter dem Namen veröffentlichen, den er 1886 bei seiner Einbürgerung in Großbritannien angenommen hatte: Joseph Conrad.

Conrads *Herz der Finsternis* erschien 1899. Er erzählt darin die Geschichte von Charles Marlow, einem jungen Schiffskapitän, der bei einem großen kontinentaleuropäischen Unternehmen eine Anstellung findet, das mit der Ausbeutung afrikanischen Elfenbeins Geld verdient. Der Seemann soll das Kommando auf einem

Boot übernehmen, das die Handelsstationen der Firma entlang eines vom Dschungel gesäumten Flusses verbindet. Lokale Verwalter regieren die Stationen mit eiserner Hand und völliger Autonomie. Marlows eigentlicher Auftrag besteht darin, Kurtz zu finden, einen sagenumwobenen Angestellten, der unvorstellbare Mengen Elfenbein liefert und dem das Unternehmen daher seine unkonventionellen Methoden und Einstellungen nachsieht.

Marlow reist in den Kongo, durchquert ein gespenstisches, von Profitstreben verwüstetes Land. Auf dem Weg zur Anlegestelle seines Bootes kommt er nur sehr langsam voran. Die drückende Hitze, die Inkompetenz und Nachlässigkeit der Verwalter, Krankheiten sowie die Feindseligkeit der Einheimischen machen ihm zu schaffen. Als er endlich die Station erreicht, wo er sein Boot übernehmen soll, stellt er fest, dass ein unerfahrener Kapitän es auf Grund gesetzt hat. Erst drei Monate später ist es wieder klar. Im Verlauf der Bootsreise erreichen ihn bald immer beunruhigendere Berichte über Kurtz. Die Menschen, denen Marlow begegnet, sprechen mit Bewunderung und Ehrfurcht über den Verwalter, als handele es sich um ein übernatürliches Wesen. Am Ende der Reise trifft Marlow auf einen kranken, fast schon im Sterben liegenden Kurtz. Marlow stellt fest, dass sein Gegenüber sich in eine Art König verwandelt hat, der eine despotische und blutrünstige Herrschaft über ein riesiges Gebiet ausübt. Kurtz scheint jeden Bezug zur Realität verloren zu haben und schmückt sein

Haus ... – mit Totenschädeln. Conrad stellt ausdrücklich eine Verbindung zwischen Kurtz und dem europäischen Imperialismus mit seinen philanthropischen Versprechen her:

> Ganz Europa hatte bei Kurtz' Entstehung mitgewirkt; und nach und nach erfuhr ich, daß ihn, äußerst passend, die Internationale Gesellschaft zur Unterdrückung Primitiver Gebräuche damit betraut hatte, als Richtlinie für die Zukunft einen Bericht anzufertigen [...]. Sein Bericht war eloquent, strotzte geradezu vor Eloquenz. [...] Es gab keine praktischen Verweise, die den magischen Strom der Sätze unterbrochen hätten, es sei denn, man betrachtete eine Art Anmerkung am Ende der letzten Seite, offensichtlich viel später mit unsicherer Hand dorthin gekritzelt, als die Exposition einer Methode. Sie war sehr simpel, und am Ende des bewegenden Appells an alle altruistischen Gefühle loderte sie glühend und schockierend auf wie ein Blitzschlag aus heiterem Himmel: »Rottet sie alle aus, die Tiere!«[17]

Kurtz' Handelsstation ist ein Tor zur Hölle der imperialen Ausbeutung. Letztere scheint der eigentliche Ursprung eines diffusen ideologischen Unbehagens zu sein, das bei Entdeckern und Siedlern weitverbreitet war. Es war keine Romanfigur, sondern Stanley selbst, der über den Kongo sagte: »Das Böse breitet sich über diesem Dschungel aus wie ein Leichentuch über die Toten [...]. Es ist wie eine von Verbrechen befallene Gegend; wer in sie eintritt, ist dem göttlichen Zorn unterworfen.« Tatsächlich zeigt *Herz der Finsternis* nicht das geringste Mitgefühl gegenüber den Afrikanern:

> Doch dann auf einmal, wenn wir uns um eine Biegung gekämpft hatten, erhaschten wir einen Blick auf Binsenwände, spitze Grasdächer, Geschrei, ein Wirbeln schwarzer Glieder, ein Gewimmel klatschender Hände, stampfender Füße, sich wiegender Körper, rollender Augen unter der Traufe des schweren, reglosen Laubwerks. Langsam

schob sich der Dampfer vorbei am Rand einer schwarzen, unbegreiflichen Tollheit. Der prähistorische Mensch verfluchte uns, betete uns an, hieß uns willkommen – wer wußte das schon?[18]

Im Grunde genommen erzählt *Herz der Finsternis* nicht von den Verbrechen des Kolonialismus, sondern von der Erfahrung der Entfremdung. Das Gegenteil von Entfremdung ist das unnachahmliche Gefühl, man selbst zu sein. Es ist das, was wir spüren, wenn wir etwas Wichtiges mit einem Freund teilen, wenn wir schreiben, eine gute Tat vollbringen, rennen, spielen, lachen oder etwas lernen ... Die Erfahrung, das zu tun, was uns am nächsten ist, was uns am stärksten auszeichnet. Entfremdung ist das genaue Gegenteil: das Gefühl, dass uns bestimmte Handlungen fremd sind. Wir machen etwas, aber es scheint, als wären wir dabei eine andere Person. Es ist die Empfindung, die sich bei extrem monotonen oder passiven Tätigkeiten einstellt – beim Auswendiglernen einer unendlichen Liste oder beim Aufzeichnen von Zahlen –, aber auch wenn wir uns in einer sozialen Umgebung bewegen, mit der wir uns nicht identifizieren – der verlorene Blick von Kindern, die gezwungen sind, bei Familienfeiern still dazusitzen –, oder wenn Zorn oder Aggressivität in uns aufsteigt. Es ist das entsetzliche Gefühl, ferngesteuert zu sein, das typisch für jene Momente ist, in denen wir, wie wir auch sagen, abschalten. Deshalb haben Entfremdungserfahrungen oft etwas von Hypnose an sich: »Ein Hauch von schwachsinniger Habgier durchzog alles wie Leichengeruch. Alle Wetter! In meinem ganzen Leben habe ich nichts Unwirklicheres gesehen.«[19]

In unseren Gesellschaften wird Entfremdung vor allem durch die Durchsetzung einer Arbeitsrealität erzeugt, die in der Vergangenheit nur einigen Leibeigenen vorbehalten war und die den Menschen buchstäblich als Bestrafung erschien: acht Stunden schweigend herumstehen und den Ausgang eines Supermarkts kontrollieren, eine Kurbel an einem Fließband drehen … Die Arbeit ist zu einer zerbrochenen Erfahrung zusammengeschrumpft, zum Glied einer Kette, deren Zweck wir nicht erfassen können; vielleicht auch, weil er gar nicht existiert.

Die Handelskolonien sorgten für eine zerstörerische Ausbreitung entfremdeter Arbeit, die zuvor Sklaven vorbehalten gewesen war. Die tropische Dekadenz ist Ausdruck der Verwandlung eines ganzen Landes in eine Fabrik. Ein Niemandsland, in dem niemand er selbst ist. Weder die Eingeborenen, die ein durch Unterwerfung erniedrigtes Leben führen, noch die Kolonialherren, die sich der Verkommenheit absoluter Macht hingeben.

Schwarze Gestalten kauerten, lagen, saßen zwischen den Bäumen, lehnten gegen die Stämme, klammerten sich an die Erde, vom dämmrigen Licht halb hervorgehoben, halb ausgelöscht, mit allen möglichen Gebärden von Schmerz, Vernachlässigung und Verzweiflung. Eine weitere Sprengung krachte in den Klippen, gefolgt von einem leichten Zittern des Bodens unter meinen Füßen. Das Werk ging voran. Das Werk! Und hier war der Ort, an den sich einige der Helfer zum Sterben zurückgezogen hatten. Sie starben sehr langsam – das war ganz klar. Dies waren keine Feinde, keine Verbrecher, sie waren nichts Irdisches mehr, nur noch schwarze Schatten der Krankheit und des Hungers, die durcheinander im grünlichen Schatten lagen. Aus allen Winkeln der Küste herbeigebracht mit der Rechtmäßigkeit von Zeitverträgen.[20]

Einige Jahrzehnte später schließt ein armer und maßlos zynischer französischer Soldat namens Ferdinand den Kreis der Finsternis. Nachdem er den Horror der Schützengräben überlebt hat, landet er, nach dem Ende des Ersten Weltkriegs völlig mittellos, in einer französischen Kautschukkolonie. Dort stößt der Antiheld von *Reise ans Ende der Nacht* auf ein Szenario völligen Verfalls, das die Verschränkung von kolonialer Gewalt, Sklaverei und Arbeitsdisziplin sichtbar werden lässt. Er bekommt Arbeit bei der Compagnie Pordurière du Petit Togo, bei der sowohl arme europäische Einwanderer als auch Einheimische angestellt sind:

> Die Eingeborenen muss man meist erst mit Knüppeln zur Arbeit treiben, so viel Würde haben sie sich bewahrt, während die Weißen, die die öffentlichen Bildungsinstitute durchlaufen haben, ganz von selber funktionieren. Wer den Knüppel schwingt, hat ihn irgendwann satt, aber die Hoffnung, reich und mächtig zu werden, die die Weißen bis zum Rand anfüllt, die kostet nichts, absolut nichts. Dass uns bloß keiner mehr die Ohren mit Lobreden auf Ägypten und die tatarischen Tyrannen voll jault! Diese antiken Amateure waren nichts als angeberische kleine Dilettanten in der erhabenen Kunst, dem aufrecht gehenden Tier die schönsten Arbeitsanstrengungen abzupressen.[21]

Céline verbindet die Plantage biografisch mit dem Fließband. Nachdem er von seinem Arbeitsplatz im Dschungel geflohen ist, gelingt es Ferdinand, sich nach Amerika einzuschiffen, wo er in einer Detroiter Automobilfabrik ganz in der Nähe von Flint bei einem Konkurrenten jenes Unternehmens anheuert, bei dem fünfzig Jahre später Ben Hamper beschäftigt sein wird. Céline beschreibt die Erfahrung extremer Arbeitsentfremdung mit chirurgischer Präzision – das Gefühl, am Ende in etwas gänzlich anderes verwandelt zu sein. Oder genauer gesagt: in niemanden mehr:

> Ich sah schon die großen, massigen, verglasten Gebäude, sie sahen aus wie endlose vergrößerte Fliegenkäfige, in denen man die Menschen zappeln sah, aber nur ganz langsam, als würden sie nur noch schwach gegen ich weiß nicht welche Übermacht ankämpfen. Das sollte Ford sein? [...] Als wir wieder angezogen waren, teilte man uns in bummelnde Schlangen auf, zögernde Gruppen, die zur Verstärkung dorthin geführt wurden, von wo dieser Mordslärm der Mechanik herkam. Alles zitterte in dem riesigen Gebäude, man selber wurde ebenfalls von den Füßen bis zu den Ohren von dem Zittern befallen, es brandete von den Fenstern und dem Boden und all dem Metall auf uns ein, stoßweise, vibrierend von oben bis unten. Man wurde selber zur Maschine, so sehr erbebte das eigene Fleisch in diesem enormen wütenden Getöse, das einem durch und durch ging und sich um den Kopf legte und dann nach weiter unten schoss und in die Eingeweide fuhr und von da aus wieder nach oben in die Augen, in kurzen, rasend schnellen Stößen, ohne Ende, unermüdlich. [...] Man schwankte die ganze Zeit zwischen Benommenheit und Raserei, das war das ganze Dasein. Nichts war mehr von Belang als das fortwährende Getöse der tausend und abertausend Geräte, von denen die Menschen herumkommandiert wurden. Wenn um sechs Uhr abends das Ganze innehält, trägt man den Lärm im Kopf mit, mich verließ er die ganze Nacht lang nicht und ebenso wenig der Ölgestank, als hätten sie mir eine neue Nase verpasst, ein neues Gehirn, für immer. So gab ich immer mehr nach und wurde fast ein Anderer ... Ein neuer Ferdinand.[22]

Zu Beginn des 20. Jahrhunderts stellte sich Rafael Barrett vor, wie es wohl gewesen wäre, wenn auch Leopold II. die Möglichkeit gehabt hätte, ein anderer zu werden. Die Erzählung *Noticias de Leopoldo* beginnt mit dem Tod des belgischen Königs. Sein Geist verlässt sofort den Leichnam und kann durch die Totenwache haltenden Angehörigen und Würdenträger hindurchgleiten, als wären es Dampfschwaden. »Es befriedigte ihn, inmitten so vieler ätherischer Wesen sein festes, hartes Fleisch zu spüren. […] Von einem geheimnisvollen und sicheren Instinkt getrieben, begab er sich an die Grenze zu Frankreich: ›Zweifellos werde ich vor Gott treten‹«, sagt er sich. Er kommt in Paris an, muss jedoch feststellen, dass Gott nicht dort ist, und reist weiter nach Süden. Er durchquert, zunehmend erschöpft, weites Heideland, schneebedeckte Schluchten, Getreidefelder. Bis er an die Küste kommt und begreift, dass Gott nicht in Europa ist. Leopold seufzt, zieht seine Paradeuniform aus und schwimmt Richtung Süden, während sein Fleisch an Konsistenz verliert und beinahe durchsichtig wird. Nackt und erschöpft betritt er afrikanischen Boden und löst sich in derselben Geschwindigkeit auf, wie die Dinge um ihn herum wieder ihre normale Gestalt annehmen. Er durchquert unbekannte Plantagen, kommt an mit exotischen Pflanzen bedeckten Hütten vorbei, an Minaretten, auf denen die Muezzins zum Gebet rufen, an frischen, zwischen Palmen gelegenen Quellen; er hört das Heulen der Schakale und das Brüllen der Löwen. Und all das lebt, während er endgültig stirbt.

<small>Und er, ein Fetzen traurigen Nebels, schleppte sich weiter durch Gestrüpp, über brennenden Sand, unter einer unbarmherzigen Sonne.</small>

Die Tage und Nächte verstrichen, bis er endlich ankam. Leopold, der nur mehr die Erinnerung eines menschlichen Seufzers war, der Widerhall einer beschatteten Kuhle, hielt das letzte Atom Leben, das ihm noch blieb, zurück und schaute sich um – ein allerletzter Blick. Die Landschaft erinnerte ihn an eine der Fotografien, die im Kongo gemacht worden waren. Ein neugeborenes schwarzes Kind schlief fest unter einem Baum. Mehr Gott gab es dort nicht. Leopold löste sich in einem Windzug auf, und das Kind schluckte den König beim Atmen herunter ... Jetzt würde der Geist von Leopold, der auf so kuriose Weise wiedergeboren wurde, die Gelegenheit haben, auf einer anderen der unzähligen Kanten des universellen Polyeders zu wandern und seinen Horizont zu erweitern.[23]

Es gibt da eine dröhnende Stille, ein ohrenbetäubendes Schweigen, das Kiplings Kolonialliteratur ebenso deformiert wie Conrads Antikolonialismus und Célines ironischen Nihilismus. Dieser Mangel rührt von den zum Verstummen gebrachten Stimmen Hunderter Millionen unterjochter, ermordeter Menschen her. Welche traurigen Lieder stimmten sie an? Welche tröstlichen Geschichten erzählten sie sich? Welche Verse über Mut und Widerstand sangen sie? Der Kolonialismus brachte physisches Leid, aber wie die Entfremdung der Arbeit geht auch er zugleich mit einer systematischen Zerstörung historischer Möglichkeiten einher, mit der Zerstörung von Erfahrungen, Tätigkeiten, Erlebnissen, die uns verbinden und trennen.

»Ist das Rafael Barrett?«, fragte ich.

Das war eine rhetorische Frage. Denn auf dem Bild war ein Schildchen mit dem Namen angebracht. Es hing in der paraguayischen Hauptstadt Asunción, im Museo del Barro, einem persönlichen Projekt von Ticio Escobar, dem damaligen Kulturminister des Landes (tatsächlich befand sich das Museum direkt neben seinem Haus). Ein paar Jahre zuvor hatte Fernando Lugo die Wahlen gewonnen und damit der sechzigjährigen Herrschaft des extrem rechten und korrupten Partido Colorado ein Ende gesetzt.

Ich war am Tag zuvor in Asunción gelandet. Kaum hatte ich das Flugzeug verlassen, bot ein kleiner Junge, ich glaube, er war nicht einmal fünf Jahre alt, sich an, mir die Schuhe zu putzen. Das war ein wenig seltsam, weil ich Flipflops trug. Der Junge und ich blickten uns schweigend an. Wahrscheinlich dachte er: »Ist doch nicht meine Schuld, dass sich dieser Typ wie ein blöder Hippie anzieht.« Ich kam aus Buenos Aires und hatte noch keine Guaranís, also gab ich ihm ein paar Pesos, die ich noch in der Tasche hatte. Er betrachtete die Münzen, bedankte sich sehr ernst und verschwand; bestimmt fragte er sich, ob ich bescheuert war.

Nachdem ich mein Gepäck ins Hotel gebracht hatte, machte ich einen Spaziergang und näherte mich auf der Höhe von Präsidentenpalast und Parlament dem Río Paraguay. Auf der anderen Straßenseite erstreckte sich ein gewaltiger Slum. Wenn ich »auf der anderen Straßenseite« sage, dann meine ich damit, dass die Abgeordneten buchstäblich nur eine schmale Straße überqueren mussten, um in einer Favela zu stehen, für die mir die Worte fehlten. Aber sicherlich hatten die meisten von ihnen nicht die geringste Absicht, etwas Derartiges zu tun. Ich ging weiter und erreichte einen Platz, auf dem einige Indigene zu campieren schienen. Sie hatten Hängematten aufgespannt und unter riesigen Bäumen so etwas wie Verschläge gebaut. Viele saßen reglos im Schatten, einige Frauen kochten über einem offenen Feuer, Kinder liefen nackt herum. Sie hatten ein paar krakelig bemalte Plakate aus Karton aufgehängt, aber ich konnte nicht entziffern, was auf ihnen stand.

Am Nachmittag wurde ich ins Museo del Barro gebracht. Rafael Barrett, eine wichtige Figur der revolutionären Bewegungen Paraguays im frühen 20. Jahrhundert, war auf mehreren Gemälden zu sehen. Eines zeigte Barrett bei einem Vortrag im städtischen Theater von Asunción. Es stammte von Ignacio Núñez Soler, einem anarchistischen paraguayischen Maler, und beeindruckte mich ganz besonders, was möglicherweise damit zu tun hatte, dass ich selbst in Paraguay war, um eine Ausstellung über Walter Benjamin zu kuratieren und einige Vorlesungen über sein Werk zu halten – ein Unterfangen, das mir an jenem Morgen, als ich durch das städtische Elend spazierte, absurd und unwirklich erschienen war und mir das Gefühl gegeben hatte, ein dekadenter Europäer zu sein.

Barrett erlebte das genaue Gegenteil. Über seine Ankunft in Paraguay schrieb er: »Dort wurde ich ein besserer Mensch.« Und das stimmt. Barrett wurde an der nordspanischen Küste geboren, zog aber 1896 im Alter von zwanzig Jahren nach Madrid, um dort Ingenieurwissenschaften zu studieren. In der Hauptstadt stand er in Kontakt mit dem Schriftsteller Ramón Maria del Valle-Inclán und anderen prominenten Mitgliedern der Generación del 98 und führte das seiner Klasse angemessene Leben eines Bonvivant: Er trank, spielte Karten, ging ins Bordell, duellierte sich. Nachdem diese Duelle und sein aggressives Verhalten gegenüber Angehörigen der Oberschicht einige Skandale ausgelöst hatten, musste er 1903 nach Argentinien auswandern und fing an, für mehrere Zeitungen zu schreiben.

Er reiste immer weiter und gelangte schließlich als Korrespondent nach Asunción. Dort änderte sich etwas für immer. Er lernte die extreme Armut der Bauern kennen. Kam in Kontakt mit politischen Aktivisten und Gewerkschaftern. Er verliebte sich in seine spätere Frau Panchita. Und dann entschloss sich Barrett, der zu einem früheren Zeitpunkt seines Lebens vielleicht einmal davon geträumt hatte, Schriftsteller, Lyriker oder Philosoph zu werden, sein enormes Talent auf kurze und bewegende politische Texte zu verwenden.

Am nächsten Tag zeigte mir Carmen, eine überaus freundliche Beamtin des Kulturministeriums, das Museum für traditionelles Handwerk. Wir stiegen in einen Jeep des Ministeriums und brauchten fast zwei Stunden, nachdem wir zunächst durch immer elendere Slums gefahren und dann über rote, staubige, von riesigen Termitenhügeln gesäumte Pisten gerollt waren. Als wir ausstiegen, war mir schlecht, und ich hatte das Gefühl, den Chaco, die riesige paraguayische Savanne erreicht zu haben. Ich machte eine Bemerkung darüber, wie seltsam es sei, dass sich ein Museum mitten auf dem Land befand. Der Fahrer und Carmen lachten laut. Wir seien immer noch in der Stadt, erklärten sie mir. Um die Peinlichkeit zu überspielen, fragte ich nach den Indigenen, die ich am Vortag auf dem Platz hatte campieren sehen. War das eine Protestaktion von Indigenen? Carmen sah mich verwundert an, und ich erklärte den beiden, was ich gesehen hatte. »Ah, nein, das sind Arreados, die wurden hergetrieben«, erklärte sie mir. »Die Großgrundbesitzer schicken sie, um Druck auf die Regierung auszuüben. Sie werden auf Lastwagen verladen und ohne Geld oder Essen in Asunción ausgesetzt. Die Fahrt ist schrecklich. Sie werden mit Lkw über unbefestigte Erdpisten gekarrt und stehen dabei mehrere Tage lang auf den Ladeflächen.«

Ich erinnerte mich daran, was Barrett über andere »Hergetriebene« in Paraguay geschrieben hatte, in *Die Matepflanzungen*, einem Bericht, den er 1908 in mehreren Folgen in einer Zeitung in Asunción veröffentlicht hatte. Darin prangerte er die menschenunwürdigen Bedingungen an, unter denen jene Arbeiter lebten – oder besser gesagt: dahinvegetierten –, die für paraguayische Unternehmen unter sklavereiähnlichen Bedingungen die Blätter für den Matetee pflückten:

> Der Mechanismus der Sklaverei ist folgender: Der Tagelöhner wird nie angestellt, ohne ihm zuvor einen bestimmten Betrag als Vorschuss auszuhändigen, den der Unglückliche sofort ausgibt oder seiner Familie überlässt. Er unterschreibt vor einem Richter einen Vertrag, in dem die Höhe des Vorschusses festgehalten und vereinbart wird, dass der Unternehmer mit Arbeitsleistungen entgolten wird. Sobald der

Tagelöhner in den Wald getrieben wurde, bleibt er für die zwölf oder fünfzehn Jahre, die er die Arbeit und die körperlichen Anstrengungen höchstens überlebt, ein Gefangener. Er ist ein Sklave, der sich selbst verkauft hat. Niemand wird ihn retten. Der Vorschuss ist, gemessen am Lohn und an den Preisen für Lebensmittel und Kleider auf den Pflanzungen, so kalkuliert, dass der Tagelöhner, egal wie er sich anstrengt, immer Schuldner seines Patrons bleiben wird. Wenn er zu fliehen versucht, jagt man ihn. Wenn er nicht lebend zurückgebracht werden kann, tötet man ihn.[24]

Barrett stieß in Paraguay auf eine Arbeitsrealität, die der in den Kolonien ziemlich nahekam. Es war ein Szenario, das dem von Conrad geschilderten kongolesischen stark ähnelte. Aber Barrett, den Paraguay zu einem besseren Menschen gemacht hatte, sah dort keine Steinzeitmenschen, die ihn vielleicht verfluchten, vielleicht auch anbeteten, sondern Gefährten und Brüder, deren Leiden er zu verstehen, zu teilen und zu bekämpfen verstand. Kampfgefährten, um gemeinsam die Arbeit zu rehabilitieren.

> In unserer Gesellschaft ist die Arbeit ein Fluch. Die Gesellschaft bestraft, wie der Gott der Genesis, mit Arbeit – doch wen bestraft sie? Die Armen, denn das einzige gesellschaftliche Vergehen ist das Elend. Elend wird mit Zwangsarbeit geahndet. Die Werkstatt ist das Gefängnis. Die Maschinen sind die Folterwerkzeuge der demokratischen Inquisition.
> Wir haben die Arbeit vergiftet. Wir haben ihr Furcht und Hass beigefügt. Wir haben sie zur schlimmsten der Seuchen gemacht.
> Allein die Vorstellung, dass Arbeit eines Tages Glück, Segen und Stolz bedeuten wird, wie es vielleicht früher der Fall war! Während ich diese Zeilen schreibe, spielt mein zweieinhalbjähriger Sohn. Er spielt mit Erde und Steinen, um es den Maurern nachzumachen; er spielt Arbeit. Der Gedanke, nützlich zu sein, keimt in seinem zarten Gehirn mit leuchtender Freude. Warum arbeiten die Erwachsenen nicht glücklich und spielend wie Kinder? Arbeit muss ein göttliches Spiel sein;

die Arbeit ist die Liebkosung, die der Geist der Materie zuteilwerden lässt, und wenn die physische Mutterschaft beglückend ist, muss die geistige Mutterschaft es dann nicht auch sein? Wir haben die Arbeit entstellt; haben die Natur zu einer Prostituierten gemacht, die dem Laster und nicht der Liebe dient, wir haben den Arbeiter in einen Diener der Eunuchen und Impotenten verwandelt.

Die Arbeit muss die glückliche Ausdehnung überschüssiger Kräfte sein, jugendlicher Glanz. Sie muss die Schwester der Blumen werden, des farbenfrohen Gefieders, das balzende Vögel tragen; die Schwester aller schillernden Frühlingstöne. Eine Gefährtin der Schönheit, der Wahrheit, der heiligen Lebensfreude – wie sie eine Frucht menschlicher Gesundheit, heiligen, frohlockenden Lebens.

Heute hingegen ist die Arbeit eine Gefährtin der Verzweiflung und des Todes, gezeichnet von Erschöpfung, Kälte und Hunger, von der Verlassenheit der Machtlosen, von der Verachtung gegenüber den Unschuldigen und Einfachen, vom Schrecken der zur Unwissenheit Verdammten, von der Angst derjenigen, die nicht mehr können.

Doch das Absurde währt nicht lange. Wir werden die Armen von der Sklaverei der Arbeit befreien – und die Reichen von der Sklaverei ihres Müßiggangs.[25]

Wer weiß. Vielleicht wollte Hesiod vor 2700 Jahren ja etwas Ähnliches sagen.

5. Alles zerfällt

Eines Tages im frühen 20. Jahrhundert erwachte der Westen aus seinem langen und wohligen Traum von Frieden und Wohlstand und stellte fest, dass er von Tod, Zerstörung, Elend und Verderben umgeben war:

> Drehend und drehend im sich weitenden Kreisel
> Kann der Falke den Falkner nicht hören;
> Alles zerfällt; die Mitte hält es nicht.
> Ein Chaos, losgelassen auf die Welt.
> Die Flut, bluttrüb, ist los, und überall
> Ertränkt der Unschuld feierlicher Brauch;
> Die Besten zweifeln bloß, derweil das Pack
> Voll leidenschaftlichem Erleben ist.[1]

W. B. Yeats schrieb diese Verse 1919, wenige Monate nach dem Ende des Ersten Weltkriegs. Und er hatte recht. Alles war zerfallen – und sollte sich noch weiter auflösen. 1939, wenige Monate vor dem Beginn des Zweiten Weltkriegs, schrieb ein anderer angelsächsischer Dichter, W. H. Auden:

> Say this city has ten million souls,
> Some are living in mansions, some are living in holes:
> Yet there's no place for us, my dear, yet there's no place for us.
> Once we had a country and we thought it fair,
> Look in the atlas and you'll find it there:
> We cannot go there now, my dear, we cannot go there now. [...]
> Stood on a great plain in the falling snow;
> Ten thousand soldiers marched to and fro:
> Looking for you and me, my dear, looking for you and me.[2]

Das 19. war ein langes Jahrhundert. Es begann 1789 mit der Französischen Revolution, als die Menschen noch in Kutschen reisten und es in den Städten keine Kanalisation gab. Es endete 1914, als der Erste Weltkrieg einen rasanten und bis dahin ungekannten Prozess der materiellen, gesellschaftlichen und spirituellen Selbstzerstörung des Westens einleitete. Innerhalb weniger Jahre verwandelten sich weite Teile Mitteleuropas in ein »wüstes Land«, um einen Ausdruck T.S. Eliots zu verwenden, verwüstet von Einschlägen, mit Leichen übersät, vom Einsatz chemischer Waffen unfruchtbar gemacht. Die Europäer erlebten den über sie hereinbrechenden Schrecken, den sie bis dahin auf die Kolonien zu beschränken gewusst hatten, mit Entsetzen. Tatsächlich waren viele der im Ersten Weltkrieg eingesetzten Massenvernichtungswaffen und Taktiken, zum Beispiel Bombardements aus der Luft, zuvor in Afrika und Asien erprobt worden.

Seit dem Ende der napoleonischen Kriege hatte Europa eine fast hundertjährige Epoche relativer Ruhe erlebt. Wahrscheinlich wären viele Menschen mit dieser Beschreibung nicht einverstanden. Zum Beispiel jene Zehntausende Pariser, die 1871 während der blutigen Niederschlagung der Kommune getötet oder in Lagern inhaftiert wurden. Wahr ist aber auch, dass die heroische Epoche des Kapitals in den Metropolen mehr oder weniger friedlich verlief, wenn man sie mit den von politischer und religiöser Kriegsbereitschaft geprägten Anfängen der Moderne vergleicht. Für die reicheren Europäer war es zudem ein Zeitalter des Wohlstands. Die westliche Welt des späten 19. Jahrhunderts war fast schon eintönig und langweilig. Sie konnte hart, grausam und ungerecht sein, aber sie war nachvollziehbar. Selbst in heftigen Kämpfen – etwa zwischen Arbeitern und Unternehmern – war das Schlachtfeld verständlich. Das gesellschaftliche Leben fand auf einem Terrain statt, das von Industrie, Freihandel und einer starren, ständischen Auffassung von Klassenunterschieden geprägt war. Um die Jahrhundertwende verflüssigte sich diese Ordnung. Ab 1914 sah sich die Menschheit mit der größten nichtnatürlichen Krise ihrer Geschichte konfrontiert.

Heute sind Kriege mit Millionen Toten und Atomwaffen, Spekulationskrisen und Hyperinflation, Totalitarismus und kulturelle Zerstörung Teil des kollektiven Imaginären. Wir haben uns daran gewöhnt, dass der Kapitalismus heftige ökonomische und politische Krisen durchläuft. Wir pfeifen erleichtert durch die Zähne, wenn die Krisen nicht zu Kriegen führen oder Letztere zumindest in weit entfernten Weltgegenden stattfinden. Deshalb fällt es uns schwer, uns das Ausmaß der Verunsicherung vorzustellen, die für die Zwischenkriegszeit kennzeichnend war. Es handelte sich um eine Periode, die nicht nur von extremem materiellen Leid, sondern auch von einem weitverbreiteten Gefühl der Sinnlosigkeit geprägt war. Stefan Zweig schilderte das in seiner Autobiografie mit folgenden Sätzen:

Ich bin 1881 in einem großen und mächtigen Kaiserreiche geboren, in der Monarchie der Habsburger, aber man suche sie nicht auf der Karte: sie ist weggewaschen ohne Spur. Ich bin aufgewachsen in Wien, der zweitausendjährigen übernationalen Metropole, und habe sie wie ein Verbrecher verlassen müssen, ehe sie degradiert wurde zu einer deutschen Provinzstadt. Mein literarisches Werk ist in der Sprache, in der ich es geschrieben, zu Asche gebrannt worden, in eben demselben Lande, wo meine Bücher Millionen Leser sich zu Freunden gemacht. So gehöre ich nirgends mehr hin, überall Fremder und bestenfalls Gast; auch die eigentliche Heimat, die mein Herz sich erwählt, Europa, ist mir verloren, seit es sich zum zweiten Mal selbstmörderisch zerfleischt im Bruderkriege. Wider meinen Willen bin ich Zeuge geworden der furchtbarsten Niederlage der Vernunft und des wildesten Triumphes der Brutalität innerhalb der Chronik der Zeiten; nie – ich verzeichne dies keineswegs mit Stolz, sondern mit Beschämung – hat eine Generation einen solchen moralischen Rückfall aus solcher geistigen Höhe erlitten wie die unsere.[3]

Zwischen 1914 und 1945 starben fast 100 Millionen Menschen in zwei Kriegen, an denen ein Großteil der Länder dieser Welt beteiligt war. Politische Grenzen wurden hinweggefegt: Einige Staaten verschwanden buchstäblich von der Landkarte, und es entstanden neue, von denen zuvor nie jemand etwas gehört hatte. Die Zukunft der bürgerlichen Gesellschaftsordnung geriet mit der sowjetischen Revolution von 1917 ins Wanken. Fortschritte im Hinblick auf Demokratie und Freiheitsrechte machten dem Autoritarismus Platz: Während der Zwischenkriegszeit überlebten nur in fünf europäischen Ländern die demokratischen Institutionen.

Intellektuelle Raffinesse sah sich durch begeisterten Irrationalismus verdrängt. Wissenschaftler wie Niels Bohr, die zu Beginn des Jahrhunderts die Physik revolutionierten, lasen griechische Philosophen im Original; in ganz Europa wurden avantgardistische Dichter, Musiker und Maler wie Popstars verehrt. Doch nur wenige Jahre danach erklärten die Nazis ihre tiefe Bewunderung für Magie, Okkultismus und Parapsychologie. Victor Klemperer – ein deutscher Philologe jüdischer Herkunft, der als Ehemann einer arischen Frau den Holocaust überlebte – beschrieb das neue kulturelle Umfeld folgendermaßen:

> Nie, in meinem ganzen Leben nie, hat mir der Kopf so von einem Buche gedröhnt wie von Rosenbergs *Mythus*. Nicht etwa, weil er eine so ausnehmend tiefsinnige, schwer zu begreifende oder seelisch erschütternde Lektüre bedeutete, sondern weil mir Clemens den Band minutenlang auf den Kopf hämmerte. (Clemens und Weser waren die besonderen Folterknechte der Dresdener Juden, man unterschied sie allgemein als den Schläger und den Spucker).[4]

Schließlich, und das ist das Wichtigste, brach auch der Glaube an einen unbegrenzten, auf Freihandel beruhenden ökonomischen Fortschritt in sich zusammen, der die eigentliche ökumenische Religion des vorherigen Jahrhunderts gewesen war. In den folgenden fünfzig Jahren galt die Ideologie eines sich selbst regulierenden Marktes als gefährliche Chimäre, die nur an einer Handvoll wirtschaftswissenschaftlicher Fakultäten überlebte.

Am 26. März 1913 sitzt ein russischer Student und Lebemann namens Ilja im Café de la Rotonde, einem Treffpunkt der Pariser Bohème auf dem Boulevard Montparnasse. Er hat kein Geld, um die Rechnung zu bezahlen, und hofft, dass ein Bekannter hereinkommt und ihn einladen wird. In dieser Nacht findet im Café de la Rotonde ein von der Neoskandinavischen Akademie organisierter Maskenball statt, der nach und nach zu einem Besäufnis ausartet. Dennoch verstummt das ganze Lokal, als ein konservativ gekleideter Mann mit Melone und Regenmantel hereinkommt. Er sticht aus der Stammkundschaft der Maler, Musiker, Trinker, Obdachlosen und Ganoven heraus, als trage er ein Leuchtschild unter dem Arm. Ilja hält ihn für den Teufel. Aber er täuscht sich – mehr oder weniger.

Es handelt sich um Julio Jurenito, einen jungen, 1885 in Guanajuato geborenen Mexikaner. Er hat als Bandit ein Vermögen gemacht und während der Revolution auf Seiten Zapatas gekämpft; in der Schlacht von Celaya, in der die Armee Pancho Villas besiegt wurde, führte er die Indianer an. Von der Revolution enttäuscht, reist er nun durch die Welt, studiert Mathematik, Philosophie, Hydrologie, Ägyptologie und Politische Ökonomie, erlernt die Berufe des Drechslers und Elektrikers, bringt sich Schach sowie das Spielen der Ocarina-Flöte bei und widmet sich der Versdichtung sowie einer langen Reihe weiterer Wissenschaften, Berufe, Sprachen und Spiele. Im Alter von 28 Jahren kommt er nach Paris, und bald bildet sich um ihn herum ein Kreis von Jüngern, die ihn als Meister verehren: ein wohlhabender Amerikaner namens Mister Cool, ein Afrikaner, der als Ayscha bekannt ist, ein existenzialistischer philosophierender Russe mit dem Namen Alexej Spiridonowitsch. Und natürlich Ilja selbst, bei dem es sich um niemand anderen handelt als um Ilja Ehrenburg, den Autor und Protagonisten des 1922 erschienenen Romans *Die ungewöhnlichen Abenteuer des Julio Jurenito*.

Jurenito ist entschlossen, die westliche Zivilisation zu zerstören, und genießt die wachsende Unordnung, der er auf seiner Reise durch Europa begegnet. So nimmt er die Nachricht vom Ausbruch des Ersten Weltkrieges mit Begeisterung auf – »das Chaos nimmt Formen an, der Wahnsinn wird zu einer normalen Lebenserscheinung«[5] – und versucht, als bevollmächtigter Minister der (imaginären) Republik Labardan in den Konflikt einzugreifen, mit Forderungen, die kaum irrationaler sind als jene, welche die europäischen Mächte in den Krieg gestürzt haben. Auf ihrer Mission besichtigen Jurenito und seine Jünger mit großem Interesse deutsche Schützengräben. Möglicherweise treffen sie dort auf einen jungen preußischen Offizier, der schon siebenmal im Kampf verwundet wurde. Sein Name ist Ernst Jünger, und er zeichnet sich durch großen Mut, grenzenlose Begeisterung für das Soldatische und eine beeindruckende Begriffsstutzigkeit aus. *In Stahlgewittern*, Jüngers Roman aus dem Jahr 1920, ist ein schöner Text, der sich allerdings ein wenig wie ein LSD-Trip anfühlt. Er wirkt, als habe ein psychisch Kranker ihn verfasst. Die unzähligen Rekruten, die durch Artilleriefeuer und chemische Waffen hingemetzelt wurden, beschreibt er so:

> In diesen Männern war ein Element lebendig, das die Wüstheit des Kriegs unterstrich und doch vergeistigte, die sachliche Freude an der Gefahr, der ritterliche Drang zum Bestehen eines Kampfes. Im Lauf von vier Jahren schmolz das Feuer ein immer reineres, ein immer kühneres Kriegertum heraus.[6]

Jünger fantasiert sich ein Heldenepos zusammen, das aus der *Aeneis* stammen könnte, während um ihn herum in Wirklichkeit ein anonymes und erbarmungsloses Gemetzel stattfindet. Der Erste Weltkrieg war der erste militärische Konflikt, in dem sich zeigte, dass der entscheidende Faktor im kapitalistischen Krieg in der Fähigkeit besteht, in industriellem Maßstab technische Ressourcen zu mobilisieren, und es die erfolgversprechendste Taktik ist, die Truppen als einheitliche, kompakte Masse zu formieren. Der Mut des Einzelnen war für den Ausgang des Krieges so relevant wie der Schnitt der Offiziersuniformen.

In Stahlgewittern zeichnet sich durch eine sehr kitschige, aber kraftvolle Prosa aus, und man muss sich anstrengen, um herauszufinden, was der Autor tatsächlich durchgemacht hat. Was Jünger als »Rückkehr in die Quartiere« bezeichnet, besteht darin, tagelang zusammengekauert in winzigen, in die Schützengräben eingelassenen Unterständen zu hocken und zu hoffen, dass die Granaten einen nicht lebendig begraben. Die Gefallenen sind in der Regel Rekruten, die von dem Dauersturm aus Splittern, Giftgas und Sprengkörpern zerfetzt werden, bevor sie einen Feind zu sehen bekommen. Das Labyrinth der Schützengräben ist so ausgefeilt, dass sich Jünger und seine Männer häufig verirren und sich im Kreuzfeuer des Niemandslandes wiederfinden. Das ist nichts Ungewöhnliches, Granatenbeschuss durch die eigene Seite steht auf der Tagesordnung. Tatsächliche Gefechte sind selten. Die meiste Zeit wirken die Soldaten wie Statisten, wie die blutige Dekoration der Schützengräben, deren einzige Funktion wiederum darin besteht, die feindlichen Artilleriestellungen voneinander zu trennen.

Während der Lektüre hatte ich bisweilen den Verdacht, Jünger habe eigentlich eine Satire über die Beschränktheit deutscher Offiziere schreiben wollen. Er erzählt, dass er gelegentlich, ohne jeden Befehl, in die feindlichen Schützengräben robbte, um dort einen Feind gefangen zu nehmen (ja, wirklich: *einen* Feind in einem Krieg, der Millionen von Soldaten mobilisierte): »Diese kurzen Überfälle, bei denen man sich gut beherrschen mußte, waren ein gutes Mittel, um den Mut zu mildern und die Monotonie der Existenz im Graben zu brechen. Vor allem sollte sich der Soldat nicht langweilen.«

Bei einer anderen Gelegenheit riskiert er sein eigenes und das Leben eines Untergebenen, um einen verlorenen Orden wiederzufinden:

Während des Vorgehens spürte ich, dass mein Eisernes Kreuz sich von der Brust gelöst hatte und zu Boden gefallen war. Schrader, mein Bursche und ich begannen zu dritt eifrig zu suchen, obwohl verborgene Schützen uns aufs Korn nahmen. Endlich zog Schrader es aus einem Grasplacken hervor, und ich steckte es wieder fest.[7]

In diesem verzweifelten Bemühen, einen von Massenvernichtungswaffen geprägten Stellungskrieg zur persönlichen Mutprobe umzudeuten, steckt etwas Komisches und sogar Niedliches. Deshalb ist *In Stahlgewittern* ein sich unfreiwillig selbst parodierender Roman. Sogar sein vollständiger Titel *In Stahlgewittern. Aus dem Tagebuch eines Stoßtruppführers. Von Ernst Jünger, Kriegsfreiwilliger, dann Leutnant und Kompagnieführer im Füs. Regt. Prinz Albrecht v. Preußen (Hann. Nr. 73) Leutnant im Reichswehr-Regiment Nr. 16 (Hannover)* erinnert an den Roman Ehrenburgs, dessen kompletter Titel in den handelsüblichen Ausgaben meist fehlt: *Die ungewöhnlichen Abenteuer des Julio Jurenito und seiner Jünger. Monsieur Delhaie/Mister Cool/ Karl Schmidt/Ercole Bambucci/Alexej Tischin/Ilja Ehrenburg und des Schwarzen Ayscha in den Tagen des Friedens, des Krieges und der Revolution in Paris, Mexiko, Rom, am Senegal, in Moskau, Kineschma und an anderen Orten, ebenso verschiedene Urteile des Meisters über Pfeifen, über Leben und Tod, über Freiheit, über Schachspiel, das Volk der Juden und einige andere Dinge.*

Der kapitalistische Krieg setzte der traditionellen Kriegsliteratur, deren letzter erinnernswerter Ausdruck das Werk Jüngers ist, ein Ende. Deshalb beginnt James Jones, vielleicht der beste Kriegsschriftsteller der zweiten Hälfte des 20. Jahrhunderts, seinen Roman *Insel der Verdammten* über die Schlacht um die Pazifikinsel Guadalcanal mit einer jüngerschen Bemerkung: »Dieses Buch widme ich heiteren Sinnes der größten und heroischsten aller menschlichen Bemühungen, dem *Krieg*; möge er nie aufhören, uns die so dringend benötigten Vergnügungen, Aufregungen und Kitzel zu bereiten«, um dann jedoch mit ironischem Unterton zu enden: »uns Helden, Präsidenten und Führer zu bescheren, und die Denkmäler und Museen, die wir ihm im Namen des Friedens errichten«.[8]

Der Erste Weltkrieg ist aber auch der Ursprung der pazifistischen Literatur. Romane wie *Im Westen nichts Neues* von Erich Maria Remarque wären unvorstellbar gewesen, wenn nicht zuvor zehn Millionen junge Männer in den mitteleuropäischen Schützengräben wie Ratten ausgelöscht worden wären. Vor allem aber wurde der Konflikt ausführlich und auf eigenwillige Weise parodiert. Auch hier gilt: Nur kurze Zeit zuvor wäre es unmöglich gewesen, jene aggressiven Verhöhnungen patriotischer Ergüsse zu veröffentlichen, auf die wir in Jaroslav Hašeks *Die Abenteuer des braven Soldaten Schwejk* (1922), in Karl Kraus' *Die letzten Tage der Menschheit* (1918) oder in dem erwähnten Roman Ilja Ehrenburgs stoßen. Tod und Zerstörung gingen mit einem solchen Ausmaß an Verlogenheit, Heuchelei und Sinnlosigkeit einher, dass hysterisches Gelächter das einzig passende Mittel zu sein schien, um darüber nachzudenken.

Denn obwohl das Chaos offenkundig unbegreiflich war, musste es eben doch gedacht werden. Es handelte sich nicht einfach um einen Ausbruch religiöser oder nationalistischer Irrationalität – oder, wie Jünger meinte, um ein Ritual für mutige und ehrbare Patrioten –, die Ereignisse befanden sich vielmehr auf unerträgliche Weise in Einklang mit den Institutionen, die kurz zuvor noch Ordnung, Frieden und Prosperität garantiert hatten. Aus diesem Chaos ergab sich eine machtvolle Botschaft über die Vergangenheit, die Gegenwart und vor allem die Zukunft der Welt. Wie Julio Jurenito feststellt:

> Naive Kinder, ihr glaubt wohl, daß es so leicht sei, den Krieg zu beenden? Das kann niemand, selbst diejenigen nicht, die ihn begonnen haben – Diplomaten, Feldherren, Großindustrielle, Kaiser, Hochstapler –, können es nicht! Anfangs war es anders: Wahnsinn, tierische Wut, eine unerwartete Vertrautheit mit dem Tode, der Zusammensturz aller irdischen Güter, mit einem Wort: ein herrliches Durcheinander. Jetzt hat man sich daran zu sehr gewöhnt. [...] Nicht die Menschheit hat sich dem Krieg angepaßt, sondern der Krieg der Menschheit. [...] Dieser Krieg wird Jahrzehnte, vielleicht auch Jahrhunderte dauern. [...] in den Pausen wird es Friedensverträge und allerlei bukolische Dinge geben. Er wird seine Formen wechseln, sich wie ein Wasserlauf zeitweise in der Erde verbergen und eine ekelhafte Ähnlichkeit mit einem rührenden Frieden haben. [...] Der Krieg wird kein Krieg mehr sein; er wird sich geschickt in alle Herzen einschleichen; jede Stadtmauer, jeder Gartenzaun, jede Türschwelle wird eine Front sein. Der aus Überfluß an unvernünftigen Kräften, ungerechten, geraubten, verlogenen Reichtümern begonnene Krieg, wird nur dann enden, wenn er all das, in dessen Namen er begonnen worden ist, vernichtet hat [...].[9]

Der Weltkrieg war das Ergebnis einer Vielzahl von Spannungen, die sich in der Entstehungsphase des Kapitalismus herausgebildet hatten. Die Aussetzung des Goldstandards während des Ersten Weltkrieges wurde für die Utopie des freien Marktes zur Todesurkunde.

Überall auf der Welt setzte sich bei den Menschen die intuitive Überzeugung durch, dass die grauenhaften Konflikte ihren Ursprung in der Macht hatten, welche die Marktkonkurrenz über ihr Leben erlangt hatte; in der Tatsache, dass das vorausgegangene Jahrhundert der Wirtschaft die Macht verliehen hatte zu entscheiden, was möglich, unmöglich, wünschenswert oder wertvoll war.

Lange Zeit hatten die ökonomischen und politischen Eliten vehement behauptet, die Expansion des Handels gewährleiste das Wohlergehen und die Eintracht zwischen den sich als zivilisiert betrachtenden Ländern. Zu Beginn des 20. Jahrhunderts zeigte der Markt sein verborgenes Gesicht: ein Abgrund an Irrationalität, die alles vergiftete – von den internationalen Beziehungen bis zum eigenen Privatleben.

Los Angeles, 1932. Robert Syverten ist ein junger Mann aus der Arbeiterklasse, der von der ausgesprochen unwahrscheinlichen Chance träumt, sich als Regisseur in Hollywood durchzusetzen. Unterdessen hält er sich als Statist in großen Produktionen über Wasser. Als er bei einem Casting abgelehnt wird, lernt Robert Gloria kennen, eine junge Frau, die ebenfalls versucht, in der Welt der Filmsternchen nach oben zu kommen. Gloria überzeugt ihn, an einem Tanzwettbewerb teilzunehmen, einem Typus von Veranstaltung, der in England und den USA während der Großen Depression populär geworden war. Robert hat nichts zu essen, und ihn reizt nicht nur das ausgelobte Preisgeld in Höhe von tausend Dollar, sondern auch die Tatsache, dass die Teilnehmer kostenlos verpflegt werden.

Der Wettbewerb findet direkt am Meer in einem Ballsaal in Santa Monica statt. Die Tänzer sind Jugendliche aus den unteren Klassen: Tagelöhner, die aus ihren Dörfern vertrieben wurden, Arbeitslose, mexikanische Einwanderer, Frauen, die Opfer familiärer Gewalt sind. Die Regeln sind raffiniert und sadistisch: Die 140 teilnehmenden Paare müssen ständig in Bewegung bleiben und haben alle zwei Stunden nur jeweils zehn Minuten Pause. Die Organisatoren unternehmen alles, um das Publikumsinteresse aufrechtzuerhalten: Jeden Abend organisieren sie ein Rennen, bei dem das letzte Paar ausscheidet; sie feiern mitten auf der Tanzfläche eine Hochzeit zwischen Teilnehmern; sie gewinnen örtliche Geschäfte als Sponsoren für bestimmte Paare usw.

Tage und Wochen vergehen. Der Wettkampfirrsinn, der durch extreme körperliche Erschöpfung und das Gefühl, eingesperrt zu sein, verschärft wird, sorgt für eine krankhafte und klaustrophobische Atmosphäre. Tricks, Beleidigungen und Schlägereien zwischen den Tänzern werden immer häufiger. Schließlich, nach fast 900 Stunden, wird der Wettbewerb abgebrochen, als an der Bar des Ballsaals ein Mord geschieht. Robert und Gloria verlassen endlich das Lokal. Es ist zwei Uhr morgens, und sie spazieren am Meer entlang. Robert versucht, mit Gloria zu reden.

»Was wirst du tun?«, fragte ich Gloria.
»Ich werde aus diesem Karussell aussteigen«, sagte sie. »Ich bin fertig mit dem ganzen elenden Dreck.«
»Welcher Dreck?«
»Das Leben«, sagte sie.[10]

Gloria hatte schon vorher versucht, sich umzubringen, und auch während des Wettbewerbs ständig über Selbstmord nachgedacht. Schließlich zieht sie eine kleine Pistole aus ihrer Handtasche und bittet Robert, sie zu erschießen. Er erinnert sich daraufhin an ein Erlebnis aus seiner Kindheit auf der Farm in Arkansas, als sein Großvater ein Jagdgewehr nahm, um ein verletztes Pferd zu töten. Dann schießt er Gloria in den Kopf. Als die Polizei ihn verhaftet und fragt, warum er das getan habe, antwortet er: »Sie hat mich darum gebeten.« »War das der einzige Grund, den du hattest?«, antwortet der Polizist. »Pferden gibt man auch den Gnadenschuss, oder?«, fügt Robert hinzu.[11]

Berlin 1930. Johannes und Emma sind ein frisch verheiratetes junges Paar, das gerade ein Kind bekommen hat. Sie leben in einem Verschlag, den ein Schreiner auf dem Dach eines Kinos errichtet hat und ihnen günstig vermietet. Sie sind arm und müssen jede Mark umdrehen. Eigentlich hätte eine bessere Zukunft auf die beiden warten sollen: Emma stammt aus einer Familie von Industriearbeitern, Johannes hat in Provinzstädten in einigen gut laufenden Geschäften gearbeitet. Dann jedoch werden sie wie Millionen andere zu Opfern des Kapitalismus in der Weimarer Republik.

Die Hyperinflation nach dem Ersten Weltkrieg stürzte Lohnabhängige und kleine Sparer ins Elend und machte Rentiers und Spekulanten reich, die für eine Handvoll Münzen ganze Industrie-Imperien übernahmen.

Das Paar hat das Pech, ausgerechnet in jenem Moment geheiratet zu haben, als eine neuerliche Krise, die von 1929, das Land erschüttert. Johannes findet Arbeit in der Herrenabteilung eines großen Kaufhauses in Berlin. Dort etabliert ein psychisch gestörter Personalchef ein auf Quoten beruhendes, sozialdarwinistisches Selektionsverfahren für Angestellte. Jeden Monat werden jene Mitarbeiter entlassen, die den festgelegten Mindestumsatz nicht erreicht haben. Die Angestellten müssen einen unbarmherzigen Wettbewerb darum führen, wer die meisten Verkäufe abschließt. Eines Tages bedrängt Johannes, verzweifelt wegen seiner schlechten Bilanz, einen Kunden, ihm einen Anzug abzukaufen. Der Mann, der sich als berühmter Schauspieler entpuppt, beschwert sich bei der Geschäftsführung, und Johannes verliert seinen Job. Einige Zeit später, als er schon über ein Jahr arbeitslos ist, begreift er seine Lage. Er läuft abends durch die Innenstadt Berlins, nähert sich dem beleuchteten Schaufenster eines teuren Geschäfts, und ein Polizist vertreibt ihn lauthals:

> Und plötzlich begreift [Johannes] Pinneberg alles, angesichts dieses Schupo, dieser ordentlichen Leute, dieser blanken Scheibe begreift er, daß er draußen ist, daß er hier nicht mehr hergehört, daß man ihn zu Recht wegjagt: ausgerutscht, versunken, erledigt. Ordnung und Sau-

berkeit: Es war einmal. Vorwärtskommen und Hoffen: Es war einmal.
Armut ist nicht nur Elend, Armut ist auch strafwürdig. Armut ist Makel, Armut heißt Verdacht.
»Soll ich dir Beine machen?«, sagt der Schupo.
Pinneberg gibt sofort klein bei, er ist wie besinnungslos.[12]

Im Verlauf des 19. Jahrhunderts entwickelten die Verlierer des Kapitalismus ein klares Verständnis für die Mechanismen der wirtschaftlichen Ausbeutung. Sie spürten, dass die freien Arbeitsverhältnisse in Wirklichkeit auf einer Zwangsstruktur beruhen, die ihren Ursprung in der Enteignung der Bevölkerungsmehrheit und in deren materieller Abhängigkeit von den industriellen Eliten hat. Die Literatur der Zwischenkriegszeit hingegen zeigt, wie der globale Kapitalismus über die Ausbeutung der Arbeitskraft hinaus eine Sozioporose verursachte, eine Art Gesellschaftsschwund. Nachdem die Lohnabhängigen ihrer Kontrolle über die materiellen Subsistenzmittel beraubt worden waren, zerstörte der Markt nun auch die Grundlagen des gesellschaftlichen Zusammenlebens, indem er alle Bereiche des menschlichen Daseins der Logik des Feilschens unterwarf.

Das Projekt des allgemeinen freien Marktes, das darauf setzte, dass sich möglichst viele Bereiche des gesellschaftlichen Lebens über das spontane Spiel von Angebot und Nachfrage selbst regulieren würden, hatte letale Folgen für den sozialen Zusammenhalt. Der gnadenlose Wettbewerb stürzte Hunderte Millionen Menschen auf der ganzen Welt in soziales und moralisches Unglück. Das ist das Narkotikum, das Johannes Pinneberg lähmt und ihn daran hindert, sich der Misshandlung durch die Autoritäten zu widersetzen. Oder den Unterschied zwischen dem Gnadenschuss für ein Pferd und jenem für eine depressive Frau verschwimmen lässt.

Im Jahr 2026 reisen hundert Erdenbewohner mit einem Raumschiff namens »Ares« zum Mars. An Bord sind Spitzenwissenschaftler unterschiedlicher Fachrichtungen, die für eine gemeinsame russisch-amerikanische Mission ausgewählt wurden. Auch Menschen anderer Nationalität – Spanier, Franzosen, Jamaikaner usw. – gehören zu der Gruppe, deren Ziel darin besteht, den Mars durch ein faustisches Terraforming-Projekt in einen bewohnbaren Planeten zu verwandeln. Gewaltige Bohrungen sollen die unter der Marsoberfläche gespeicherte Wärme freisetzen, unterirdische Nukleardetonationen das Wasser aus dem Permafrost lösen, ein »Weltraumaufzug« den Mars mit einem geosynchronen Asteroiden verbinden.

Es ist eine drängende Aufgabe. Die Menschheit steht am Rand einer Katastrophe. Die Erde wird von großen transnationalen Konzernen beherrscht, die wie eine Herde Lemminge die kapitalistische Ökonomie über ihre ökologischen, sozialen und demografischen Grenzen hinaus getrieben haben. Die Konzerne, die die Expedition finanziert haben, sehen den Mars als Chance, um die Widersprüche des Systems mithilfe interplanetarer Expansion zu überwinden: neue Märkte, neue Rohstoffquellen, ein Auffangbecken für den ökodemografischen Druck. Imperialismus im galaktischen Maßstab, wow.

Doch die Dinge gestalten sich komplizierter als gedacht. Sobald sie auf dem Mars ankommen, werfen die Siedler die irdischen gesellschaftlichen Fesseln ab und nehmen sich die Freiheit, ihre eigenen Regeln des Zusammenlebens aufzustellen. Arkadi Bogdanov, ein Ingenieur, der sich um die politischen Aspekte des Projekts kümmern soll, sagt nach nur sechs Monaten:

> Halbjahr. Und während dieser ganzen Zeit besaßen wir keine Anführer, nicht wirklich. Diese abendlichen Zusammenkünfte, bei denen jeder sich aussprechen kann und die Gruppe entscheidet, was am dringendsten zu tun ist – so sollte es sein. Und es wird keine Zeit vergeudet mit Kaufen oder Verkaufen, weil es keinen Markt gibt.[13]

Es ist eine Doktrin, die in dem Maße Gestalt annimmt, wie die Zahl der Siedler wächst, und die schließlich zur Grundlage einer für den Mars charakteristischen Weltauffassung wird. Die Bewohner des roten Planeten wollen die von der Erde stammenden politischen Schranken hinter sich lassen. Der Mars bietet ihnen die Gelegenheit, die Kontrolle über ihr Leben zurückzuerlangen. Als der offene Konflikt mit den Konzernen ausbricht, durchtrennen sie das gigantische Kabel, das den Planeten mit einem Asteroiden verbindet und das einen schnellen und rentablen Material- und Personalaustausch zwischen Erde und Mars ermöglicht. Sie befreien sich im buchstäblichen Sinn von der ökonomischen Diktatur.

In seiner monumentalen *Mars-Trilogie* (1992-1997) wollte Kim Stanley Robinson die Möglichkeiten eines emanzipatorischen politischen Projekts ausloten, das sich vom kapitalistischen Ballast befreit hat und sich unter den Bedingungen eines hohen technologischen und kulturellen Entwicklungsstands entfalten kann. Ein so unwirtlicher Planet wie der Mars bringt praktisch von selbst dieses soziale Szenario hervor: Die Siedler sind zu Kooperation, gemeinsamer Deliberation und kollektiven Entscheidungen gezwungen, wenn sie überleben wollen. Und gleichzeitig können sie radikale politische Experimente wagen, weil die gesellschaftlichen Hindernisse und ökonomischen Mächte, die sie verhindern könnten, Millionen Kilometer entfernt sind. Es spricht nichts dagegen, Wohnungen ohne monetäre Gegenleistung zu bauen, weil es keine Immobilienindustrie gibt, die pleitegehen könnte. Sie können eine grüne Strategie entwickeln, weil es keine zerstörerischen Konzerne gibt, für die das Gewinneinbußen bedeutet. Und deswegen reagieren die Marsbewohner auch mit spontanem Antikapitalismus, als die terrestrischen Konzerne die Kontrolle über die Kolonie zurückzuerobern versuchen. Auf einer großen planetarischen Vollversammlung erklärt John Boone, einer der ersten hundert Siedler:

> Dieses System, das wir die transnationale Weltordnung nennen, ist reiner anti-ökologischer Feudalismus, der eine fluktuierende interna-

tionale Elite bereichert und alle anderen ärmer macht. Aber die sogenannte Elite ist in Wirklichkeit auch arm. Sie ist bar jeder echten humanen Tätigkeit und daher auch bar jeder echten Leistung und Bildung, parasitisch im ganz eigentlichen Sinne [...]. Also, Freunde, geht es hier um Demokratie gegen Kapitalismus.[14]

Genau genommen geht es an diesem Punkt um Kapitalismus gegen Demokratie-oder-irgendetwas-Vergleichbares. Wenn sich die Zahl der zur Auswahl stehenden Optionen erweitert, öffnet sich ein Möglichkeitsfenster, um zuvor undenkbare Bündnisse zu schmieden. Aber es kommen auch zuvor verborgene Konflikte zum Vorschein. Unmittelbar nachdem Kim Stanley Robinsons Siedler den Mars betreten, setzen auch Auseinandersetzungen zwischen den Anhängern unterschiedlicher, in vieler Hinsicht kaum zu versöhnender Weltauffassungen ein. Zum Beispiel gibt es einen heftigen Konflikt zwischen den Befürwortern des Terraformings und einer Minderheit von Konservationisten, die den Mars so bewahren wollen, wie sie ihn vorgefunden haben, auch wenn dies die Möglichkeiten der Kolonisierung einschränkt.

Zu Beginn des 20. Jahrhunderts stellten viele Menschen fest, dass die Erde sich in einen Ort verwandelt hatte, der gesellschaftlich ebenso kalt und tot war wie die Marswüste. Die Kriege verwandelten einen großen Teil Europas in den Trümmerhaufen einer untergegangenen Zivilisation. In dieser Epoche ergaben sich unerwartete Möglichkeiten sozialer Veränderung. Die allgemeine Krise sorgte dafür, die Welt von einer historischen Last zu befreien, die mögliche Transformationen verhinderte. Über Jahre hinweg war das gesellschaftliche Leben von wachsender Lethargie geprägt gewesen, gefroren in den eisigen Winden des Freihandels. Die ganze Welt erwachte aus diesem Winter der Märkte mit einem politischen Hunger, der ermutigend war, aber auch gefährlich. In einer berühmt gewordenen Rede bekräftigte Hitler am 21. März 1933: »Wir wollen wiederherstellen das Primat der Politik, die berufen ist, den Lebenskampf der Nation zu organisieren und zu leiten.« Diese Worte hätten auch von Roosevelt, Stalin, Attlee, Mussolini, Keynes, Perón, Nasser, Truman, Johannes XXIII., Lenin, de Gaulle oder sogar Rosa Luxemburg stammen können.

Praktisch alle Regierungen der Welt erkannten damals an, dass es notwendig war, die kapitalistische Ökonomie durch institutionelle Regulierung zu bändigen. Die entscheidende Frage, bei der es im eigentlichen Sinne des Wortes um Leben und Tod ging, lautete, welcher politischen Natur diese Intervention sein sollte. Die Faschisten und Nazis versuchten, die Profite der Bourgeoisie zu retten, indem sie totalitäre Schreckensregime errichteten. Der Stalinismus räumte mit den revolutionären sozialistischen Idealen auf, indem er eine nichtkapitalistische Industriedespotie durchsetzte. Und in anderen Ländern Europas und Amerikas kämpften Arbeiter und Eliten währenddessen um die Umrisse einer neuen gesellschaftlichen Landkarte: um die Natur und die Ziele staatlicher Politik, um die Grenzen des Marktes und vor allem um die Reichweite demokratischer Mehrheitsentscheidungen.

Ich würde gern behaupten können, mein Leben sei durch Charles Baudelaires *Blumen des Bösen*, durch Samuel Becketts *Molloy* oder César Vallejos *Trilce* verändert worden; oder dass ich irgendwann nach langer, verzweifelter Suche das süße Gift eines begeisternden literarischen Zaubertranks entdeckt hätte. Dass ich dieses oder jenes Buch im Verborgenen lesen musste, weil es meiner Familie unmoralisch oder als Zeitverschwendung erschien.

Die Wahrheit jedoch ist, dass es Jack Kerouacs Roman *On The Road* war, der mich verändert hat. Und dass meine Eltern ihn mir schenkten, als ich dreizehn oder vierzehn war. Ich war hin und weg, als ich das Buch las. In diesem Alter war ich ein obsessiver Leser. Ich brauchte die Bücher, weil sie mich vor dem Abgrund gesellschaftlicher Langeweile bewahrten, der damals Schwindel und Verzweiflung in mir auslöste. *On The Road* ließ mich begreifen, dass Literatur auch dazu dienen kann, bewusstseinserweiternde Erfahrungen zu machen. Das Gefühl, von dem Kerouac spricht, als ein Freund nach Denver kommt und es erforderlich wird, »die Gossen von Denver zu verbreitern und die Gültigkeit gewisser Gesetze einzuschränken, um Raum zu schaffen für die Wucht seines Leids und das Feuer seiner Ekstasen«.[15]

Ich begreife es einfach nicht. Heute wirkt *On The*

Road auf mich wie der letzte Dreck. Ich habe mich mehrmals gezwungen, das Buch nochmal in die Hand zu nehmen, um wenigstens ein bisschen zu verstehen, was mich damals begeisterte. Aber ich ertrage es einfach nicht mehr.

Zunächst einmal finde ich es extrem langweilig. In dem ganzen verdammten Roman passiert absolut nichts, einmal abgesehen von der einen oder anderen Testosteronausschüttung. Es ist eine einschläfernde Aneinanderreihung von Autofahrten, bei denen ein paar Alphamännchen alles in ihrer Macht Stehende tun, um auf irgendeiner amerikanischen Straße eine Massenkarambolage zu verursachen.

Zweitens gelingt es Kerouac, alle Figuren in *On the Road* so zu zeichnen, dass sie mir unsympathisch sind. Ich habe keine Ahnung, wie Neal Cassady in Wirklichkeit wohl war. Im Roman ist er ein Frauenheld, der wundersamerweise gleichzeitig geistig zurückgeblieben und unerträglich pedantisch wirkt. Er lügt, manipuliert und ist illoyal gegenüber seiner Frau und seinen Kindern. Ein krankhaft geschwätziger und launischer Reisebegleiter, der Kerouac schließlich in Mexiko schwer krank zurücklässt. So jemandem würde ich mich nicht einmal mit der Kneifzange nähern.

Selbst Allen Ginsberg wirkt hochtrabend. Er hat allerdings auch Verdienste, weil er, wie ich später entdeckte, einen ausgeprägten Sinn für Humor besaß. In einem Interview erklärte er einmal, wie man mithilfe von Shelleys Gedicht *Ode an den Westwind* high werden könne:

Der Schlüssel ist, dass man es laut liest und die Atmung an der Zeichensetzung orientiert. Jede Interpunktion – egal ob eine Klammer, ein Komma oder ein Punkt – bedeutet einen Atemzug. Du wirst sehen, das ist einfach. Es ist nicht »Oh, nimm mich mit«. Es ist: »Oh – nimm mich mit.« Es ist nicht der eigentliche Text, aber du merkst, dass du ein »Oh« hast, dass es ein großes »Oh, nimm mich mit« ist, und dazwischen liegt ein Atemzug, so dass du nicht außer Atem gerätst. Shelley war sehr genau damit, sie hat den Atem selbst gemessen. Lyrik macht genau das. Lies es laut, und du wirst sehen, dass es ein bisschen knallt. Wie nennt man das? Hyperventilation? Das ist der Hammer. Wenn man das als Gruppending im Klassenzimmer macht, reißt das jeden mit, und alle werden high.«[16]

Tatsächlich habe ich beim Nachlesen festgestellt, dass *On the Road* eines jener Bücher ist, die fast immer falsch verstanden werden. Da es großen Einfluss auf die Gegenkultur der sechziger Jahre hatte, wird es im Rückblick als Vorbote von Beatniks und Schlaghosen interpretiert. In Wirklichkeit jedoch entstand der Text ab 1948; im Grunde handelt es sich um ein aus der euphorischen Perspektive der Sieger erzähltes Zeugnis vom Ende des Zweiten Weltkriegs. Kerouac hatte kurzzeitig in der Marine gedient, war aber aus medizinischen Gründen entlassen worden. Die G.I. Bill, ein Gesetz von 1944, das entlassenen Soldaten den Zugang zu Hochschulen erleichterte, ermöglichte ihm die Rückkehr an die Columbia University und verschaffte ihm ein kleines Stipendium, mit dem er schreiben und reisen konnte. Als Neil Cassady und er am Tag von Harry Trumans zweiter Amtseinführung durch Washington fahren, beobachten sie die Militärparade:

Protzige Schaustücke der Kriegsmacht waren an der Pennsylvania Avenue aufgereiht, als wir dort in unserem ramponierten Kahn vorbeischaukelten. B-29-Bomber, Landungsboote, schwere Geschütze, Kriegsgerät aller Art, das auf dem verschneiten Rasen einen mörderischen Anblick bot; zuletzt kam ein ganz gewöhnliches kleines Rettungsboot, das armselig und ein bisschen blöd aussah. Dean bremste ab, um es sich anzuschauen. Er schüttelte in ehrfürchtigem Staunen den Kopf.[17]

On the Road ist Ausdruck der kollektiven Erfahrung mit dem Wiederaufbau nach Krieg und wirtschaftlichem Zusammenbruch. Deshalb hat es auch einen so nationalistischen Ton und spricht so besessen vom authentischen Amerika. Durch den Aufbruch in die neue und optimistische Welt des New Deal vollzieht Kerouac eine Art Katharsis – zur Überwindung der dramatischen Wanderungsbewegungen der Großen Depression, die Zehntausende arbeitender Armer in Landstreicher verwandelten und denen Steinbeck ein literarisches Denkmal gesetzt hat. Ein Cowboy erklärt ihm, dass er in den dreißiger Jahren mindestens einmal im Monat auf Güterzüge stieg:

In jenen Tagen konntest du Hunderte von Männern auf einem Pritschenwagen oder in einem Kastenwagen fahren sehen, und das waren nicht immer nur Landstreicher, es waren Arbeitslose aller Art, die von einer Stadt zur anderen zogen, manche waren aber auch einfach nur auf Wanderschaft. So ging das überall im Westen. Die Bremser machten einem damals keine Schwierigkeiten. Ich weiß nicht, wie es heute ist. Nebraska kann mir gestohlen bleiben. Oh, Mitte der dreißiger Jahre war die Gegend hier nichts als eine riesige Staubwolke, so weit das Augen reichte. Man kriegte keine Luft zum Atmen. Der Boden schwarz.[18]

Kerouacs Buch schildert die Welt, wie sie sich am Tag nach diesem biblischen Albtraum darstellt. Die von

Roosevelt ab den dreißiger Jahren verfolgte Politik hat die Destruktivität des Raubtierkapitalismus eingehegt. Die Frauen sind freier und unabhängiger, weil sie während des Krieges Beschäftigung in den traditionell von Männern besetzten Industrien gefunden haben. Die Arbeiter können sich nun in mächtigen Gewerkschaften organisieren.

Kerouac greift den Enthusiasmus auf, der diese Entwicklungen – echte historische Erdbeben – begleitete und reduziert ihn auf eine innerliche, psychologische Erfahrung, einen hitzigen Bewusstseinsstrom. »Er scherte sich einen Dreck um alles«, schreibt er über einen Freund in New York. »Seine Begeisterung blitzte ihm aus den Augen wie Strahlen von einem teuflischen Licht. Er rollte den Kopf in spastischer Ekstase. Er stammelte, er verrenkte sich, er plumpste zu Boden, er stöhnte, er heulte, er ließ sich verzweifelt auf den Rücken fallen. Er brachte kaum noch ein Wort hervor, so begeistert war er vom Leben.«[19]

Paradoxerweise nimmt dieser psychologische Reduktionismus vieles vorweg. Die Radikalität der inneren Erfahrung ist ein Symptom der voranschreitenden Normalisierung sozialer Brüche. Kurze nach dem Ende des Zweiten Weltkriegs verließen die nordamerikanischen Frauen die Fabriken, wurden wieder zu Hausfrauen und fingen an, Barbiturate zu schlucken, als handele es sich dabei um Hustenbonbons. Im Zuge der antikommunistischen Hexenjagd wurde im ganzen Land das gewerkschaftliche Organisationsrecht beschränkt. Die Schwarzen kehrten in ihre Ghettos zurück. Die Weißen in ihre Büros und Vororte. Ginsberg selbst – der im Roman Carlo Marx heißt – bringt es scharfsinnig auf den Punkt, in einem Tonfall, den Kerouac als »halbironisch« bezeichnet:

> »Nun, ich will euch ja nicht eure Träume nehmen, aber mir scheint, es ist an der Zeit, dass ihr euch darüber klar werdet, wer ihr seid und was ihr mit eurem Leben anfangen wollt.« Carlo jobbte in einem Büro und schrieb Schreibmaschine. »Ich möchte mal wissen, was das eigentlich bedeuten soll, wenn ihr den ganzen Tag zu Hause rumsitzt. Was soll das ewige Gerede, und was habt ihr eigentlich vor? Dean, warum hast du Camille sitzenlassen und dir Marylou geholt?« Keine Antwort, nur Gekicher. »Marylou, warum reist du einfach so im Land herum, und wonach strebst du, wenn du an das Totenhemd denkst?« Die gleiche Antwort. »Ed Dunkel, warum hast du deine junge Frau in Tucson verlassen, und was hockst du hier auf deinem dicken Arsch? Wo ist dein Zuhause. Was ist deine Arbeit?« Ed Dunkel ließ in ehrlicher Verlegenheit den Kopf hängen. »Sal, wieso bist du dermaßen auf den Hund gekommen, und was hast du mit Lucille gemacht?« Er strich seinen Bademantel glatt und sah uns alle an. »Es wird kommen der Tag des Zorns. Euer Ballon wird zerplatzen. Und nicht nur das, es ist ein abstrakter Ballon. Ihr werdet zur Westküste fliegen und zu Fuß zurückgewankt kommen, auf der Suche nach eurem Grab.«[20]

Ich glaube, dass mich *On the Road* mit vierzehn aus demselben Grund fesselte, aus dem ich es heute grauenvoll finde. Kerouac gelingt es, etwas in ein privates Gefühl subjektiver Intensität zu verwandeln, das in Wirklichkeit eine kollektive politische Niederlage par excellence darstellt. Niemand kann heute diesen Roman lesen, ohne zu bemerken, dass die jugendliche Begeisterung einen Übergangsritus hin zu einem grauen, beschränkten und verregelten Leben darstellt, in dem selbst die nihilistische Subversion gesittet und in geregelten Bahnen verläuft. Oder wie es in einer schrecklichen Playstation-Werbung von 1999 heißt, in der Personen unterschiedlicher Hautfarbe, Alters, Geschlechts und sozialer Klasse eine Ode an den industriell gefertigten Nietzscheanismus rezitieren:

> Seit Jahren führe ich ein Doppelleben. Tagsüber arbeite ich, nehme ich den Bus, mache meinen Job mit anderen Menschen. Aber nachts führe ich ein Leben voller Aufregung, Emotionen und Adrenalin. Und, ehrlich gesagt, ein nicht besonders tugendhaftes Leben. Ich kann nicht leugnen, dass ich an Gewalttaten beteiligt war und es sogar genossen habe. Ich habe Feinde verstümmelt und getötet, nicht nur zur Selbstverteidigung. Ich war gegenüber dem Leben, der körperlichen Unversehrtheit und dem Eigentum anderer völlig gleichgültig und habe jeden Moment ausgekostet. Wenn du mich siehst, würdest du nie denken, dass ich Armeen angeführt und Welten erobert habe. Und auch wenn ich dafür jede Moral ablegen musste, bedauere ich es nicht. Denn obwohl ich ein Doppelleben geführt habe, kann ich doch zumindest von mir behaupten, gelebt zu haben.

Doch was tatsächlich geschah, sollte nicht den Blick darauf verstellen, was geschehen hätte können. Die Verwandlung der Sozialpolitik in ein bürokratisches Herrschaftsinstrument, die Transformation des Sozialismus in ein staatliches Kontrollprojekt, die fordistische Erpressung, die sozialen Frieden und Unterwerfung als Gegenleistung für einen gewissen Wohlstand forderte – all das hat seine Gegengeschichte.

Anthony Burgess, der damals in Gibraltar stationiert war, spricht in seinen Memoiren über den überraschenden Wahlsieg, den der Labour-Kandidat Clement Attlee im Juli 1945 über einen fassungslosen Winston

Churchill errang, der überzeugt gewesen war, dass ihm der militärische Sieg eine zweite Amtszeit garantieren würde.[21] Die englischen Soldaten, von denen die meisten aus der Arbeiterklasse stammten, wagten es in einem Moment größter Unsicherheit, sich der elitären und bürgerlichen Politik ihres Oberbefehlshabers zu widersetzen, und stimmten für die Demokratisierung des sozialen und ökonomischen Lebens. Attlees Regierung nutzte diese Kraft, um ein innovatives, fast schon experimentelles Reformprogramm voranzutreiben, welches das Land von Grund auf veränderte. Die Grundstrukturen des europäischen Sozialstaates – öffentliches Gesundheitswesen, Arbeitslosenunterstützung, Rentensystem –, die uns heute bescheiden, beschränkt und langweilig erscheinen, konnten nur mithilfe eines immensen politischen Enthusiasmus durchgesetzt werden. Tatsächlich wären sie nur wenige Jahre zuvor wohl als utopischer Wahnsinn gebrandmarkt worden.

Der Sieg über den Faschismus war ein Augenblick nicht nur individueller, sondern gesellschaftlicher Erregung, er kam unerwartet und wurde aus absoluter Verzweiflung geboren. Er folgte auf die größte Erniedrigung, welche die Menschheit je erlebt hatte. So schilderte es ein junger italienischer Chemiker, Überlebender eines NS-Vernichtungslagers.

Als die Rote Armee im Januar 1945 in Polen Richtung Berlin vorrückt, geben die Nazis die Lager nach und nach auf. Sie deportieren die gesunden Gefangenen in Arbeitslager wie Buchenwald und ermorden die anderen. Die Geschwindigkeit des russischen Vormarsches hindert die Deutschen jedoch daran, ihre Aufgabe zu Ende zu bringen, und so überlassen sie im Lager Auschwitz etwa achthundert in der Krankenstation verbliebene Häftlinge ihrem Schicksal. Darunter befindet sich auch ein junger jüdischer Antifaschist aus Turin namens Primo Levi.

Das Winterende ist hart und schmutzig. Das Tauwetter verwandelt das Vernichtungslager in einen Sumpf voller Leichen und Müll. Die Kranken sterben reihenweise in ihren Kojen oder auf den verschlammten Wegen. Ganz allgemein herrscht unter den wenigen im Lager verbliebenen Überlebenden eine irreale Atmosphäre der Verlassenheit – als ob das Leben, vom Schrecken des Lagers geschwächt, sich in den Winterschlaf geflüchtet hätte: »Ich nahm […] alles, was um mich herum vorging, nur bruchstückhaft und undeutlich auf. Es war, als hätten Erschöpfung und Krankheit wie wilde und feige Tiere im Hinterhalt den Augenblick abgewartet, an dem ich keinerlei Abwehrkräfte mehr hatte, um mich hinterrücks zu überfallen.«[22]

Ist das ein Mensch?, der erste Teil von Primo Levis Auschwitz-Trilogie, ist eine zurückhaltende, fast zaghafte Darstellung der dämonischen Mechanismen, die das Leben im Vernichtungslager regeln. *Die Atempause*, der zweite Teil, hingegen ist ein berauschendes Zeugnis vom Triumph des Lebens und wird anhand einer chaotischen Reise durch das in Trümmern liegende Europa erzählt. Nach der toxischen Schneeschmelze beginnt ein meteorologischer und historischer Frühling. Natürlich gibt es auch diejenigen, die dem Nihilismus verfallen wie etwa »der Mohr«, ein siebzigjähriger Veronese, mit dem Levi auf der Krankenstation eines Flüchtlingslagers im befreiten Polen liegt:

> In der knochigen, aber mächtigen Brust des Mohren kochte unablässig eine gigantische, aber auf nichts Bestimmtes gerichtete Wut: eine sinnlose Wut auf alles und jeden, auf die Russen und die Deutschen, auf Italien und die Italiener, auf Gott und die Menschen, auf sich selbst und auf uns, auf den Tag, wenn es Tag war, und auf die Nacht, wenn es Nacht war, auf sein Schicksal, auf jedes Schicksal.[23]

Viele andere entdecken jedoch eine unerwartete Vitalität in sich. Wie die beiden jüdischen Mädchen, mit denen Primo Levi an einem heruntergekommenen Bahnhof im ukrainischen Proskurow auf Jiddisch zu flirten versucht. Sie stammen aus Minsk, in Weißrussland. Als die Deutschen näher rückten, beantragten ihre Familien die Umsiedlung ins Innere der Sowjetunion. Dem Antrag wurde stattgegeben, allerdings nicht ohne ein gewisses Maß an bürokratischem Übereifer. Die Familie wurde nach Samarkand geschickt, 4000 Kilometer von ihrem Heimatort entfernt. Ihre Mutter starb, als die beiden noch Kinder waren, der Vater wurde zur Armee eingezogen. Auf diese Weise waren die beiden auf sich selbst gestellt, als die Ältere gerade einmal sechzehn Jahre alt war. Sie haben Usbekisch und viele andere lebensnotwendige Dinge gelernt: von einem Tag auf den nächsten Tag leben, mit einer einzigen Tasche durch Kontinente reisen, wie die Vögel am Himmel sein und sich keine Gedanken um das Morgen machen:

> Sore und ihre schweigsame Schwester – jetzt fuhren sie gleich wieder in die Heimat. Sie hatten sich von Samarkand aus im März auf den Weg gemacht, getrieben wie eine Feder vom Wind; teils in Lastwagen, teils zu Fuß hatten sie Karakum, die Wüste des schwarzen Sandes, durchquert; mit dem Zug waren sie nach Krasnovodsk am Kaspischen Meer gereist und hatten dort gewartet, bis ein Fischkutter sie nach Baku mitnahm. Von Baku aus waren sie, immer mit solchen Verkehrsmitteln, die bereit waren, sie ohne Geld mitzunehmen, bis hierher gelangt. So hatten sie sich durchgeschlagen: erfüllt von grenzenlosem Vertrauen in die Zukunft und in ihren Nächsten, von einer echten ungebrochenen Liebe zum Leben.[24]

Unterwegs. Und in diesem Fall ist es wirklich eine wilde Erfahrung. Primo Levi und seine entwurzelten Gefährten durchqueren Polen, Österreich, die Slowakei, die Ukraine, Rumänien, Weißrussland, Ungarn ... Um zu überleben, verkaufen sie alles Mögliche: einen beschädigten Füllfederhalter, ein löchriges Hemd, drei Teller, Fische, die sie mithilfe einer Spritze mit Wasser voll pumpen, um sie größer aussehen zu lassen. Sie betrügen, stehlen, lügen. Sie handeln auf dem Schwarzmarkt, um sich Antibiotika zu beschaffen. Sie jagen Pferde der Roten Armee und schlagen sich mit riesigen Rossteaks den Bauch voll. Sie beschützen zwei deutsche Prostituierte, die auf sowjetischem Territorium hängen geblieben sind. Betrinken sich mit vergälltem Alkohol, nehmen an skandalösen Theateraufführungen teil, die im Tumult enden. Und erreichen schließlich im Juli 1945

Staryje Doroghi, ein Flüchtlingslager mitten in der weißrussischen Steppe:

> In Sluzk hielten sich im Juli 1945 zehntausend Personen auf; ich sage Personen, weil jede eingrenzendere Benennung unzutreffend wäre: Männer, eine große Zahl von Frauen und Kindern, Katholiken, Juden, Orthodoxe, Moslems; Weiße, Gelbe, verschieden Schwarze in amerikanischer Uniform; Deutsche, Polen, Franzosen, Griechen, Holländer, Italiener und andere; außerdem Deutsche, die vorgaben, Österreicher zu sein, Österreicher, die sich als Schweizer ausgaben; Russen, die als Italiener auftraten; eine als Mann verkleidete Frau – und schließlich, auffällig inmitten der zerlumpten Menge, ein ungarischer General in voller Uniform, streitsüchtig, bunt und dumm wie ein Hahn. [...] Die Russen zeigten keinerlei Neigung, ideologischen Druck auszuüben oder auch nur Unterscheidungen zu treffen. Es wäre auch zu kompliziert gewesen; unsere Gemeinschaft bestand aus ehemaligen Militärs von der Ostfront, ehemaligen Partisanen, Häftlingen aus Auschwitz, Arbeitern von der Organisation Todt, gewöhnlichen Kriminellen und Prostituierten aus San Vittore; mochten wir nun Kommunisten, Monarchisten oder Faschisten sein, die Russen bewahrten eine unparteiliche Gleichgültigkeit. Wir waren Italiener, das genügte: alles andere war »vsjò ravnò«, alles egal.[25]

Unfassbar: eine zusammengewürfelte Menge, die nur als »Menschen« bezeichnet werden kann. Viele von ihnen waren sich auf den Straßen und Schlachtfeldern zuvor als Feinde begegnet. Und trotzdem waren sie jetzt *alle gleich*. Dort im Nirgendwo, Tausende Kilometer von zu Hause entfernt, ohne konkrete Pflichten, von den einst herrschenden gesellschaftlichen, politischen und wirtschaftlichen Konventionen befreit und den totalitären Schrecken hinter sich – so beschreibt Levi die Überlebenden, die auf dem weißrussischen Planeten Mars des Jahres 1945 ihre gemeinsamen Wurzeln entdecken. Das krachende Scheitern der Gesellschaftsmodelle, welche die kapitalistische Normalität diktiert hatte, und die Entwurzelung führen zu der spontanen, wortlosen Forderung nach einem gemeinschaftlichen Leben in Gleichheit. Ja, das ist ein Skandal: Er heißt Demokratie. Und in der zweiten Hälfte des 20. Jahrhunderts fuhr diese skandalöse Erfahrung wie ein Blitz von Prag nach Paris, von Mexiko-Stadt nach Santiago de Chile, von Kairo nach Daressalam, von Berkeley nach Havanna.

6. Vom beschädigten Leben zur Konterrevolution

An einem verregneten Nachmittag betritt Charlie Mallory, ein selbstständiger Ingenieur aus New York, die Woolworth-Filiale auf der Fifth Avenue, um einen Schraubenzieher zu kaufen. Dort muss John Cheever ihn gesehen haben. Cheever erzählt, wie Mallory beim Verlassen des Geschäfts die Spielzeugabteilung durchquert. Wie immer zu dieser Tageszeit ist diese voll mit Frauen, die aussehen, als hätten sie gerade Ehebruch begangen und würden nun noch schnell ein Geschenk für ihr kleines Kind zu Hause kaufen. An diesem Nachmittag sind es vielleicht acht oder zehn, schön, parfümiert und gut gekleidet, aber mit dem betrübten Gesichtsausdruck von Frauen, die eben noch in einem anonymen Hotelzimmer von einem x-beliebigen Typen ausgezogen worden sind und sich nun auf dem Heimweg befinden, um sich von einem zärtlichen Kind umarmen zu lassen.[1]

Bei diesen Müttern handelt es sich zweifelsohne um Mitglieder der Phönix-Sekte, einer alten, von einem argentinischen Bibliothekar namens Jorge Luis Borges beschriebenen Geheimorganisation. Die Sekte hat keine heiligen Bücher oder gemeinsamen Traditionen, ihre Mitglieder gehören unterschiedlichen Kulturen, Epochen und sozialen Klassen an. Das Einzige, was sie verbindet, ist die Tatsache, dass sie ein Geheimnis hüten. Ihrem Kult zufolge verheißt ein Gott »einem Stamm die Ewigkeit«, »wenn seine Angehörigen von Geschlecht zu Geschlecht einen Ritus vollziehen«.[2] Dieses Ritual, die einzige religiöse Praxis der Sekte, ist das Geheimnis, das von Generation zu Generation weitergegeben wird, obwohl es weder die Mütter noch die Priester ihren Kindern beibringen. Der Akt selbst ist trivial und schnell vorbei, er lohnt keine Beschreibung:

> Das Geheimnis ist heilig, entbehrt aber gleichwohl nicht einer gewissen Lächerlichkeit; seine Ausübung ist flüchtig, ja verstohlen, und die Adepten sprechen nicht von ihm. Es gibt keine schicklichen Worte, es zu benennen, aber es versteht sich, daß alle Worte es benennen oder – besser gesagt – unvermeidlich darauf anspielen […].[3]

Allen Mitgliedern der Phönix-Sekte kam das Geheimnis »anfangs banal, peinlich, gewöhnlich und (was noch merkwürdiger ist) unglaublich« vor. »Sie wollten sich nicht zu dem Gedanken bequemen, daß ihre Eltern sich zu solchen Machenschaften hinabgelassen hatten.«[4]

Ja, wir sind viele Jahre lang Opfer einer Täuschung, eines Schweigepakts, einer allgemeinen Verschwörung gewesen, die uns die – absurde und schwindelerregende – Wahrheit vorenthielt. Doch eines Tages haben wir das Innere entdeckt, das unter einer dünnen Schicht Normalität zuckend pulsiert. Wir haben festgestellt, dass der Mann im Lodenmantel, der mit seinen Kindern gerade aus einem Audi steigt, nur nach einer Ausrede sucht, um sich in ein Bahnhofsklo zu flüchten, wo er einen Schwanz in den Mund nehmen und sich lebendig fühlen kann. Dass dieses Mädchen mit dem Pferdegesicht, das auf der Autobahn gerade auf unsere Spur rüberzieht, durcheinandergeraten ist, als sie den proustschen Nachgeschmack des Speeds im Mund spürte, das sie im vergangenen Sommer mit ihrer Schwester und einem Kellner in einem Hotel in Peñíscola genommen hat. Dass der Beamte, der mich auf dem Finanzamt bedient, immer noch den Geruch der Frau in der Nase hat, die sich am Vorabend vor dem laufenden Fernseher auf sein Gesicht setzte. Dass diese Mutter im Park sich vorstellt, was passiert wäre, wenn sie während des Besuchs bei einer Freundin ins Badezimmer gegangen wäre, um dieser zwischen die Beine zu fassen, als sie pisste. Dass sich die Menschen jede Nacht einem verrückten Ritual aus Zungen, Brustwarzen, Schwänzen, Scheiden und Hälsen hingeben. Und am nächsten Morgen so tun, als wäre nichts passiert.

Wie viele Geheimnisse gibt es noch? Was, wenn das alles nur die Spitze eines Eisbergs ist und unter der Oberfläche unzählige mit unserem Alltag unvereinbare Wünsche und Ängste lauern? Jim und Irene Westcott, ein amerikanisches Ehepaar aus den fünfziger Jahren, von dem uns ebenfalls John Cheever erzählt, finden genau das heraus. Die Westcotts

> waren jene Art Leute, die hinsichtlich Einkommen, Fleiß und Anerkennung dem Durchschnitt für Hochschulabsolventen zu entsprechen schienen, wie er in den Statistiken von Unizeitungen ermittelt wird. Sie waren Eltern von zwei kleinen Kindern, hatten neun Jahre zuvor geheiratet und lebten im zwölften Stock eines Apartmenthauses in der Nähe des Sutton Place, gingen durchschnittlich 10,3 Mal im

Jahr ins Theater und hofften, eines Tages in Westchester leben zu können.⁵

Die einzige Eigenheit der Westcotts ist ihre Liebe zur Klassik. Sie besuchen so viele Konzerte wie möglich und verbringen den Großteil ihrer Freizeit damit, im Radio Musik zu hören. Eines Tages geht ihr altmodisches Gerät kaputt, und sie beschließen, ein neues zu kaufen, einen großen, hochmodernen Apparat. Das neue Gerät funktioniert allerdings nicht richtig. Anstatt der von den Westcotts geschätzten Musiksendungen überträgt es die intimen Unterhaltungen der Nachbarn und bringt dabei eine Kloake voller Schmerz, Trauer und Verkommenheit ans Licht, die sich hinter der Fassade eines schmucken bürgerlichen Lebens verborgen hat: depressive Frauen, geizige Gastgeber, gewalttätige Ehemänner, unehrliche Hausangestellte, misshandelte Kinder usw. Nach einigen Tagen reparieren die Westcotts das Radio, aber die Schleuse lässt sich nicht mehr schließen. Die Geschichte endet mit einem unangenehmen moralischen Disput:

> »Warum bist du auf einmal so verlogen?«, schreit Jim. »Was hat dich über Nacht in ein Klostermädchen verwandelt? Du hast den Schmuck deiner Mutter gestohlen, bevor ihr Testament verkündet wurde. Du hast deiner Schwester keinen Cent des Geldes gegeben, das für sie bestimmt war – nicht einmal dann, als sie es benötigte. Du hast Grace Howland das Leben zur Hölle gemacht, und wo war deine Frömmigkeit und Tugend, als du abgetrieben hast? Ich werde nie vergessen, wie gelassen du warst«.⁶

Der Konsumismus, den das Wirtschaftswachstum der Nachkriegszeit den Mittelschichten ermöglicht, ist das

Exoskelett für eine Vielzahl beunruhigender, manchmal bösartiger, manchmal Hoffnung stiftender Empfindungen. Er hält diese Erfahrungen zurück und verhindert, dass wir uns mit ihnen auseinandersetzen. So verurteilt er uns dazu, falsche, erbärmliche Leben zu führen.

Eines Tages im Jahr 1968 kommt Terence Stamp in die Villa eines Mailänder Industriellen. Er sagt niemandem seinen Namen, sondern ist einfach nur »Der Besucher«. Er ist fünfundzwanzig und sieht ausgesprochen gut aus. Der Besucher ist eine ruhige und stille Person, aber es gelingt ihm, das Leben dieser fanatisch normalen Familie zu verändern. Er schläft mit der Mutter, einer von gesellschaftlichen Konventionen gefesselten Frau. Er schläft mit ihrer extrem schüchternen Tochter. Mit dem Sohn, dem Dienstmädchen, dem Vater. Als wäre er einer von Rilkes Engeln, führt er ihnen die Fragilität ihrer Wirklichkeit vor Augen und zwingt sie, sich nach draußen und über den Abgrund zu beugen. Als er das Haus wieder verlässt, implodiert alles. Die Familienmitglieder müssen sich mit der Armseligkeit ihrer Existenz und der Wünsche auseinandersetzen, die sie vor der Ankunft des Besuchers gehegt haben. Die Mutter hat flüchtigen Sex mit jungen Männern. Der Vater kollektiviert die Fabrik, indem er sie seinen Arbeitern übereignet, und geht nackt in die Wüste. Der Sohn wird Künstler, die Tochter katatonisch ... Die Hausangestellte, eine Frau bäuerlicher Herkunft, hat eine mystische Erleuchtung und verwandelt sich in eine Heilige.

Der auf dem gleichnamigen Roman basierende Film *Teorema – Geometrie des Lebens* (1968) ist voller Wut und Mitgefühl. Pier Paolo Pasolini brachte darin Ende der sechziger Jahre seinen ganzen Hass auf die bürgerliche Lebensweise zum Ausdruck. Zehn Jahre zuvor hatte er den entgegengesetzten Weg eingeschlagen. In seinen ersten beiden Romanen – *Ragazzi di Vita* (1955) und *Vita violenta* (1959) – versuchte er, das Leben der Subproletarier aus Süditalien, die segregiert im Armutsgürtel der großen Industriestädte lebten, mit großer Empathie zu schildern. Für Pasolini war das Leben dieser Menschen nicht nur bemitleidenswert, stellte es doch zugleich einen wichtigen Nährboden alternativer, aus der Vergangenheit stammender Lebensweisen dar, von denen antikapitalistische Emanzipationsprojekte profitieren konnten.

> Ihre »Kultur«, die so anders war, dass sie sogar eine eigene »Rasse« hervorbrachte, stattete das römische Subproletariat mit der Moral und Philosophie einer »beherrschten« Klasse aus, die von der »herrschenden« Klasse nur polizeilich kontrolliert, nicht aber missioniert wurde, sprich: Man zwang sie nicht dazu, die eigene Ideologie zu übernehmen (in diesem Fall einen abstoßenden und rein formalen Katholizismus).
> Über Jahrhunderte sich selbst, das heißt der eigenen Bewegungslosigkeit überlassen, produzierte diese Kultur absolute Werte und Verhaltensweisen. Nichts konnte sie infrage stellen. Wie in allen popularen Kulturen folgten die »Söhne« den »Vätern« nach. Sie übernahmen ihre Position und reproduzierten sie. [...] Nichtsdestotrotz gab es eine ständige Regeneration. Man muss nur ihren Dialekt betrachten (der jetzt nicht mehr existiert): Er wurde beständig neu erfunden, obwohl

die lexischen und grammatikalischen Modelle immer die gleichen blieben. Es verging – in diesem Vorstadtgürtel, der die plebejische Metropole bildete – kein Tag, an dem auf den Straßen und Plätzen keine »Worterfindung« zu hören gewesen wäre. Ein Beweis dafür, dass es sich um eine lebendige »Kultur« handelte.[7]

Pasolini glaubte, dass die vom entstehenden Wohlfahrtsstaat Ausgegrenzten sich eine enorme politische Kraft bewahrt hatten, mit der sie die kapitalistische Kultur herausfordern konnten. Er glaubte, dass es möglich sei, diesen anthropologisch konservativen und sozial dichten Raum mit emanzipatorischer Politik zu verbinden. Das war kein nostalgisches oder reaktionäres Unterfangen.

Pasolini war vielmehr überzeugt, dass man, ausgehend vom Leben der einfachen Bevölkerungsschichten, ein soziales Projekt entwickeln könne, das Kommunismus, Demokratie, Aufklärung, christliche Häresie und Gegenkultur verknüpfte. Nur in diesem Schmelztiegel extremer Widersprüche würden die Erfahrungen möglich, mit deren Hilfe sich die spirituelle Leblosigkeit der bürgerlichen Existenz überwinden ließe. In *Who is me*, einem langen autobiografischen Gedicht von 1966, erklärt er es folgendermaßen:

> Und heute, sage ich euch, muss man sich nicht nur engagieren im Schreiben,
> sondern im Leben,
> man muss aushalten als Ärgernis
> und im Zorn, mehr denn je,
> arglos wie Tiere im Schlachthof,
> finster wie Opfer, genau so:
> man muss den Bürgern lauter denn je

die Verachtung erklären, anschreien gegen ihre Primitivität,
spucken auf die Unwirklichkeit, die sie sich zur Wirklichkeit
    wählten,
in keinem Akt und keinem Wort ablassen
vom totalen Hass gegen sie und ihre Polizei,
ihre Justiz, ihr Fernsehen, ihre Presse:
und hier
möchte ich, Kleinbürger, der alles dramatisiert,
der von seiner Mutter so gut erzogen wurde im sanften und
    schüchternen Atem
[...] der bäuerlichen Moral
ein Lob weben,
auf den Schmutz, das Elend, die Droge und den Selbstmord,
ich, ein privilegierter Dichter,
der das ideologische Werkzeug besitzt und Waffen, um zu
    kämpfen,
und genug Moralgefühl, um den bloß anstößigen Akt zu
    verurteilen,
ich, zutiefst wohlerzogen,
mache dieses Loblied, weil Droge, Ekel, Wut,
Selbstmord,
zusammen mit der Religion, die einzig verbliebene Hoffnung sind:
reiner Protest und Tat,
Maß für das gewaltige Unrecht der Welt.[8]

Bereits Mitte der Sechziger merkte Pasolini, dass sein Projekt eines gegenkulturellen Populismus zum Scheitern verurteilt war. Mit der nachholenden Entwicklung dieser Jahre sollte zumindest in Italien der gesellschaftliche Rohstoff des politischen Wandels verschwinden. Ein kultureller Genozid hatte stattgefunden. Die subproletarischen Figuren seiner ersten beiden Romane waren verschwunden und von grotesken Imitaten der Bourgeoisie ersetzt worden. Ein Jahrzehnt später waren die Jugendlichen der Vorstädte bereits traurig, neurotisch, unentschlossen, von kleinbürgerlicher Angst geplagt: Sie schämen sich dafür, Proletarier zu sein: Sie versuchen, wie »Spießer« zu wirken, wie »Reichensöhnchen«. Ja, wir erleben die Revanche und den Siegeszug der Bürgerkinder: Die verkörpern heute das zu kopierende Modell.

Für Pasolini war die Ursache dieser Transformation, dieses Genozids eindeutig: Der Konsumismus hat eine »reale« Welt zynisch zerstört, indem er sie in eine absolute Nicht-Realität verwandelte, in der eine Unterscheidung zwischen gut und schlecht nicht länger möglich ist.[9]

Gerade deshalb stellte der Neoliberalismus, der ab den siebziger Jahren Fahrt aufnahm, als der auf sozialem Frieden zwischen Bourgeoisie und konsumistischen Arbeiterklassen beruhende Wohlfahrtsstaat an seine ökonomischen, sozialen und organisatorischen Grenzen stieß, für viele Menschen ein so attraktives Angebot dar. Etwas Absurdes geschah: Ab 1973 begannen Millionen Angehörige der Arbeiterklasse – zunächst in England und den Vereinigten Staaten, dann auch im Rest der Welt – ein Projekt der Unterwerfung unter die ökonomischen Eliten zu unterstützen, das ihre unmittelbarsten materiellen Interessen gefährdete. Der Konsumismus radierte die Erinnerung an die Folgen des entfesselten Kapitalismus aus – an Elend und zig Millionen Tote.

Die neoliberale Globalisierung lief letzten Endes auf eine Rückkehr zum klassischen Kapitalismus, zu einem vermeintlich goldenen Zeitalter des freien Marktes, zur guten alten Manchester-Epoche hinaus. Auf die keynesianische Unterbrechung folgte *business as usual*. Ab nun wollten auch wir unbedingt die Reichen sein. Zu leben wie ein Schnösel war nicht länger peinlich – im Gegenteil: Dieser Lebensstil verwandelte sich in unser großes Ideal. Im Gegenzug bot die Zugehörigkeit zur Arbeiterklasse nun Anlass zur Scham.

Aber all das war nicht alternativlos: Die Revolten von 1968 hatten auf der ganzen Welt eine Reaktivierung des Klassenkampfes angekündigt. In Chile, Mexiko, Frankreich, Italien, Ägypten, Portugal und Argentinien versuchten die unteren Klassen, eine andere Richtung einzuschlagen. Der Sozialgeograf David Harvey erinnert uns daran, dass das schwedische Rehn-Meidner-Modell ab den siebziger Jahren explizit auch die Möglichkeit vorsah, dass Unternehmen nach und nach Aktienpakete an die Belegschaften ausgeben sollten, um das Land so in eine Arbeiterdemokratie zu verwandeln. Ja, der Liberalismus siegte in diesem globalen Kampf, aber dieser Ausgang war nicht unausweichlich.

Pasolini erläuterte die Stellung der römischen Subproletarier oft mit Begriffen aus dem Kontext der Rassentrennung. Ihre Situation, so dachte er, sei in jeder Hinsicht mit jener der Afroamerikaner in den USA vergleichbar. Aus diesem Grund begann Pasolini – keine große Überraschung –, just in dem Moment, durch Afrika zu reisen, als die italienische Unterklasse vom Konsumismus assimiliert wurde. In dieser Phase entstanden auf dem afrikanischen Kontinent Projekte, die das vom Imperialismus hinterlassene Erbe kapitalistischer Knechtschaft überwinden wollten, ohne ihre Länder in Satelliten der Sowjetunion zu verwandeln. Der Neoliberalismus war auch eine Antwort auf diesen Aufbruch von unten.

In anderen Worten: Pasolini suchte in Afrika nicht nach einer verlorenen Vergangenheit, sondern nach einer politischen Zukunft.

Eine Zukunft, die ausbleiben sollte.

Eines Tages bricht Nnamabia in das Haus seiner Eltern ein, in dem er selbst lebt. Er stiehlt den Schmuck seiner Mutter. Seine Schwester, ebenfalls noch im Teenager-Alter, weiß sofort, dass er hinter dem Diebstahl steckt. Die beiden waren im Familien-Peugeot allein zur Kirche gefahren, aber Nnamabia verschwand direkt nach ihrer Ankunft und tauchte erst kurz vor dem Ende der Messe wieder auf. Auch seine Eltern merken, dass er der Täter gewesen sein muss. Die Diebe haben die Fenster-Lamellen, durch die sie angeblich eingebrochen sind, von innen gelöst und das Versteck der Juwelen überraschend schnell gefunden. Als Reaktion auf diese Anschuldigungen verlässt Nnamabia empört das Haus und kehrt erst zwei Wochen später, mit Ringen unter den Augen und nach Bier stinkend, wieder zurück. Er gesteht, dass er den Schmuck an Hausa-Händler in Enugu, einer Stadt im Süden Nigerias, verpfändet hat.

Nnamabias Familie lebt auf dem Nsukka-Campus, einem ruhigen und wohlhabenden Wohnviertel für Universitätsprofessoren und ihre Familien, in dem Diebstähle allerdings mittlerweile ebenfalls zum Alltag gehören.

> Jungen, die damit aufgewachsen waren, die *Sesamstraße* zu schauen, Enid Blyton zu lesen, zum Frühstück Cornflakes zu essen und in blank geputzten Sandalen die Grundschule für die Kinder der Universitätsdozenten zu besuchen, durchschnitten nun die Moskitonetze vor den Fenstern ihrer Nachbarn, drückten die Glasjalousien heraus und stiegen ein, um Fernseher und Videorecorder zu stehlen. Wir kannten die Diebe. Der Nsukka-Campus war so überschaubar – die Häuser standen nebeneinander in baumgesäumten Straßen, nur durch niedrige Hecken getrennt –, dass wir einfach mitbekommen mussten, wer stahl. Wenn sich ihre Eltern, die Professoren, jedoch im Club des Lehrkörpers, in der Kirche oder bei einer Fakultätssitzung trafen, klagten sie weiter über Gesindel, das aus der Stadt auf ihren geheiligten Campus kam, um zu stehlen.[10]

Die Diebe waren Angehörige nigerianischer »Kulte«. Ursprünglich handelte es sich bei den Kulten um studentische Vereinigungen ähnlich jener Fraternities, wie es sie auf amerikanischen Campussen gibt. Die »Seeräuber« waren die erste dieser Bruderschaften. Sie entstand in den fünfziger Jahren als eine von Mittelschichtsangehörigen geprägte Studentenorganisation, die gegen die Interessen des von der Kolonialmacht protegierten Uni-Establishments leistungsbezogene Aufstiegskriterien durchsetzen wollte. Die Verbindungen prosperierten in jenem Klima der Modernisierungshoffnungen, das Nigeria nach der Unabhängigkeit 1960 erfasste. Die Demokratisierung und die Entdeckung großer Erdölreserven versprachen dem Land Wohlstand und Freiheit.

Doch der Biafra-Krieg von 1967 änderte alles. Seither bestimmen Staatsstreiche und politische Gewalt die Situation, das Erdöl fiel ausländischen Unternehmen in die Hände, die Landwirtschaft wurde vollständig auf den Kakaoexport ausgerichtet, extraktivistische Eliten rissen die Macht an sich, die Korruption breitete sich wie eine Plage aus, IWF und Weltbank zwangen dem Land selbstmörderische Austeritätsprogramme auf. Im Lauf der Jahre verwandelten sich die Kulte in kriminelle Banden, mit denen die herrschenden Militärs die oppositionellen Aktivitäten demokratischer Studentenorganisationen unterdrücken konnten. »Achtzehnjährige, die das angeberische Gebaren amerikanischer Rap-Videos kopierten, unterzogen sich geheimen und seltsamen Initiationsriten, bei denen der eine oder andere tot auf dem Odom-Hügel zurückblieb«, schreibt Chimamanda Ngozi Adichie.

> Gewehre, strenge Treueeide und Äxte waren inzwischen weit verbreitet: Ein Junge warf ein Auge auf ein Mädchen, das, wie sich herausstellte, die Freundin des Capone der Schwarzen Axt war, und diesem Junge wurde später, als er zu einem Kiosk ging, um Zigaretten zu kaufen, mit einem Messer in die Hüfte gestochen, und es stellte sich heraus, dass er Mitglied der Seeräuber war, also gingen die Seeräuber in eine Bierhalle und schossen dem nächsten Jungen von der Schwarzen Axt in die Schulter. Und am Tag darauf wurde ein Mitglied der Seeräuber in der Mensa erschossen.[11]

Nach einem besonders schwerwiegenden Vorfall auf dem Universitätsgelände wird Nnamabia von der Polizei verhaftet. Er beteuert seine Unschuld, landet aber in einer überfüllten Zelle der örtlichen Wache. Obwohl die Haftbedingungen grauenvoll sind, scheint Nnamabia die neue Umgebung anfangs beinahe zu genießen. Während der ersten Tage kann er die Bewunderung kaum verbergen, die er für den in seiner Zelle herrschenden Häftling empfindet. Der sadistische Verbrecher übt eine mafiöse Macht aus, erpresst seine Mitgefangenen und zwingt sie zu erniedrigenden Ritualen. Doch als die Familie Nnamabia nach einigen Wochen besucht, findet sie ihn völlig verändert vor. Am Tag zuvor, so erzählt er, wurde ein alter Mann in die Zelle gesteckt:

> Er war vielleicht Mitte siebzig, weißhaarig, mit feinen Runzeln im Gesicht und hatte die altmodische Vornehmheit eines unbestechlichen Beamten im Ruhestand. Nach seinem Sohn wurde wegen eines bewaffneten Raubüberfalls gefahndet, und als die Polizei ihn nicht fand, entschied sie, ihn an dessen Stelle einzusperren.[12]

Die Polizei und einige der Gefangenen misshandeln den Alten, und Nnamabia empört sich. Das Leiden dieses unschuldigen Mannes, der wegen der Verbrechen seines Sohnes inhaftiert ist, verändert seinen Blick auf die Anführer seiner Zelle, deren Macht er zuvor bewundert hat. Als die Wachen den Alten, der um ein wenig Wasser gebeten hat, erniedrigen, protestiert Nnamabia lautstark. Die Polizei schlägt ihn zusammen und verlegt ihn in ein Geheimgefängnis in einem der Vororte der Stadt, wo jene Menschen eingesperrt werden, die bald darauf verschwinden. Schließlich wird Nnamabias Unschuld festgestellt, und seine Familie bekommt ihn gerade noch rechtzeitig frei. Man hat ihn schwer misshandelt, sein Körper ist mit blutigen Wunden übersät. Als seine Mutter sich über den Zustand ihres Sohnes beschwert, schleudert ihr ein Polizist entgegen:

> Ihr könnt eure Kinder nicht ordentlich erziehen, ihr alle, die ihr euch wichtig vorkommt, weil ihr an der Universität arbeitet. Wenn eure Kinder sich schlecht benehmen, glaubt ihr, sie sollten nicht bestraft werden. Sie haben Glück, Frau, großes Glück, dass man ihn entlassen hat.[13]

»Zelle Eins« ist eine Geschichte über die moralische Wandlung eines Jugendlichen, der sich von dem System aus Korruption, Autoritarismus, Konsumismus und Gewalt lossagt, das sein Land beherrscht und das, wie er begreift, auch ihn durchzieht. Die Misshandlung eines aufrichtigen pensionierten Beamten lässt ihn die Natur der kollektiven Unterwerfung und der sozialen, politischen und institutionellen Erniedrigung erkennen. Nnamabia gehört zu einer Mittelschicht, die sich, wie der Polizist seiner Mutter in Erinnerung ruft, vergeblich einzureden versucht hat, ihre Wohlstandsträume könnten im universitären Gewächshaus überleben, während um sie herum alles zerfällt. Der Campus ist ein Potemkinsches Dorf, das immer mehr zusammenbricht, als Chaos und Gewalt von außen eindringen.

Natürlich lässt sich die Geschichte von Chimamanda Ngozi Adichie auch umgekehrt lesen. Die globale Dystopie aus Kriminalität, Elend und Seuchen, die wir heute Dritte Welt nennen, erlebte nach dem Zweiten Weltkrieg ihre eigene Epoche der Hoffnung. Millionen aufrichtiger Lehrer, Ladenbesitzer, Bauern, Militärs, Beamter, Mechaniker und Fischer in Afrika und Asien mussten dann jedoch zusehen, wie ihre Hoffnungen auf Demokratie und Frieden unter einer Lawine aus Korruption, Ungleichheit und Gewalt begraben wurden. Die gewaltigen Probleme dieser Länder – die sowohl aus dem kolonialen Erbe als auch aus eigenen politischen Fehlentscheidungen resultieren – wurden in den achtziger Jahren unlösbar, als die neoliberale Gegenreform die Brandherde des Autoritarismus und der Wirtschaftskrise in einen Flächenbrand verwandelte. Ganze Kontinente fanden sich plötzlich in einer Situation wieder, die einem unbarmherzigen Kampf in einem endemisch unterversorgten globalen Supermarkt glich.

Währenddessen bekamen die Kinder im Westen in der Schule keine Milch mehr, und die Psychopathen kauften sich ihre Anzüge bei Armani.

Anfang 1981, kurz vor seinem vierzehnten Geburtstag, beginnt Adrian Mole, ein Tagebuch zu schreiben. Adrian ist ein ganz normaler englischer Teenager: Seine Eltern sind ihm furchtbar peinlich, er neigt zu Hypochondrie, leidet unter Akne und hegt gemischte Gefühle gegenüber seinem gestörten Hund. Schlechte Schulnoten hindern ihn nicht daran, größere intellektuelle Ambitionen zu entwickeln. Er behauptet, *Krieg und Frieden* in vierundzwanzig Stunden gelesen zu haben, bezeichnet Jane Austen als antiquierte Schriftstellerin, die lieber mal was Moderneres schreiben solle, und schickt gelegentlich eigene Gedichte an die BBC, wo sie überraschend reserviert aufgenommen werden. Denn obwohl Adrian Mole in einem von Rezession und sozialer Not hart getroffenen Arbeiterviertel lebt, ist seine Sicht auf die Welt doch eher aristokratisch:

> Jetzt weiß ich, dass ich ein Intellektueller bin. Gestern Abend sah ich einen Psychologen im Fernsehen, und ich verstand fast jedes Wort. Es trifft alles auf mich zu: ein schlechtes Zuhause, mangelhafte Ernährung, Abneigung gegen Punk. Ich werde der Bücherei beitreten und abwarten, was passiert.[14]

Adrian ist völlig damit ausgelastet, sich geistig weiterzubilden, seine Mitschülerin Pandora zu erobern und sich vor einem Schläger zu schützen, der ihn in der Schule mobbt. Auf diese Weise schildert das Tagebuch ganz nebenbei und auf undramatische Weise, wie um Adrian herum eine Welt zusammenbricht. Als er mit dem Tagebuchschreiben anfängt, ist Margaret Thatcher seit zwei Jahren Premierministerin. Bekannt wurde sie 1970, als sie sich den Spitznamen »Milk Snatcher« (Milchdiebin) erwarb, indem sie als Bildungsministerin die kostenlose Schulmilch für kleine Kinder abschaffte. Die ersten Jahre ihrer Amtszeit, die sich durch Steuersenkungen, Sozialkürzungen und vor allem eine ausgesprochen aggressive Politik gegenüber den Gewerkschaften auszeichneten, attackierten die Grundfesten des englischen Wohlfahrtsstaates. Adrians Vater bekommt die Konsequenzen dieser Politik direkt zu spüren, als er arbeitslos wird:

> Heute Morgen war Vater der erste auf der Bank. Doch man sagte ihm, er könne kein Geld bekommen, da er nichts auf dem Konto habe. Va-

ter verlangte nach dem Filialleiter. Ich schämte mich zu Tode und versteckte mich hinter einer Plastikpflanze, bis das Geschrei vorbei war. Mr. Niggard, der Filialleiter, beruhigte meinen Vater und versprach ihm, er könne kurzfristig überziehen. Papa sah schwer niedergeschlagen aus und murmelte: »Es war diese verdammte Tierarztrechnung.« Mr. Niggard blickte ganz verständlich. Vielleicht hat er auch einen verrückten Hund. Bestimmt sind wir nicht die einzigen, oder?[15]

Wie jeder Teenager schämt sich Adrian für das nicht besonders vorzeigbare Verhalten seiner Familie. Ihn empört, dass sich der Vater besäuft und die Mutter zu ihrem Liebhaber zieht, anstatt sich mit Hingabe um die optimale, ballaststoff- und vitaminreiche Ernährung des Sohnes zu kümmern, wie es in den Sonntagsbeilagen der großen Zeitungen empfohlen wird: »Die Ehe ist nun wirklich kein Gefängnis! Die Frauen werden jeden Tag herausgelassen, um einkaufen zu gehen und so, und viele von ihnen gehen sogar arbeiten. Ich glaube, Mama ist etwas melodramatisch.«[16] Gleichzeitig wird die Schulmensa privatisiert; ab nun füllt man die Kinder mit Junk Food ab.

Überhaupt macht sich Adrian den individualistischen Mittelschichtsdiskurs, der die Regierungspolitik jener Jahre prägt, begeistert zu eigen. Er setzt auf sozialen Aufstieg und möchte später vielleicht Veterinärmedizin studieren. Die Gegenkultur und den Egalitarismus der vergangenen Jahrzehnte lehnt er ab. Gleichzeitig scheint er die eigene, an Verelendung grenzende Lage auf kuriose Weise zu ignorieren. Die neoliberale Armut nimmt er sportlich und als etwas Selbstverständliches hin: »Großmama kam überraschend zu Besuch. Sie ertappte uns, wie wir vor unserem Camping-Ofen saßen und kalte Bohnen aus der Dose aßen. Vater las den ›Playboy‹ im Kerzenschein und ich Dickens mit meiner Taschenlampe. Wir waren ganz zufrieden.«[17]

Was Sue Townsends Buch so unterhaltsam macht, ist der Umstand, dass Adrian Mole die dominante Ideologie seiner Zeit enthusiastisch verteidigt. Wenn der unter Hormonschwankungen leidende Teenager aus der Arbeiterklasse als leistungsorientierter Neokonservativer auftritt und die königliche Hochzeit von Prinz Charles und Lady Di voll patriotischem Stolz zelebriert, ist das berührend und zugleich urkomisch. Umso haarsträubender, dass Millionen erwachsener Arbeiter genau dasselbe getan haben.

Auf die Frage nach ihrer bedeutendsten politischen Leistung antwortete Thatcher einmal: »Tony Blair und New Labour« – und damit hatte sie absolut recht. Im Zuge der neoliberalen Wende wurde der Gesellschaftsvertrag aufgekündigt, der seit dem Zweiten Weltkrieg gegolten hatte. Was politisch möglich, unmöglich und wünschenswert war, wurde nun vollkommen neu definiert. Auf diese Weise begannen Millionen Menschen, sich mehr mit dem Lebensstil und den Sorgen abgehobener Eliten zu identifizieren als mit ihren Nachbarn, von denen sie auf der Einkommensskala nur ein paar Prozentpunkte trennten.

Im Alter von 27 Jahren erfreut sich Patrick Bateman eines stattlichen Vermögens. Er hat an der Harvard

Business School seinen MBA gemacht und lebt nun als Nachbar von Tom Cruise im American Gardens Building mitten in Manhattan. Tagsüber arbeitet er bei der Investmentfirma Pierce & Pierce (bei der auch Sherman McCoy, die Protagonistin von *Fegefeuer der Eitelkeiten*, beschäftigt war), um seinen ohnehin exorbitanten Kontostand weiter zu erhöhen. Nachts hingegen foltert, vergewaltigt und tötet er – in der Regel sind Arme seine Opfer. Und so wacht er jeden Morgen auf:

> Im Lichte eines frühen Maimorgens sieht mein Wohnzimmer folgendermaßen aus: Über dem mit Gas betriebenen Kamin aus weißem Marmor hängt ein echter David Onica [...]. Das Gemälde blickt herab auf eine weiße daunengefüllte Couch und einen Digital-Fernseher von Toshiba mit 75-Zentimeter-Bildröhre; es ist ein hochauflösendes Modell mit Farbkonturschärferegelung und High-Tech-Tube-Combination von NEC mit digitaler Bild-in-Bild-Funktion (und digitalem Standbild) [...]. Vor dem Sofa steht ein Couchtisch mit Glasplatte und Eichenbeinen von Turchin, darauf sind gläserne Steuben-Tierfiguren sorgfältig um kostbare Kristallaschenbecher von Fortunoff arrangiert, obwohl ich nicht rauche. Neben der Wurlitzer-Jukebox steht ein Baldwin-Konzertflügel aus schwarzem Ebenholz. Ein polierter weißer Eichenholzboden zieht sich durchs ganze Apartment. Auf der anderen Seite des Zimmers, neben einem Tisch und einem Zeitschriftenständer von Gio Ponti, steht eine komplette Stereoanlage (CD-Player, Tape-Deck, Tuner, Amplifier) von Sansui mit 1,80 Meter hohen Duntech-Sovereign 2001-Boxen aus brasilianischem Rosenholz.[18]

Bateman zählt seine Besitztümer immer wieder ausführlich und obsessiv auf. Seine Wohnung gleicht einem Warenlager für Luxusartikel. Im Schlafzimmer befinden sich ein Futon auf einem Eichenholzbett, ein riesiger Panasonic-Fernseher, ein Videorekorder von Toshiba, ein digitaler Wecker von Sony, ein Ettore-Sottsass-Telefon und ein Ledersessel von Eric Marcus, ein Maud-Sienna-Teppich, eine weiße Mahagoni-Kommode mit Seidenpyjamas und Ralph-Lauren-Unterwäsche, Fair-Isle-Pullover und Enrico-Hidolins-Seidenpantoffeln.

Im Bad beginnt Bateman eine komplexe Waschprozedur. Er hält sich einen Eisbeutel ans Gesicht und stellt sich vor sein Washmobile-Spülbecken aus Chrom und Acryl, das er benutzt, solange das in Finnland bestellte Marmorspülbecken poliert wird. Er putzt sich seine Zähne gründlich mit Listerine, einer manuellen Bürste und Zahnseide und schrubbt sich dann die Hände noch einmal mit einer Nagelbürste. Er reibt sich sein Gesicht mit einer die Poren erweiternden Lotion ein und legt dann eine Pfefferminzgesichtsmaske auf. Anschließend verwendet er die elektrische Probright-Zahnbürste und den Interplak-Polierer, der eine Geschwindigkeit von 4200 Umdrehungen pro Minute erreicht und die Richtung 46-mal pro Sekunde wechselt. Er spült mit Cepacol nach, entfernt sich die Gesichtsmaske mit einem Minzschwämmchen und stellt sich dann unter die Dusche, die einen Rundstrahlkopf aus schwarzgoldenem australischem Messing hat. Dort verwendet er ein Reinigungsgel, eine Honig-Mandel-Waschlotion, ein Gesichtspeeling und Vidal-Sassoon-Shampoo.

Man muss ein ziemlicher Psychopath sein, um so zu leben.

Um zu leben, wie wir alle es tun.

Serienmörder sind keine Tierpräparatoren mehr, die

mit dem Leichnam ihrer Mutter in einem heruntergekommenen Hotel leben oder als Außenseiter Schmetterlinge sammeln. Das waren armselige Amateure. Eine Handvoll Leute umbringen? Was für eine Verschwendung von Zeit, Arbeit und Talent, wenn man mit Kursbewegungen an der Wall Street Hunderttausende, ja, ganze Länder und Kontinente massakrieren kann. Heute arbeitet Norman Bates bei Standard & Poor's und schnupft auf dem Ledersitz eines Bentleys Kokain.

Ihnen haben wir die Macht überlassen – und den Ruhm. Wir haben nicht nur zugelassen, dass Menschen mit einem pathologischen Verhältnis zur gesellschaftlichen Realität die Welt kontrollieren, sondern wir haben auch alles dafür getan, um selbst so zu leben wie sie. Der Massenkonsum ist eine blutleere, aufstiegsorientierte Imitation des Lebensstils der Reichen, wie ihn sich die Sonntagsbeilagen der Zeitungen für uns ausmalen.

Friedrich von Hayek und Milton Friedman, die Vordenker der neoliberalen Globalisierung, hatten einen extrem langen Winterschlaf eingelegt, im akademischen Betrieb hatten sie dreißig Jahre lang geradezu als Freaks gegolten. Nun, in den siebziger Jahren, wurden sie plötzlich wieder zu politischen Hauptdarstellern. In der Zeit nach dem Zweiten Weltkrieg, als die Erinnerung an die verheerenden Folgen des kapitalistischen Wirtschaftschaos noch frisch war, wirkten ihre Deregulierungsprojekte wie Wahnvorstellungen von Menschen, die über das Einfühlungsvermögen einer Zecke verfügen und unfähig sind, die Folgen ihres Risikoverhaltens wahrzunehmen. Krankhafte Psychopathen.

Patrick Bateman ist aus demselben Grund furchterregend, aus dem Adrian Mole berührend und lustig erscheint. Sein Verhalten passt zu gut zu seiner sozialen Stellung, er macht sich seine Rolle mit allzu großer Begeisterung zu eigen. Wenn das System einen mit babylonischem Luxus dafür belohnt, dass man wirtschaftliche Bedingungen herstellt, unter denen Hunderttausende Kinder verhungern, was lässt sich dann gegen einen Ritualmord an einer Prostituierten einwenden? Dasselbe passiert mit Carlos Wieder, dem dichtenden chilenischen Luftwaffenpiloten aus Roberto Bolaños Roman *Stern in der Ferne*. Nach dem Staatsstreich von General Pinochet im Jahr 1973 organisiert Wieder eine Ausstellung mit Fotos der von ihm ermordeten Häftlinge. Die Militärs, die er zur Ausstellung einlädt, sind aufgebracht. Aber wenn eine monströse Gesellschaftsordnung einen dazu ermutigt, Jugendliche zu foltern, zu töten und verschwinden zu lassen, was soll dann die ganze Empörung darüber, dass jemand auch die ästhetischen Aspekte der staatlichen Repression würdigt?

Neoliberale Globalisierung ist der historische Prozess, in dem 99 Prozent von uns freiwillig die Kontrolle über unser Leben an Fanatiker abgetreten haben, die einer wahnhaften Wahrnehmung der sozialen Realität unterliegen. Wir haben Menschen, die eigentlich auf eine vom FBI umstellte Ranch in Waco, Texas, gehören, mit Führungspositionen in der Wirtschaft, mit Spitzengehältern, Steuerprivilegien und hohem sozialen Renommee belohnt.

Das ist nicht bloß eine Metapher. Jaron Lanier, ein führendes Mitglied jener Programmierer-Community, die in den Achtzigern die technischen Grundlagen für die heutige Nutzung der Kommunikationstechnologien legte, beschreibt das Milieu im Silicon Valley als eine aus anarcholiberalen New-Age-Fanatikern bestehende Aussteigersekte, deren Anhänger davon überzeugt sind, dass öffentliche Straßen privatisiert werden müssen, während sie selbst dank neuartiger Software die Unsterblichkeit erlangen werden. Auch die Herren der wissensbasierten Ökonomie leiden unter letaler metaphysischer Intoxikation:

> In den achtziger Jahren [besuchte jeder] moralisierende »Workshops«, wo von einem mystischen Pfad der Selbsterleuchtung die Rede war. […] Wir tun gern so, als ob es diese Phase in der Kultur des Silicon Valley nie gegeben hätte, aber das stimmt nicht. […] »est« (ich weiß noch, dass sehr auf die Kleinschreibung geachtet wurde) war ein teurer Workshop, der mit mystischer Metaphysik begann und dann zu einem weltlichen, fast konfuzianischen Ideal der Selbstverkommnung überleitete. Ich war nie dort, aber anscheinend alle anderen, die ich kannte, ähnlich wie heute anscheinend jeder bei Facebook ist. Teilnehmer des Workshops redeten vor allem von einer Sache (nachdem sie verkündet hatten, dass sie nun Meister ihres eigenen Schicksals seien): dass man während des Workshops nicht auf die Toilette durfte. Man musste es sich verkneifen.
> Viele Spitzenpolitiker, Wissenschaftler und Unternehmer besuchten »est« oder ähnliche Seminare. Überall hörte man Begriffe wie »Selbstverwirklichung«. Man sollte sich selbst finden, dann würde der Erfolg in Form von gesellschaftlichem Status, materiellen Belohnungen und spiritueller Reife zum Ausdruck kommen.[19]

Slavoj Žižek hat einmal gesagt, dass Max Weber sein bekanntestes Werk heute *Die taoistische Ethik und der Geist des globalen Kapitalismus* nennen müsste. Die Managementstrategien haben das Motivationslexikon des Empowerment benutzt, um ihre Personalchefs in Jünger Patrick Batemans zu verwandeln. 2010, zwei Jahre nach dem Ausbruch der Immobilienkrise, hielt José María Aznar, der konservative Ex-Regierungschef Spaniens, in Madrid einen Vortrag vor dreihundert Immobilienmaklern. Er trug dabei einen Kampfkunstdress. Die von der Firma Notegés organisierte Konferenz stand unter dem Motto »RealEstateKarate«.

Ein Selbsthilfeseminar in einem Konferenzraum der Hotelkette Hyatt. Der Zeremonienmeister peitscht die Menge ein. Die Teilnehmer rufen das Mantra: »Es ist Zeit für mich zu gewinnen!« Der Seminarleiter Tom Rodgers beginnt seinen Vortrag damit, dass er eine Schale mit Hafer füllt: »Einfach, nahrhaft, preiswert«, sagt er. »Das hier repräsentiert eure Seele im Naturzustand. In dem Zustand, in dem ihr geboren wurdet. Ihr wart perfekt. Ihr wart glücklich, ihr wart gut.« Und dann geht es weiter mit der Metapher:

> Jetzt kommt Konzept Nummer zwei: Scheiße. Ihr müsst euch keine Sorgen machen, Leute. Ich verwende hier keine richtige Scheiße. Es ist nur imaginierte Scheiße. Ihr müsst sie euch einfach vorstellen. Okay, wenn jetzt jemand auf die Bühne käme und euch in den schönen warmen Haferbrei scheißen würde, was würdet ihr dann sagen? Würdet ihr sagen: »Oh, super, vielen Dank, scheiß mir bitte weiter in den Brei«? Ist es Blödsinn, was ich gerade sage? Ein bisschen schon.

> Aber wisst ihr was: Im echten Leben gibt es Leute, die herkommen und euch die ganze Zeit in den Haferbrei scheißen – Freunde, Mitarbeiter, Angehörige, sogar eure Kinder, vor allem eure Kinder![20]

Rodgers erklärt den Teilnehmern, dass er früher genauso war wie sie. Er hat einen Bruder namens Gene, der nach einem Motorradunfall vor ein paar Jahren nicht mehr für sich selbst sorgen kann, unter starken Schmerzen leidet und ständige Betreuung braucht.

> Am Ende – und das steht alles in meinem Buch *People of Power* – fand ich die innere Kraft, um Gene zu sagen: »Hör auf, mir in den Haferbrei zu scheißen, Gene, ich mache da einfach nicht mehr mit.« Und ich fand die Kraft, unserer Schwester Ellen zu sagen: »Ellen, übernimm du den Ball und kümmere dich um Gene, denn wenn ich wegen Gene meine Wünsche nicht ausleben kann, werde ich verbittert, und Verbitterung macht einen niederträchtig, und ich für meinen Teil liebe mich und will das Beste für mich.«[21]

Neil Yaniky, einer der Seminarteilnehmer, ist ein kleiner, dünner, fast kahlköpfiger Mann. Er hält sich über Wasser, indem er im Keller seines Hauses für die Firma CompuParts im Akkord dreieckige Teile zusammenlötet. Er wird so schlecht bezahlt, dass er manchmal die ganze Nacht durcharbeiten muss, um die Miete zusammenzukratzen. Im zweiten Teil des Seminars, in dem die Lebensprojekte der Teilnehmer im Einzelnen besprochen werden, fordert Tom Rodgers seine Zuhörer auf, den Namen und das Motiv jener Person aufzuschreiben, die sie am Vorwärtskommen hindert. Yaniky notiert: »Winky: Sie sieht verrückt aus, ist zu religiös und muss jetzt ausziehen.«

Winky ist seine Schwester, eine einfältige, sozial nicht

besonders kompetente Frau, die jedoch über ein großes Herz verfügt. Als ihre Mitbewohner die Nase voll von ihr hatten und sie auf die Straße setzten, nahm der Bruder sie bei sich auf, was er allerdings bald bereute. Winky ist extrem unordentlich, kann einem schwer auf die Nerven gehen und verschreckt die Frau, mit der Yaniky – zum ersten Mal seit Jahren – ein Date hat. Sogar die Kirchengemeinde meldet sich bei ihm, damit er seine Schwester, die auf andere Gläubige abschreckend wirkt, dazu bringt, sich nicht mehr so oft an Gemeindeaktivitäten zu beteiligen. Tom Rodgers überzeugt Yaniky davon, dass er sich nicht länger um eine gute Beziehung zu seiner Schwester bemühen, sondern den Ballast einfach loswerden soll. Profite maximieren, Verluste minimieren. Wirf die Schwester raus – egal.

Neil Yaniky verlässt das Seminar in einem Zustand der Raserei. Auf dem Heimweg blickt er in die Schaufenster. Er stellt sich vor, dass er schon bald mit seiner attraktiven Frau diese Läden betreten und einfach auf Gegenstände zeigen wird, damit diese in den draußen wartenden Mercedes gebracht werden. Er denkt daran, was sein Vater – ein von Depressionen geplagter und im Dschungel einer heruntergekommenen Nachbarschaft gefangener Langzeitarbeitsloser – sagen würde, wenn er ihn als Sieger sähe. Während Neil so nach Hause läuft, sucht er nach den passenden Worten, um seine Schwester vor die Tür zu setzen. Aber als sie ihm die Haustür öffnet, merkt er, dass er es nicht kann:

> Oh Scheiße, Scheiße, er schwächelte, er konnte es spüren, die Ansprache, die er auf dem Heimweg einstudiert hatte, schien nun nichts mehr mit dem Mädchen zu tun zu haben, das mit nassen Augen in der Tür stand [...]. Er war nicht mächtig, er war nicht groß, er war genau wie die anderen, er war weniger als alle anderen, andere Leute heirateten oder hatten richtige Jobs, andere Leute lebten nicht mit ihren fetten, klammernden Schwestern zusammen. Er war ein Loser, der auch den Rest seines Lebens ein Loser bleiben würde.[22]

Der postmoderne Neoliberalismus ist ein kalter und düsterer Ort, an dem persönliche Güte und die Fürsorge für andere einen zum Verlierer machen. Die Logik des Prekariats besteht nicht nur aus Ausbeutung und Entfremdung wie im klassischen Kapitalismus. Sie läuft auf eine groß angelegte Zerstörung des Sozialen hinaus.

Die Westcotts bräuchten heute kein Radio mehr, um von obszönen Gräueltaten zu erfahren, sie müssten nur zu einem Vorstellungsgespräch gehen, ein Selbsthilfebuch aufschlagen oder dem Vorstandsvorsitzenden einer Bank beim Sprechen zuhören.

Der Engel in Pasolinis *Teorema* würde der bürgerlichen Familie heute vorschlagen, ihr auf Konventionen beruhendes, verlogenes Leben zu verteidigen. Denn selbst die repressive Simulation kindlicher Liebe scheint besser als diese Einöde ehrlicher und authentischer Kosten-Nutzen-Rechnung.

7. Fluchtwege aus der Supermarktruine

Reisen, um nicht anzukommen ist ein mehr oder weniger autobiografischer Text von Geoff Dyer. Er gilt als Reisebuch, was teilweise stimmt, weil von vielen exotischen Orten die Rede ist. Aber vor allem erzählt er die Geschichte einer Depression. Der Autor, ein für ein Trendmagazin schreibender Kulturjournalist um die vierzig, hat bis dahin so etwas wie ein Hipsterleben geführt: Reisen, Drogen, Musik, Filme etc. An einem bestimmten Punkt erreicht er das Hornbrillen-Walhalla: Er soll, Spesen inklusive, über ein Festival elektronischer Musik in Detroit berichten. Doch die Dinge passen nicht recht zusammen. Er kann sich nicht auf das Fest einlassen, fühlt sich alt und zunehmend traurig. Im Hotel waren die Lifte

> mit DJs, Ravern, und Hipstern vollgestopft: ein buntes Völkchen mehr oder weniger wohlgestalteter Zeitgenossen, die noch schnell nach oben fuhren, bevor sie zu einer After-Party in einem Club oder in einem anderen Hotelzimmer aufbrachen. Wahrscheinlich hatte noch nie ein Hotel eine derart hippe Truppe beherbergt, aber an mir lief die Show total vorüber, obwohl ich da war.[1]

Der nächste Tag beginnt mit Regen. Dyer fährt mit dem Auto durch Detroit, eine von Immobilienspekulation und Deindustrialisierung verwüstete, an eine postatomare Einöde erinnernde Stadt. Tatsächlich meldete die Stadtverwaltung einige Jahre später (2013) Konkurs an. Endlich findet er ein Café, in dem er frühstücken kann. Er fragt nach Rühreiern und beginnt über seinem Essen zu weinen.

Es erinnert ein bisschen daran, was Goethes Faust passiert. Faust ist ein Hipster des 19. Jahrhunderts. Er folgt seinem Wunsch nach Selbstverwirklichung und will seine Persönlichkeit erproben. Sicher, er ist gegenüber Geoff Dyer im Vorteil, weil er einen Deal mit dem Teufel abgeschlossen hat und nicht bloß über einen VIP-Pass für den Backstage-Bereich verfügt. Faust versucht, seine Persönlichkeit durch Wissen, Sex, intensive Erfahrungen und das Verändern der Welt zu entfalten. Aber es hilft nichts, wie Dyer bleibt er unbefriedigt, steht am Rande einer Depression.

Heute geht es uns allen so. Anstelle eines Pudels, der sich in Mephisto verwandelt, haben wir Shopping-Malls. Unsere Seelen verjüngen sich vor den Schaufensterauslagen. Oder wie der chilenische Antipoet Nicanor Parra schrieb:

> Was sagte Milton Friedman
> den armen Schluckern vom Stamm der Alacalufes?
> Kaufen, kaufen,
> bevor die Welt untergeht!

In einer Zeit prekärer Jobs, in der politische Ideologie ein Witz ohne Pointe ist, sind wir das, was wir uns an Konsum leisten können. Wir definieren uns über unsere Einkaufsliste. Alles um uns herum ist so konzipiert, dass unser marktvermittelter Geschmack als wichtigstes Identitätsmerkmal dient: Technik, Musik, Kleidung,

Reisen, Essen ... Wir verstehen uns als ein Gefüge von Präferenzen, deren einzige Gemeinsamkeit darin besteht, dass wir uns für sie entschieden haben.

Eine verzweifelte Reise ins Nirgendwo. Der Zauber der Schaufensterauslagen verfliegt so schnell, wie wir bezahlt haben. Autos verlieren in dem Moment, in dem sie das Autohaus verlassen, zwanzig Prozent ihres Werts. Sobald wir unsere neuen Nikes anziehen, verflüchtigt sich ihre magische Aura, und sie verwandeln sich wieder in geschmacklos übertriebene Treter.

Doch vor allem ist unser Selbstverständnis unvereinbar mit der Art und Weise, mit der wir unserer materiellen Wirklichkeit begegnen. Ist es letzten Endes nicht absurd, dass wir die Partner, mit denen wir ein gemeinsames Leben aufbauen, »auswählen«? In welchem Katalog suchen wir sie aus? Kennzeichnend für tiefe zwischenmenschliche Bindungen ist, dass sie weder – wie bei arrangierten Ehen – erzwungen werden noch einfach das Ergebnis persönlicher Präferenzen sind. Dasselbe gilt für einige jener Erfahrungen, die wir für besonders wertvoll halten und als Ausdruck eines guten Lebens erachten. Niemand *trifft die freie Entscheidung*, nachts aufzustehen, um einem Baby ein Fläschchen zu machen, niemand *trifft die freie Entscheidung*, an einer langweiligen politischen Versammlung teilzunehmen oder beim Rausgehen in den Regen zu geraten. Ich würde sogar behaupten, dass es niemand wirklich vorzieht, Proust zu lesen, anstatt den Fernseher anzuschalten und *Big Brother* zu schauen.

Deshalb verspüre ich, wenn ich an Faust denke, immer den Impuls, dem Protagonisten zuzurufen: »Mann, kauf dir einen Hund!« Auch wenn er so gut wie alles ausprobiert, eine Sache lässt Faust bemerkenswerterweise aus: Er versucht nicht, sich um jemanden zu kümmern und sich von jemandem umsorgen zu lassen – etwa in einem jener Arbeiter- und Solidarvereine, die zu Lebzeiten Goethes zu entstehen begannen.

London, um 1980. Jane, Ende vierzig, arbeitet als Redakteurin bei einer Frauenzeitschrift namens *Lilith*. Jane ist anspruchsvoll und sehr elegant, kultiviert, unabhängig, vermögend und beruflich erfolgreich. Sie lebt allein in ihrer Wohnung, da ihr Mann einige Jahre zuvor an Krebs gestorben ist und die beiden keine Kinder haben. So kommt es, dass sie kaum Zeit zu Hause verbringt: »Nach dem Einzug in die neue Wohnung merkte ich bald, dass mein Leben sich nur noch im Büro abspielte. Zu Hause lebte ich gar nicht. Zu Hause – was für ein Ausdruck! Es war der Ort, wo ich mich fürs Büro fertigmachte oder vom Büro ausruhte.«[2]

Jane erlebt diese Zentralität der Arbeit nicht als Knechtschaft oder Ausbeutung. Sie liebt ihre Arbeit. Am Anfang war sie als Schreibkraft ohne akademische Ausbildung bei der Zeitschrift angestellt, heute ist sie stellvertretende Chefredakteurin. Ihr gefällt es, gut in dem zu sein, was sie macht, Entscheidungen zu treffen und damit richtigzuliegen. Ihre einzige Freundin ist Joyce, die Herausgeberin des Magazins, eine Seelenverwandte.

Eines Tages lernt sie in einem Laden in der Nachbarschaft Maudie kennen, eine alte Frau aus der Arbeiterklasse, deren blasses und faltiges Gesicht zwischen Mantel, Schal und schwarzer Mütze fast verschwindet. Maudie ist arm. Sie lebt in einem heruntergekommenen Loch, einer feuchten Kellerwohnung ohne Heizung und Warmwasser. Sie hat einen Kohleofen, ihre Toilette ist auf dem Hof, und um sich zu waschen, muss sie Wasser in einem Topf erwärmen. Aufgrund ihrer Krankheit fällt es ihr immer schwerer, für sich selbst zu sorgen, doch sie lehnt die Unterstützung ab, die sie auf dem überlasteten und bürokratisierten Sozialamt beantragen könnte.

Ohne genau sagen zu können, warum, beginnt Jane, sich um Maudie zu kümmern: Sie kauft ein, putzt ihre Wohnung, wäscht sie, bringt sie zum Arzt, geht mit ihr spazieren und Verwandte besuchen, hilft bei Behördengängen. Eine Sisyphosarbeit, anstrengend und ohne Anerkennung. Das genaue Gegenteil ihrer Lohnarbeit. Es ist nicht schön, Maudie zu helfen, vielmehr gibt es immer einen Grund, sich zu ärgern, und bisweilen ist es auch einfach nur eklig. Maudie ist manchmal feindselig und gemein, Dankbarkeit zeigt sie nie:

> Nach Feierabend zu Maudie. Sie kam erst gar nicht an die Tür, dann stand sie lange ohne ein Lächeln oder ein Zeichen der Freude vor mir; schließlich trat sie beiseite, ließ mich ein und ging wortlos vor mir den Flur entlang. Sie setzte sich auf ihre Seite des glühend heißen Ofens und wartete ab, was ich zu sagen hätte.
> Ich ärgerte mich schon wieder: Was kann ich denn dafür, dass sie kein Telefon hat?

Ich sagte: »Sonntagabend bin ich erst sehr spät zurückgekommen und gestern war ich zu müde.« »So, müde warst du also?« Und dann: »Sonntagabend habe ich auf dich gewartet. Ich hatte eine Kleinigkeit zum Abendessen für uns beide zurechtgemacht.«
Ich vermerkte bei mir die übliche Abfolge von Emotionen: erst das Gefühl, in der Falle zu sitzen, dann der Fluchtimpuls, dann – natürlich – das Schuldgefühl. »Es tut mir leid, Maudie«, sagte ich.
Sie wandte den Kopf ab und starrte ins Feuer. Ihr Mund stand ein wenig offen, ihr Atem ging rasselnd.
»Geht es dir gut?«
»Es geht schon.«
Ich dachte, verflixt noch mal, ich habe dich von Kopf bis Fuß gewaschen, deine stinkende Scheiße habe ich abgewaschen, und das ist nun … aber dann fiel mir auch ein, dass ich ein Versprechen gegeben und nicht gehalten hatte. Das darf ich nie wieder tun.[3]

Es ist seltsam. Jane hat es ihr ganzes Leben vermieden, sich um andere kümmern zu müssen. Sie hat keine Kinder und pflegte ihren Mann nicht, als der dazu selbst nicht länger in der Lage war. Ihre Mutter war vor ihrem Tod ebenfalls lange krank, um sie kümmerte sich aber Janes Schwester, obwohl sie mit ihren vier Kindern eigentlich gut zu tun hatte. Warum Jane sich nun auf einmal für Maudie zuständig fühlt, wird nicht wirklich klar. Es gibt kein altruistisches Erweckungserlebnis. Vor Maudies Nachbarin, einer alten Dame, die ständig mit ihr ins Gespräch kommen will, flieht Jane entsetzt. Sie macht sich auch keine Illusionen über irgendeinen Nutzen für sich selbst, etwa in Form moralischer Befriedigung. Es ist eher, als wäre sie plötzlich in einem Netz gefangen, aus dem sie nicht mehr herauskommt – und aus dem sie nicht wirklich herauskommen will:

Ich hatte das Gefühl, in der Falle zu sitzen. Und so war es auch. Weil ich ihr ein Versprechen gegeben hatte. Ohne Worte. Aber doch ein Versprechen [...]. Da stand ich nun, in Sorge, weil ich spät dran war, und es war Konferenztag, und ich war noch nie zu spät gekommen. Und in Sorge um sie. Und wütend auf sie. Und trotzdem zog es mich zu ihr, ich hätte dieses schmutzige alte Bündel gern in den Arm genommen und gedrückt. Ich hätte sie gern geohrfeigt und geschüttelt.[4]

In *Das Tagebuch der Jane Somers* erzählt Doris Lessing von der Entdeckung einer Verpflichtung, die mit einer Pflegetätigkeit zu tun hat und weder eine auferlegte Last noch eine freie, jederzeit revidierbare Entscheidung darstellt. Eine in der sozialen Ödnis unserer Gegenwart unverständliche Beziehung. Bis sie Maudie kennenlernt, definierte Jane ihre Identität über Arbeit und Geschmack. Sie verbrachte Stunden im Badezimmer. Kleidete sich teuer und aufwendig. Verwandte den Sonntagnachmittag darauf, Kleidung und Schmuck für die bevorstehende Woche zusammenzustellen – und dann entdeckt sie plötzlich eine verborgene Welt:

Bis vor ein paar Wochen hatte ich alte Leute überhaupt nicht wahrgenommen. Meine Augen waren auf junge, attraktive, gutgekleidete Menschen eingestellt, und nur sie bemerkte ich. Und jetzt ist es, als hätte man über dieses Bild eine Transparentfolie gelegt, und plötzlich sind die Alten und Behinderten mit darauf.[5]

Alles ändert sich. Die neue Erfahrung ist weder süß noch angenehm, im Gegenteil: Ein zuvor durch den Arbeitsrhythmus sowie üppigen Konsum perfekt und befriedigend geregeltes Leben gerät mit einmal durcheinander. Das Pflegen bringt (genau wie das Gepflegtwerden) tiefe Widersprüche ans Licht. Jane entwickelt Bewunderung für die Hausarbeit ihrer Schwester, die sie zuvor verachtet hat; gleichzeitig verzweifelt sie aber, als ihre Freundin Joyce den Posten als Herausgeberin aufgibt, um ihren Mann, einen Professor, in die Vereinigten Staaten zu begleiten, wo sie sich in eine verbitterte trinkende Hausfrau verwandelt. Durch die Pflege Maudies gelingt es Jane, die Klassengrenzen zu durchbrechen. Sie freundet sich mit Anne an, einer ungelernten Sozialarbeiterin, die für die Betreuung von Alten und Kranken zuständig ist und bei ihrem Knochenjob ständig mit Kollegen aus der Bürokratie zu kämpfen hat, die ihre Zeit mit Sitzungen und theoretischen Debatten verbringen. Vor allem jedoch beginnt Jane, anders zu leben. Sie reduziert ihre Arbeitszeit. Sie hört auf, manisch auf ihr Aussehen zu achten. Sie beschäftigt sich mit der Soziologie der Mode und schreibt Liebesromane. Sie entdeckt die schönste Seite des Füreinander-da-Seins, als ihre Nichte bei ihr einzieht und sie die Möglichkeit bekommt, ihr beim Berufseinstieg zu helfen.

Das Tagebuch der Jane Somers funktioniert wie ein Spiegel, in dem wir unser eigenes Leben invertiert betrachten können. Wir lassen zu, dass uns das genaue Gegenteil passiert: Wir arrangieren uns mit einem Prozess der moralischen Verdunkelung.

Die in den achtziger Jahren einsetzende Deregulierung des Kapitalismus war in Wirklichkeit eine Zeitbombe, das ökonomische Äquivalent eines mit den Dopingmitteln der Finanzmärkte beschleunigten Tumorwachstums. Die Frage war nie, ob die Weltwirtschaft eines Tages implodieren würde, sondern nur wann.

Wir wussten es. Tief in unseren Herzen wussten wir, dass alles eine Lüge war. Vor einigen Monaten erklärte ich in einer Vorlesung, wie Derivatemärkte funktionieren. Ein paar Studentinnen tuschelten fassungslos. Als ich fragte, was los sei, antwortete eine von ihnen: »Entschuldigung, aber wollen Sie damit sagen, dass das *legal* ist?«

Uns war immer schon bewusst, dass eine Wohnung nicht so viel wert sein kann wie drei oder vier Arbeitsleben. Wir wussten, dass Ministerinnen wie María Antonia Trujillo, Rodrigo Rato, Carme Chacón, Cristóbal Montoro, Francisco Álvarez Cascos oder Luis de Guindos logen, als sie uns versicherten, es gebe keine Immobilienblase. Auch Ministerpräsident José Luis Rodríguez Zapatero hat uns angelogen, als er behauptete, Spanien spiele in der Champions League der Weltwirtschaft. Und doch ließen wir uns begeistert betrügen. Gierig verschlangen wir die Lügen und holten uns am Buffet des Betrugs sogar noch Nachschlag.

Der argentinische Autor Rodrigo García schrieb vor einigen Jahren ein Theaterstück mit dem Titel *Ich habe mir einen Spaten bei Ikea gekauft, um mein Grab zu schaufeln*. Mir fällt keine bessere Zusammenfassung für das Spanien des Goldrauschs der Jahre 1996-2006 ein. Der Kapitalismus drang wie ein Bazillus in uns ein. Wir nahmen ihn mit nach Hause und mit zur Arbeit. Bis das Schaufenster eines Tages zur Müllhalde wurde.

> Wenn wir heute an diese Zeit zurückdenken, dann sehen wir sie als gigantischen Schrottplatz, als einen Müllberg, von dem ständig Gegenstände hinunterrollen, all die gekauften und danach weggeworfenen Dinge, die durch Neuanschaffungen ersetzt wurden, die ihrerseits bald diesen Hang hinunterrollen werden: Dort, in der Grube, liegt der Blechquader des alten, vom ersten Monatslohn gekauften Autos, an dessen Stelle ein Sportwagen oder Van getreten ist; daneben die zerkloppten Selbstbaumöbel aus Pressspan, deren Zeit abgelaufen ist und die neuen Möbeln Platz machen mussten, die ebenfalls aus Pressspan und zum Selbstzusammenbauen, aber teurer waren; dort die Haushaltsgeräte, Fernseher, Computer und Telefone, die der geplanten Obsoleszenz zum Opfer gefallen sind oder durch neue Bedürfnisse verdrängt wurden; Berge von vorzeitig aus der Mode gekommen, alten, langweiligen, in Container gestopften Klamotten, die nun zu Rentnern nach Afrika geschickt werden sollen; es gibt Reste von Fertiggerichten, Lieferservice-Essen, Sushi, mexikanischem Fastfood, von Mahlzeiten aus Restaurants, wo ein Abendessen einen halben Mindestlohn oder mehr kostet, aber einmal im Leben sollten wir uns alle so etwas leisten; Flaschen internationaler Biermarken, auf einer Website hoch bewertete Weine, Gläser mit Resten exotischer Gins und Import-Tonics, mit Gurkenscheiben und geschmolzenen Gletschereiswürfeln; vergilbte Eintrittskarten für Multiplexkinos, Theater, Konzerte, Ausstellungen, Musicals, Zirkusse, Vergnügungsparks; Geschenke der besonderen Art, romantische Ausflüge, Fjordkreuzfahrten, Heilbäder, Spas, Massagen und Wellness-Packungen aus Mineralschlamm, Schokolade, vulkanische Steine, Sexspielzeug, Geburtstagsjuwelen, nummerierte Lithografien; und schließlich auch Kinderwägen und Wiegen und nach Alter sortierte Kleider, abgegriffenes Spielzeug und Kinderbücher mit herausgerissener Bindung.[6]

Als 2008 die Immobilienblase platzte, war ich in dem Unternehmen, für das ich damals arbeitete, schon mehrfach befördert worden und musste anderen Angestellten oft Anweisungen erteilen. Ich merkte, dass mir das zuwider war.

Seitdem ich meinen Verstand benutzen kann, habe ich das Befolgen von Befehlen immer als erniedrigend empfunden. Damals begriff ich jedoch, dass das Erteilen von Befehlen nicht besser ist. Wenn mich gelegentlich jemand nach meiner Tätigkeit fragte, antwortete ich: »Rumkommandieren«. Mir war bewusst, dass die Antwort arrogant und unsympathisch klang. Ich schätze, es war ein Mittel, mich selbst zu kasteien. Ich hatte das Gefühl, den Tag wie ein kopfloses Huhn zu verbringen und weitgehend sinnentleerte Anweisungen zu erteilen. Kurioserweise scheint genau das vielen Leuten gut zu gefallen. Die Arbeitswelt ist voller Hierarchie-Junkies. Mich hat das angewidert. Ich fühlte mich, als pressten sie mir die Zangen aus *Clockwork Orange* an die Augenlider und zwängen mich, die gesellschaftliche Wüste, in der wir leben, genau und ohne Ruhepause zu betrachten.

In *L'urgenza della libertà* kommentiert der italienische Schriftsteller Erri de Luca den Levitikus, das 3. Buch Mose, in dem auch vom hebräischen Erlassjahr die Rede ist. Das Erlass- oder Jubeljahr war so etwas wie ein gesellschaftlicher Reset. Alle 49 Jahre wurden die Sklaven befreit, Ländereien zurückgegeben und gefangene Tiere freigelassen; außerdem hörte man auf, Landwirtschaft zu betreiben, so dass die Menschen wieder vom Sammeln leben mussten. Man weiß, dass in Mesopotamien und einigen Gesellschaften des Mittelmeerraums verschiedene Formen des Erlassjahrs praktiziert wurden, in der Regel wurden dabei auch Schulden gestrichen. Erri de Luca interpretiert das »Jubiläum« als eine Befreiung, die darauf abzielte,

> die alte egalitäre Aufteilung zu bewahren, die man etabliert hatte, als man das gelobte und erkämpfte Land erreichte. [...] Es war ein schwieriges, aber weises Gesetz, das unverhältnismäßige Bereicherung verhindern sollte, indem es das Besitzrecht derjenigen schützte, die gezwungen gewesen waren, ein von Generation zu Generation vererbtes Land zu verkaufen. Gleichzeitig gab es der Erde Frieden. Und außerdem lehrte es uns, dass wir alle nur Gäste auf der Welt sind.[7]

Ich würde behaupten, dass das Jubeljahr auch ein Instrument war, um auf die Fehlbarkeit gesellschaftlicher Strukturen und deren Folgen für die natürliche Umwelt zu reagieren. Die Juden hatten erkannt, dass jedes ökonomische und politische System sich selbst verstärkende Probleme, Fehlfunktionen und Konflikte hervorruft, die immer wieder zu gewaltigen Katastrophen führen. Deswegen mussten alle fünfzig Jahre die Folgen von Markt, Sklaverei, Familie, Spekulation, Arbeit, Landwirtschaft und Viehzucht aufgehoben werden. Der Zähler musste wieder auf null gestellt werden.

Der Turbokapitalismus der Gegenwart ist das genaue Gegenteil. Er erinnert an jene Spielsüchtigen, die, um ihre Spielschulden zu bezahlen, eine Hypothek auf ihr Haus aufnehmen und so den Einsatz noch weiter erhöhen. Das goldene Jahrzehnt der spanischen Wirtschaft war eine Überdosis Steroide, die unweigerlich zu einem Multiorganversagen führen musste. Das Gefühl, aktiv an dieser selbstmörderischen Massenaktivität teilzunehmen, erzeugte bei mir oft eine gewisse Melancholie. In etwa so:

> An den Strömen
> Von Babylon,
> Ich saß da und weinte,
> Das Land gibt den Befehl:
> Erinnere dich
> An Zion! Wen liebst du,
> Wem war süß dein Gedächtnis?
> Und es hing in den grünen Weidenbäumen
> Die Harfe, die Musik war
> Und tönte in Hoffnung
> Von dem, was du ersehntest.[8]

Es ist der Beginn des Gedichts *Super flumina babylonis* des Heiligen Johannes vom Kreuz, das wiederum von einem Bibeltext, nämlich Psalm 137, inspiriert ist, in dem es um die Judäer geht, die nach der Eroberung Jerusalems durch Nebukadnezar II. im 6. Jahrhundert v. Chr. verschleppt wurden. Für die Rastafaris ist Babylon der Inbegriff der Falschheit und Dekadenz. Ich habe mir diesen Ort immer als Outlet-Messe oder als Ferienresort mit Vollpension vorgestellt.

Zu dieser Zeit begeisterte mich auch ein religiöses Gedicht von Agustín García Calvo über die zweite Station des Kreuzweges, die in Wirklichkeit Arbeit und Tod thematisiert.

> Sie warfen es dir auf die Schulter, Jesus,
> das Werkzeug deines Todes,
> und da es dein Kreuz war,
> sollten weder Schergen noch Gerichtsdiener es tragen:
> Du musstest es sein.

Sie sagten dir: »Rauf damit und vorwärts, und denk nicht weiter
    drüber nach:
Ist deine Bestimmung
du weißt, wohin sie führt.«

»Ich weiß, was du wirst:
akzeptier' dein Schicksal und verdien' dir
die Ewigkeit,
so ist es nun einmal,

so ist das Leben«,
so sprechen sie mit jedem Kind:
kaum kann es das Alphabet,
da legen sie schon den Namen seines Todes fest,
bürden ihn ihm auf,

und je nach seinem Werdegang,
treiben sie ihm den Glauben ins Fleisch.
Es weiß schon wohin, es weiß schon wozu,
es trägt schon seinen Sarg auf den Schultern.

Du, sag nein, Jesus,
sag nein, nein, nein:
Wirf dein Kreuz ab!
Geh nicht diesen Weg, Mann,
arbeite nicht für deinen Tod.
Wirf es auf den Boden, wirf es ab
und befrei uns, Jesus![9]

Der Ausbruch der Krise im Jahr 2008 machte alles schlimmer. Und zwar gewaltig. Der Glaube an den Markt fügte uns schwere Wunden zu. Manchmal ging ich allein in ein Restaurant, in dem viele Angestellte der umliegenden Unternehmen zu Mittag aßen. Ich wollte ihre Gespräche belauschen. Sie kreisten allesamt um den Arbeitsplatz. Sie hassten ihre Chefs, Untergebenen und Kollegen mit Inbrunst. Besonders die Kollegen. Manchmal schien es, als würden wir uns kontaminieren, als würden die Ausdünstungen dieses ganzen Grolls uns am Ende das Essen vergiften. Ich kehrte ein wenig getröstet ins Büro zurück: Die extrem feindselige Stimmung um mich herum war nicht bloß meine Schuld.

Ein Jahr später wurde mein erstes Kind geboren. Wir brauchten lang, um uns für einen Namen zu entscheiden, also nannten wir ihn vor der Geburt nur Bamm-Bamm, nach dem Adoptivsohn der Geröllheimers aus der Serie *Familie Feuerstein*. Noch im Kreißsaal betrachtete meine Frau dieses wunderschöne Baby – eine Nachbarin meinte einmal ganz überrascht: »Was für ein schönes Kind, wie ist das bei den Eltern möglich?« –, wog es in meinen Armen und sagte: »Mit Bamm-Bamm wird die Anarchie ausbrechen«. Das war ein *Simpsons*-Zitat. In einer Folge kandidiert Bart an seiner Grundschule als Klassensprecher. Im Verlauf des Wahlkampfs versucht sein Konkurrent, der Klassenstreber, Bart zu diskreditieren, indem er Plakate mit der Aufschrift »Mit Bart bricht die Anarchie aus« aufhängt. Bart Simpson kontert mit einer optimistischen Gegenkampagne: »Mit Bart bricht die Anarchie aus!«

Als dann zwei Jahre später, im Mai 2011, alles explodierte, wusste ich, dass Bamm-Bamm hinter allem steckte.

Ich denke, dass die Art und Weise, wie sich Vater- und Mutterschaft auf die Eltern unter uns auswirken, viel über den moralischen Verfall meiner Generation aussagt. Für die meisten von uns ist das erste eigene

Kind zugleich das erste Neugeborene, das wir je in den Armen gehalten haben. In der überwiegenden Mehrzahl aller historischen Gesellschaften stellte das Großziehen von Kindern freilich ein so alltägliches Wunder dar, dass es kaum eines Kommentars wert war. Es gehörte zu den Grundkoordinaten des Lebens selbst. Für uns war es umgekehrt: etwas Alltägliches voller Sprengkraft. Als hätten wir plötzlich und zu unserem Erstaunen festgestellt, dass wir einen Körper besitzen.

Bis dahin kannten wir Kinder nur aus der Ikea-Werbung, wo sich reife, aber drahtige Papas in V-Ausschnitt-Pullis neben engelsgleichen Blondinen auf einer Couch räkeln und frisches Obst aus einer Blanda-Blank-Schale picken. Wir mussten lernen, dass das Großziehen eines Kindes eigentlich das genaue Gegenteil davon ist. Nie schlafen. Mitten im Stau Geschichten erfinden und von einem unbarmherzigen dreijährigen Literaturkritiker auf dem Rücksitz auf Unstimmigkeiten hingewiesen werden. Homerische Schlachten um Kleinigkeiten austragen. Zwei in eine Sandkruste gehüllte Kinder festhalten, um sie mit Sonnencreme einzuschmieren. Ein verzweifelt weinendes Kind mit der deprimierenden Gewissheit ins Schulgebäude schubsen, dass man sein Leben ruiniert. Mit Resten von Babykotze auf dem Hemd zu einem Termin kommen – und darauf scheißen. Wie in dem Spielfilm *Perros Callejeros* nachts von einer Apotheke zur nächsten zu laufen, um einen Kautschukschnuller der einen Marke aufzutreiben, die der anspruchsvolle Säugling akzeptiert.

Sich um andere zu kümmern macht einen nicht unbedingt zu einem besseren Menschen, das stimmt. Aber uns half es zu begreifen, dass ein Großteil unseres Lebens auf Lügen beruht. Wir hatten keine Karriere, sondern Scheißjobs. Wir lebten nicht in einer Welt voller aufregender kultureller Neuerungen, sondern waren Zombies der Unterhaltungsindustrie. Die Autos, die Kleidung, die Smartphones, die Serien, die Spielkonsolen etc. waren nichts als ein Haufen Schrott. Genau wie unsere Arbeitsverträge.

Etwas Ähnliches geschah mit der 15M-Bewegung. Am 15. Mai 2011 gingen wir auf die Straßen und entdeckten die Radikalität des Banalen.

Bei einem Protest gegen den Vietnamkrieg 1967 musste die Polizei in Washington das Pentagon vor Hippies schützen, die das Gebäude umzingeln wollten, um es mit psychischer Energie in die Luft zu heben, in hundert Metern Höhe rotieren zu lassen und ihm seine bösartige militaristische Energie exorzistisch auszutreiben.

2011 musste die Polizei in Madrid das Parlament vor Kindern, Müttern, Großmüttern, Enkeln, Schwestern und Liebespaaren schützen, die einen einigermaßen sicheren Arbeitsplatz wollten, um eine Familie gründen zu können. Der Versuch, ein ganz normales Leben zu führen, hat sich in ein gegenkulturelles Experiment verwandelt. Sich um die Menschen kümmern, die wir lieben, einen Beruf erlernen, von unserer Umgebung respektiert werden, in dem Viertel leben, in dem wir aufgewachsen sind, zu aufgeklärten Bürgern werden, das studieren, wozu wir begabt sind, öffentlichen Institutionen vertrauen und die Möglichkeit haben, sich an ihnen zu beteiligen ... Wir stellten fest, dass all das nur geht, wenn wir die uns bekannte Welt auf den Kopf stellen. Der gesunde Menschenverstand stürzt uns in einen Konflikt mit verrückten Anzugträgern, die in Parlamenten, Vorständen oder Aufsichtsräten sitzen und unser Leben zu zermalmen versuchen.

Seit jenem 15. Mai denken wir alle – selbst diejenigen, die noch nie von ihnen gehört haben – oft an Verse von Gloria Fuertes, die sehr schlecht erklären, was Poesie ist, aber sehr gut, was wir tun sollten, um den Notausgang jenes in Trümmern liegenden Supermarkts zu finden, in den sich unser Leben verwandelt hat.

> Wenn das Meer unendlich ist und Netze hat,
> wenn seine Musik aus der Welle steigt,
> wenn die Morgendämmerung rot und der Sonnenuntergang grün
>   ist,
> wenn der Dschungel Begierde ist und der Mond Zärtlichkeit,
> wenn die Rose sich öffnet und ihr Geruch das Haus erfüllt,
> wenn das Kinderlachen das Leben durchströmt,
> wenn die Liebe mich küsst und mich erzittern lässt ...
> Was hat das alles schon für eine Bedeutung,
> solange es in meinem Viertel einen Tisch ohne Beine gibt,
> ein Kind ohne Schuhe, einen hustenden Buchhalter,
> ein Bankett leerer Schalen,
> ein Hundekonzert,
> eine Krätzeoper?
> Wir sollten uns darum kümmern, die Saat zu heilen,
> Herzen zu bandagieren, das Gedicht zu schreiben,
> das uns alle infiziert.
> Einen Satz erschaffen, der alles aufgreift;

wir Dichter sollten die Schwerter herausziehen,
mehr Farben erfinden und Vaterunser verfassen.
Das Gelächter am Eingang des Tunnels zurücklassen,
nicht das Intime sagen, sondern einen Reigen singen;
nicht über den Mond oder die Geliebte schreiben,
keine Décimas, keine Sonetten verfassen.
Wir müssen, weil wir es können, gegen die Mächtigen anbrüllen,
schreien, dass es eine Menge Leute gibt,
die unter Müll leben,
nur besitzen, was sie am Leib tragen,
Mütter, die ihre Kinder nicht täglich kämmen,
Väter, die früh aufstehen und nie ins Theater gehen.
Die einfachen Leute schmücken, indem wir ihnen unseren Vers
auf die Schultern legen;
für den singen, der nicht singt, ihm helfen,
das ist das Richtige.
Die Wucherer belagern, sie mit seltener Geduld überzeugen,
ohne Ekel.
Auf dem Feld dreschen, in eine Mine hinabsteigen;
eine Woche lang Taucher sein, Pflegeheime besuchen,
Gefängnisse, Ruinen; in den Kindergärten spielen,
in Lepraheimen tanzen.
Dichter, verschwenden wir unsere Zeit nicht, lasst uns arbeiten,
denn ins Herz gelangt zu wenig Blut.[10]

Vor ein paar Jahren veröffentlichte ich dieses Gedicht in einem Blog unter einem neuen Titel. Ich nannte es »Gloria singt für die PAH«, die spanische Bewegung gegen Zwangsräumungen. Der Musiker Nacho Vegas las den Blog-Eintrag und machte aus den Versen Anfang 2015 ein wunderschönes Lied, das er bei der Besetzung einer Bank in Gijón zusammen mit einer Gruppe von Aktivisten der PAH spielte.

Als ich das Video der Aktion im Internet sah, erinnerte ich mich an die Worte der konservativen Politikerin

Esperanza Aguirre, die im Sommer 2014 sagte, es sei dringend notwendig, das Wahlgesetz zu ändern, um zu verhindern, dass eine »Koalition von Verlierern« die Macht ergreift. Ich denke, das ist die beste Definition von Demokratie, die ich jemals gehört habe.

Seit den Anfängen der Moderne besteht die Demokratie aus der Revolte der Mehrheit gegen die Gewinner des globalen Kapitalismus. Demokratie ist der politische Ausdruck der faszinierenden und immer etwas unscharfen Intuition, dass ein besseres – gerechteres, freieres und erfüllteres – Leben nur unter Gleichen möglich ist, die das ihnen Gemeinsame entdecken, transformieren und teilen.

Anmerkungen

Anmerkungen zum Prolog

1 Harald Weinrich, *Kunst und Kritik des Vergessens*, München: Beck 1997, S. 94.
2 Das Experiment wird beschrieben in Lauren Slater, *Opening Skinner's Box. Great Psychological Experiments of the Twentieth Century*, London: Bloomsbury 2004, S. 182-188.
3 Oliver Sacks, »Speak, memory«, in: *The New York Review of Books* (21. März 2013).
4 Der spanische Essayist Rafael Barrett schreibt in seinem Buch *El Progreso* (Madrid: Ladinamo Libros 2003) über diese Anekdote.

Anmerkungen zu Kapitel 1

1 Georges Perec, *W oder die Erinnerung an die Kindheit*, aus dem Französischen von Thorgerd Schücker, Berlin (DDR): Volk und Welt 1978 [1975], S. 81f.
2 Ebd., S. 180f.
3 Ebd., S. 190.
4 Michel Chossudovsky, *Global brutal. Der entfesselte Welthandel, die Armut, der Krieg*, Frankfurt am Main: Zweitausendeins 2002, S. 8. (Die fehlerhafte Prozentangabe in der deutschen Übersetzung wurde auf Grundlage des englischen Originals korrigiert, Anmerkung des Übersetzers.)
5 Isaac Bashevis Singer, *Als Schlemihl nach Warschau ging*, aus dem Englischen von Rolf Inhauser, Hildesheim: Gerstenberg 2000 [1968], S. 58.
6 Montesquieu, *Persische Briefe*, aus dem Französischen von Fritz Monfort, Wiesbaden: Metopen 1947 [1721], S. 199.
7 Frederik Pohl/C.M. Kornbluth, *Eine Handvoll Venus und ehrbare Kaufleute*, aus dem Englischen von Helga Wingert-Uhde, Berlin (DDR): Das Neue Berlin 1983 [1953], S. 97.
8 Ebd., S. 19f.

9 Barbara Ehrenreich, *Smile or Die. Wie die Ideologie des positiven Denkens die Welt verdummt*, aus dem Englischen von Gabriele Gockel und Barbara Steckhan, München: Kunstmann 2010, S. 117.
10 Georges Perec, *W*, a.a.O., S. 164f.
11 Henri Pirenne, *Les villes du moyen age*, Brüssel: Maurice Lamertin 1927, S. 102.
12 E.P. Thompson, *Plebeische Kultur und moralische Ökonomie. Aufsätze zur englischen Sozialgeschichte des 18. und 19. Jahrhunderts*, Berlin u.a.: Ullstein 1992, S. 86f.
13 Vgl. Rose George, *Ninety Percent of Everything*, New York: Metropolitan Books 2013.
14 Xenophon, *Anabasis*, aus dem Altgriechischen von Helmuth Vretska, Stuttgart: Reclam 1995, S. 159.
15 Karl Polanyi, *Trade and Market in the Early Empires. Economies in History and Theory*, Glencoe: Free Press 1957, S. 85.
16 Zit. nach Pedro Rojo/Carlos Varea/Loles Oliván (Hg), *Iraq, diario de la resistencia*, Barcelona: Icaria 2005, S. 49.
17 Albert O. Hirschman, *Leidenschaften und Interessen. Politische Begründungen des Kapitalismus vor seinem Sieg*, auf der Grundlage einer Rohübersetzung von Thomas Lindquist aus dem Englischen von Sabine Offe, Frankfurt am Main: Suhrkamp 1987 [1977].
18 Zit. nach Fernando Díez, *Utilidad, deseo y virtud. La formación de la idea moderna del trabajo*, Barcelona: Península 2001, S. 177.
19 Ian Watson, *Das Babel-Syndrom*, aus dem Englischen von Walter Brumm, München: Heyne 1983.
20 Terry Eagleton, »Moll's Footwear«, in: *London Review of Books* 33/21 (2011), S. 23f.
21 Daniel Defoe, *Robinson Crusoe*, aus dem Englischen von Karl Altmüller, Braunschweig: Damnick 2015 [1719], S. 202.
22 Michel Tournier, *Freitag oder Im Schoß des Pazifik*, aus dem Französischen von Herta Osten, Berlin (DDR): Aufbau 1984 [1967], S. 55.
23 Ebd., S. 80f.
24 J.G. Ballard, *Betoninsel*, aus dem Englischen von Herbert Genzmer, Frankfurt am Main: Suhrkamp 1992 [1973].
25 Ivan Illich, *Die sogenannte Energiekrise*, Reinbek: Rowohlt 1974, S. 26f.

Anmerkungen zu Kapitel 2

1 B. Traven, *Die weiße Rose*, Berlin (DDR): Volk und Welt 1973 [1929].
2 E. T. A. Hoffmann, »Meister Martin der Küfner und seine Gesellen« [1819], in: *Die Serapions-Brüder. Gesammelte Erzählungen und Märchen*, München: Winkler 1963, S. 430f.
3 B. Traven, *Die weiße Rose*, a.a.O., S. 25f.
4 Alexander von Humboldt, *Versuch über den politischen Zustand des Königreichs Neu-Spanien*, Bd. III, Buch IV, Kapitel X, Tübingen: Cotta'sche Buchhandlung, 1813, S. 172f.
5 E.P. Thompson, *Plebeische Kultur und moralische Ökonomie*, a.a.O., S. 60.
6 Alexander von Humboldt, *Versuch über den politischen Zustand des Königreichs Neu-Spanien*, a.a.O., S. 23f.
7 B. Traven, *Die weiße Rose*, a.a.O., S. 18.
8 Peter Linebaugh/Marcus Rediker, *Die vielköpfige Hydra. Die verborgene Geschichte des revolutionären Atlantiks*, aus dem Englischen von Sabine Bartel, Berlin/Hamburg: Assoziation A 2008 [2001], S. 26.
9 Thomas Morus, *Utopia*, aus dem Lateinischen von Hermann Kothe, Frankfurt am Main/Leipzig: Insel 1992 [1516], S. 55f.
10 Luis Berenguer, *El mundo de Juan Lobón*, Madrid: Mondadori 1988, S. 7-9.
11 Antonio Gamoneda, »Descripción de la mentira«, in: ders., *Edad*, Madrid: Cátedra 2000, S. 233.
12 B. Traven, *Rosa Blanca*, in: *Obras Escogidas*, Bd. 1 (hier zit. nach der spanischsprachigen Fassung), Mexiko: Aguilar 1977 [1929], S. 716.
13 Jim Thompson, *Fürchte den Donner*, aus dem Englischen von Franz Dobler, München: Heyne 2015 [1946], S. 210f.
14 Ebd., S. 211.
15 John Steinbeck, *Früchte des Zorns*, aus dem Amerikanischen von Klaus Lambrecht, Berlin (DDR): Volk und Welt 1984 [1939], S. 53-55.
16 Anonymus, *La vida del Lazarillo de Tormes y de sus fortunas y adversidades*, 6. Kapitel, Biblioteca Virtual Miguel de Cervantes; online verfügbar unter: {http://www.cervantesvirtual.com} (Stand Juli 2018).
17 Vgl. Peter Linebaugh/Marcus Rediker, *Die vielköpfige Hydra*, a.a.O., S. 45-59.

18 Zit. nach Rosa María Pérez Estévez, *El problema de los vagos en la España del siglo XVIII*, Madrid: Confederación Española de Cajas de Ahorro 1975, S. 166.
19 Bernard Mandeville, *Die Bienenfabel*, aus dem Englischen von Helmut Findeisen, Leipzig/Weimar: Kiepenheuer 1988 [1714], S. 178f., S. 274.
20 Zit. nach Fernando Díez, *Utilidad, deseo y virtud*, Barcelona: Península 2001, S. 64, S. 66.
21 Charles Dickens, *Oliver Twist*, aus dem Englischen von Dr. Carl Kolb und Carl Hartz, Berlin: Deutsche Buchgemeinschaft 1946 [1837-1839], S. 3.
22 Ebd., S. 7.
23 William Wordsworth, *The 1805 Prelude. Gedicht, noch ohne Titel, für S. T. Coleridge*, aus dem Englischen von Wolfgang Schlüter, Berlin: Matthes & Seitz 2015, S. 110f.
24 EZLN, »Sobre el inicio del diálogo« (16. Februar 1994), online verfügbar unter: {http://enlacezapatista.ezln.org.mx/1994/02/16/sobre-el-inicio-del-dialogo/} (Stand Juli 2018).

Anmerkungen zu Kapitel 3

1 Friedrich Nietzsche, *Götzen-Dämmerung oder Wie man mit dem Hammer philosophiert*, Werke in drei Bänden, Bd. 2, München: Hanser 1954 [1889], S. 1006.
2 Heinrich von Kleist, *Michael Kohlhaas*, Wien: Wiener Verlag 1975 [1810], S. 42.
3 Ebd., S. 36.
4 Ebd., S. 47.
5 Ebd., S. 64.
6 Ebd., S. 32.
7 E. L. Doctorow, *Ragtime*, aus dem Englischen von Angela Praesent, Leipzig: Reclam 1986 [1975], S. 161.
8 Vgl. Detlef Plöse/Günter Vogler (Hg.), *Buch der Reformation. Eine Auswahl zeitgenössischer Zeugnisse (1476-1555)*, Berlin (DDR): Union-Verlag 1989, S. 358-362.
9 Abgedruckt in: Werner Lenk (Hg.), *Dokumente aus dem deutschen Bauernkrieg*, Leipzig: Philipp Reclam jun. 1974, S. 88-95.
10 Carlo Levi, *Christus kam nur bis Eboli*, aus dem Italienischen von

Helly Hohenemser-Steglich, Zürich u. a.: Europa Verlag 1947 [1945], S. 77.
11 Ivan Olbracht, *Der Räuber Nikola Schuhaj*, aus dem Tschechischen von Erhard Bittner, Berlin (DDR): Verlag der Nation 1971 [1933], S. 82.
12 Im Unterschied zu Kriegsdienstverweigerern, die Zivildienst leisten, widersetzten sich die Totalverweigerer (*insumisos*) jedem staatlichen Pflichtdienst. In Spanien saßen Anfang des Neunziger mehrere tausend junge Männer wegen Totalverweigerung im Gefängnis, was schließlich zur Abschaffung des Wehrdienstes führte (Anm. d. Ü.).
13 Arthur Rimbaud, »Der Schmied« [ca. 1871], in: ders., *Sämtliche Gedichte*, aus dem Französischen von Walther Küchler, Heidelberg: Lambert Schneider 1946, S. 39-41.
14 Bertolt Brecht, »Die Teppichweber von Kujan-Bulak ehren Lenin«, in: ders., *Kalendergeschichten*, Berlin: Suhrkamp 2013 [1933], S. 86.
15 Andrej Platonow, *Tschewengur. Eine Wanderung mit offenem Herzen*, aus dem Russischen von Renate Reschke, Berlin: Suhrkamp 2018, S. 73f., S. 82.
16 Zit. nach Frank Westerman, *Ingenieure der Seele. Schriftsteller unter Stalin – Eine Erkundungsreise*, aus dem Niederländischen von Gerd Busse und Verena Kiefer, Berlin: Ch. Links 2003, S. 55.
17 Platonow, *Tschewengur*, a. a. O., S. 104f.
18 Ebd., S. 237.
19 Ebd., S. 264.
20 Ebd., S. 269.
21 Ebd., S. 279f.
22 Arkadi und Boris Strugatzki, *Es ist nicht leicht, ein Gott zu sein*, aus dem Russischen von Hermann Buchner, Frankfurt u. a.: Ullstein 1983 [1964], S. 193.
23 Giacomo Leopardi, »Der Ginster oder Die Blume der Wüste«, in: ders., *Gedichte und Prosaschriften*, aus dem Italienischen von Paul Heyse, Berlin: Verlag von Wilhelm Hertz 1889 [1845], S. 139.
24 Fjodor Dostojewski, *Aufzeichnungen aus dem Abseits*, aus dem Russischen von Felix Philipp Ingold, Zürich: Dörlemann 2016 [1864], S. 54.
25 J. M. Coetzee, *Der Meister von Petersburg*, aus dem Englischen von Wolfgang Krege, Frankfurt am Main: Fischer 2003 [1994], S. 195.
26 Fjodor Dostojewski, *Die Dämonen*, aus dem Russischen von E. K. Rahsin, München/Zürich: Piper 1956 [1872], S. 53f.

27 Fjodor Dostojewski, *Erniedrigte und Beleidigte*, aus dem Russischen von Hermann Röhl, Leipzig: Insel 1977 [1861], S. 130f.
28 Fjodor Dostojewski, *Der Idiot*, aus dem Russischen von H. von Hoerschelmann, München: Goldmann 1980 [1869], S. 783.
29 Fjodor Dostojewski, *Tagebuch eines Schriftstellers*, aus dem Russischen von Günther Dalitz und Margit Bräuer, Berlin: Aufbau 2003 [1873-1881], S. 389.
30 George Eliot, *Middlemarch*, aus dem Englischen von Irmgard Nickel, Köln: Anaconda Köln 2010 [1874], S. 347.
31 Ebd., S. 348f.
32 Hans Magnus Enzensberger, *Der kurze Sommer der Anarchie. Buenaventura Durrutis Leben und Tod*, Frankfurt am Main 1972, S. 289.

Anmerkungen zu Kapitel 4

1 Hesiod, *Werke und Tage*, in: *Hesiods Werke*, aus dem Griechischen von Heinrich Gebhardt, Stuttgart: Metzler 1861, online verfügbar unter: {https://www.gottwein.de/Grie/hes/ergde.php} (Stand Juli 2018).
2 Julio Llamazares, *Der gelbe Regen*, aus dem Spanischen von Wilfried Böhringer, Frankfurt am Main: Suhrkamp 1991 [1988], S. 88.
3 Miguel Delibes, *El disputado voto del Señor Cayo*, Barcelona: Destino 1978, S. 179f.
4 James Dickey, *Flucht zum weißen Meer* (keine Angaben zum Übersetzer), München: Blanvalet 1999 [1993], S. 24.
5 Karl Marx/Friedrich Engels, *Die deutsche Ideologie*, Marx-Engels-Werke (MEW), Bd. 3, Berlin (DDR): Dietz 1969, S. 5-530, S. 33.
6 Ben Hamper, *Rivethead. Tales from the Assembly Line*, New York: Warner Books 1992, S. 33.
7 Ebd., S. 35, S. 61.
8 Mary Shelley, *Frankenstein oder Der moderne Prometheus*, aus dem Englischen von Elisabeth Lacroix, Hamburg: J.A. Keune 1948 [1818], S. 109f., S. 168.
9 Ebd., S. 266.
10 William Shakespeare, *Der Sturm*, aus dem Englischen von August Wilhelm Schlegel, Leipzig: Reclam 1956 [1610/11], S. 17f.
11 Rudyard Kipling, *Das neue Dschungelbuch*, aus dem Englischen von

Sebastian Harms, Deutsche Buchgemeinschaft 1965 [1894], 5. Kapitel, online verfügbar unter: {http://gutenberg.spiegel.de/buch/das-neue-dschungelbuch-2084/5} (Stand Juli 2018).
12 Ebd.
13 Ebd.
14 Mike Davis, *Die Geburt der Dritten Welt. Hungerkatastrophen und Massenvernichtung im imperialistischen Zeitalter*, Berlin u. a.: Assoziation A 2001, S. 162.
15 Zit. nach John Bierman, *La Leyenda de Henry Stanley*, Buenos Aires: Javier Bergara 1992, S. 232.
16 Sven Lindqvist, *Durch das Herz der Finsternis*, aus dem Englischen von Armin Huttenlocher, Frankfurt/New York: Campus 1999, S. 51.
17 Joseph Conrad, *Herz der Finsternis*, aus dem Englischen von Sophie Zeitz, München: dtv 2012 [1899], S. 84f.
18 Ebd., S. 60.
19 Ebd., S. 38.
20 Ebd., S. 27f.
21 Louis-Ferdinand Céline, *Reise ans Ende der Nacht*, aus dem Französischen von Hinrich Schmidt-Henkel, Reinbek: Rowohlt 2004 [1932], S. 184.
22 Ebd., S. 295 ff.
23 Rafael Barrett, *A partir de ahora el combate será libre*, Madrid: Ladinamo Libros 2006, S. 56f.
24 Rafael Barrett, »La esclavitud y el Estado«, in: *El Diario* (Asunción, 15. Juni 1908).
25 Rafael Barrett, »La rehabilitación del trabajo«, in: *El Alba* (31. Dezember 1910).

Anmerkungen zu Kapitel 5

1 William Butler Yeats, *Das zweite Kommen*, aus dem Englischen von Mirko Bonné, in: ders., *Die Gedichte*, München: Luchterhand 2005, S. 212.
2 W. H. Auden, »Refugee Blues« [1939], in: ders., *Collected Poems*, herausgegeben von Edward Mendelson, New York: Random House 2007, S. 263.
3 Stefan Zweig, *Die Welt von gestern. Erinnerungen eines Europäers*, Berlin (DDR)/Weimar: Aufbau 1990, S. 8.

4 Victor Klemperer, *LTI. Notizbuch eines Philologen*, Leipzig: Reclam 2018 [1947], S. 22.
5 Ilja Ehrenburg, *Die ungewöhnlichen Abenteuer des Julio Jurenito*, aus dem Russischen von Alexander Eliasberg, Frankfurt am Main: Suhrkamp 1976 [1922], S. 130f.
6 Ernst Jünger, *In Stahlgewittern*, in: *Sämtliche Werke*, Stuttgart: Klett-Cotta 1978 [1920], S. 149.
7 Ebd., S. 292.
8 James Jones, *Insel der Verdammten*, aus dem Englischen von Günther Danehl, Frankfurt am Main: Fischer 1999 [1962].
9 Ehrenburg, *Die ungewöhnlichen Abenteuer des Julio Jurenito*, a.a.O., S. 160f.
10 Horace McCoy, *Nur Pferden gibt man den Gnadenschuß*, aus dem Englischen von Oliver Huzly, Berlin: Ullstein 1988 [1935], S. 122.
11 Ebd., S. 126.
12 Hans Fallada, *Kleiner Mann – was nun?*, Berlin (DDR)/Weimar: Aufbau 1965 [1932], S. 347.
13 Kim Stanley Robinson, *Roter Mars*, aus dem Englischen von Winfried Petri, München: Heyne 2015 [1992], S. 239.
14 Ebd., S. 536f.
15 Jack Kerouac, *On The Road*, aus dem Englischen von Thomas Lindquist, Reinbek: Rowohlt 1998 [1957], S. 319.
16 Steve Silberman, Interview mit Allen Ginsberg, in: *Hot Wired* (Dezember 1996), eine Transkription ist online verfügbar unter: {http://www.everyday-beat.org/ginsberg/poems/silber.txt} (Stand Juli 2018).
17 Jack Kerouac, *On the Road*, a.a.O., S. 165.
18 Ebd., S. 28.
19 Ebd., S. 156.
20 Ebd., S. 158f.
21 Anthony Burgess, *Little Wilson and Big God*, London: Vintage 2012 [1986].
22 Primo Levi, *Ist das ein Mensch? Die Atempause*, aus dem Italienischen von Barbara Picht, Robert Picht und Heinz Riedt, München: Hanser 1988 [1947/1963], S. 186.
23 Ebd., S. 259.
24 Ebd., S. 274f.
25 Ebd., S. 285, S. 299.

Anmerkungen zu Kapitel 6

1 John Cheever, *The Geometry of Love*, in: *Saturday Evening Post* (1. Januar 1966); online verfügbar unter: {http://www.saturdayeveningpost.com/wp-content/uploads/satevepost/the_geometry_of_love_john_cheever.pdf} (Stand Juli 2018).
2 Jorge Luis Borges, »Die Phönix-Sekte«, in: *Kunststücke*, Jorge Luis Borges, *Gesammelte Werke*, herausgegeben von Gisbert Haefs und Fritz Arnold, *Der Erzählungen erster Teil*, aus dem Spanischen von Karl August Horst, Wolfgang Luchting und Gisbert Haefs, München: Hanser 1991 [1944], S. 234-237, S. 235 f.
3 Ebd., S. 236.
4 Ebd., S. 237.
5 John Cheever, »The enormous radio«, in: ders., *The Enormous Radio and Other Stories*, New York: Funk & Wagnalls 1953; online verfügbar unter: {www.english307formsofmodernshortstory.web.unc.edu} (Stand Juli 2018).
6 Ebd.
7 Pier Paolo Pasolini, »Il mio Accattone in Tv dopo il genocidio«, in: *Corriere della Sera* (8. Oktober 1975).
8 Pier Paolo Pasolini, *Who is me. Dichter der Asche*, aus dem Italienischen von Peter Kammerer, Berlin: hochroth 2009, S. 14.
9 Pier Paolo Pasolini, »Aboliamo la Tv e la scuola dell'obbligo«, in: *Corriere della Sera* (18. Oktober 1975).
10 Chimamanda Ngozi Adichie, »Zelle Eins«, in: *Heimsuchungen. Zwölf Erzählungen*, aus dem Englischen von Reinhild Böhnke, Frankfurt am Main: Fischer 2016 [2009], S. 10.
11 Ebd., S. 15.
12 Ebd., S. 25.
13 Ebd., S. 32.
14 Sue Townsend, *Das Intimleben des Adrian Mole, 13 ¾ Jahre*, aus dem Englischen von Antoinette Gittinger, München: cbt 2002 [1982], S. 16.
15 Ebd., S. 70.
16 Ebd., S. 43.
17 Ebd., S. 81.
18 Bret Easton Ellis, *American Psycho*, aus dem Englischen von Clara Drechsler und Harald Hellmann, Köln: Kiepenheuer & Witsch 2002 [1991], S. 42 f.

19 Jaron Lanier, *Wem gehört die Zukunft? Du bist nicht der Kunde der Internetkonzerne. Du bist ihr Produkt*, aus dem Englischen von Dagmar Mallett und Heike Schlatterer, Hamburg: Hoffmann und Campe 2014, S. 282f.
20 George Sanders, *Pastoralia*, London: Bloomsbury 2000, S. 71f.
21 Ebd., S. 73.
22 Ebd., S. 88.

Anmerkungen zu Kapitel 7

1 Geoff Dyer, *Reisen, um nicht anzukommen*, aus dem Englischen von Regina Rawlinson, Berlin: Argon 2003, S. 257.
2 Doris Lessing, *Das Tagebuch der Jane Somers*, aus dem Englischen von Barbara Schönberg, München: Heyne 1992 [1983], S. 11.
3 Ebd., S. 87.
4 Ebd., S. 27/53.
5 Ebd., S. 26.
6 Isaac Rosa, *La habitación oscura*, Barcelona: Seix Barral 2013, S. 74.
7 Erri de Luca, *La urgencia de la libertad*, aus dem Italienischen von Juan Barja, Madrid: Abada 2005, S. 8, S. 54.
8 Johannes vom Kreuz, »An den Flüssen Babylons«, nachgedichtet von Josef Maria Mayer, online verfügbar unter: {http://josefmariamayer.blogspot.de/2012/04/gedichte-von-johannes-vom-kreuz.html} (Stand Juli 2018).
9 Das Gedicht war Teil einer Ausstellung mit Werken mehrerer Künstler, die 1991 unter dem Titel »Vía Crucis del arte zamorano. Catorce poetas y catorce pintores« in der Diputación de Zamora y Obra Cultural Caja España gezeigt wurde.
10 Gloria Fuertes, »No perdamos el tiempo«, in: dies., *Antología y poemas del suburbio*, Caracas: Lírica Hispánica 1954.

Jan-Werner Müller
Was ist Populismus?
Ein Essay
160 Seiten
€ 15,00 [D] / € 15,50 [A]
ISBN 978-3-518-07522-7
Auch als eBook erhältlich

Wer wird heute nicht alles als Populist bezeichnet: Gegner der Eurorettung, Figuren wie Donald Trump, Marine Le Pen und Politiker des Mainstream, die meinen, dem Volk aufs Maul schauen zu müssen. Vielleicht ist ein Populist aber auch einfach nur ein populärer Konkurrent, dessen Programm man nicht mag, wie Ralf Dahrendorf einmal anmerkte? Lässt sich das Phänomen schärfer umreißen und seine Ursachen erklären? Worin besteht der Unterschied zwischen Rechts- und Linkspopulismus? Jan-Werner Müller nimmt aktuelle Entwicklungen zum Ausgangspunkt, um eine Theorie des Populismus zu skizzieren und Populismus letztlich klar von der Demokratie abzugrenzen. Seine Thesen helfen zudem, neue Strategien in der Auseinandersetzung mit Populisten zu entwickeln.

»Jan-Werner Müllers kluges, klar geschriebenes Buch ist eine hervorragende Diskussionsgrundlage und ein Gewinn für alle, die nach wie vor an den Wert der Demokratie glauben möchten.« *Jenny Friedrich-Freksa, Philosophie Magazin*

Die große Regression

Eine internationale Debatte über die geistige Situation der Zeit

edition suhrkamp

SV

Die große Regression
Eine internationale Debatte über die geistige Situation der Zeit
Herausgegeben von Heinrich Geiselberger
319 Seiten
€ 18,00 [D] / € 18,50 [A]
ISBN 978-3-518-07291-2
Auch als eBook erhältlich

Spätestens seit sich die Folgen der Finanzkrise abzeichnen und die Migration in die Europäische Union zunimmt, sehen wir uns mit Entwicklungen konfrontiert, die viele für Phänomene einer längst vergangenen Epoche hielten: dem Aufstieg nationalistischer, teils antiliberaler Parteien, einer tiefgreifenden Krise der EU, einer Verrohung des öffentlichen Diskurses durch Demagogen wie Donald Trump, wachsendem Misstrauen gegenüber den etablierten Medien und einer Verbreitung fremdenfeindlicher Einstellungen.

In diesem Band untersuchen international renommierte Forscher und Intellektuelle die Ursachen dieser »Großen Regression«, verorten sie in einem historischen Kontext, erörtern Szenarien für die nächsten Jahre und diskutieren Strategien, mit denen wir diesen Entwicklungen entgegentreten können.

Mit Beiträgen von Arjun Appadurai, Zygmunt Bauman, Ivan Krastev, Paul Mason, Wolfgang Streeck, Slavoj Žižek u. a.

edition suhrkamp

Didier Eribon
Rückkehr nach Reims
Aus dem Französischen von
Tobias Haberkorn
240 Seiten
€ 18,00 [D] / € 18,50 [A]
ISBN 978-3-518-07252-3
Auch als eBook erhältlich

Als sein Vater stirbt, reist Didier Eribon zum ersten Mal nach Jahrzehnten in seine Heimatstadt. Gemeinsam mit seiner Mutter sieht er sich Fotos an – das ist die Ausgangskonstellation dieses Buchs, das autobiografisches Schreiben mit soziologischer Reflexion verknüpft. Eribon realisiert, wie sehr er unter der Homophobie seines Herkunftsmilieus litt und dass es der Habitus einer armen Arbeiterfamilie war, der es ihm schwer machte, in der Pariser Gesellschaft Fuß zu fassen. Darüber hinaus liefert er eine Analyse des sozialen und intellektuellen Lebens seit den fünfziger Jahren und fragt, warum ein Teil der Arbeiterschaft zum Front National übergelaufen ist. Das Buch sorgt seit seinem Erscheinen international für Aufsehen. So widmete Édouard Louis dem Autor seinen Bestseller *Das Ende von Eddy*.

»Hellsichtig und düster, wütend und brillant.« *Der Spiegel*

edition suhrkamp

Weitere Informationen erhalten Sie unter www.suhrkamp.de
oder in Ihrer Buchhandlung.